JN064003

富士山と日本人

豊かな「富士山学」への誘い

静岡新聞社

まえがき

日本列島のほぼ中央にすっくと立ち上がり、遥か彼方の地上からも、海からも、そして空からも、そのよく均衡のとれた姿を見ることができる富士山。その雄大で崇高な山容は、その美しさから人々に感動を与え、心を和ませ、安心感を与え、荘厳さへの祈りの気持ちを起こさせる。また、芸術的な創造力をも与えてくれる偉大な存在である。日本人にとって、富士山を眺め、仰ぎ、遥かに見いだし、あるいは山頂に向かって登ろうとする時は、各人の気持ちによって異なりこそすれ、誰しも心を豊かにできる、その存在を確かに感じる山であるといえる。

まさに富士山は、日本のシンボルであり、紛れもなく日本人の心の拠り所として、古くから親しまれてきた。

富士山は、二〇一三年六月に、カンボジアのプノンペンで開催されたユネスコの世界遺産委員会において、各国専門家の全員一致により、文化遺産として世界遺産リストに登録されることとなった。国民の長年の期待に応えたものであり、その瞬間、出席した静岡・山梨両県知事や関係者たちの喜びようは感動的であったが、追って登録を知った国民の歓びも極めて大きかった。長く「日本の宝」であった富士山が、「富士山―信仰の対象と芸術の源泉」(Fujisan, sacred place and source of artistic inspiration）という正式の名称のもとに登録され、いまや「世界の宝」となった。

二〇二三年は登録から一〇年目の記念すべき年であり、「世界の聖なる山と富士山」という国際シンポジウムも開催できた。

富士山が世界遺産に登録されたことを記念して、静岡県富士山世界遺産センター（以下「センター」と呼ぶ）が、川勝平太静岡県知事や須藤秀忠富士宮市長をはじめ多くの関係者の努力と協力により創設され、現上皇陛下（当時の天皇陛下）の誕生日に当たる二〇一七年一二月二三日に開館した。この日は、快晴の空の下、センターから眺める富士山の峰が白雪に覆われて、またとない美しさであった。

センターは、世界的な建築家坂茂氏の設計による逆円錐形の見事な姿であり、前面の池に映ると富士山のかたちになるという絶妙な発想で建てられている。このセンターは、富士山の普遍的な価値を次世代に継承するため、「永く守る」「楽しく伝える」「広く交わる」「深く究める」という四つの機能を持つ施設である。設立以来、センターに属する職員と研究者の熱心な取り組みによって、それらの機能は順調に発揮されてきており、その諸活動の一つとして、富士山の価値を探求し、「富士山学」の体系化を目指している。

本書は、このセンターのこれまでの研究活動をとりまとめて、「富士山学」の魅力を分かりやすく世に伝え、もって富士山の持つ無限とも言える価値を明らかにして、広く富士山への関心と興味を持っていただき、今後の保全への契機としたいとの趣旨で作成した。各章は、センターの研究員や専門家がそれぞれの担当分野について、基礎的な知見とともに、これまでの研究成果を取り入れて執筆しており、富士山に関わる自然、信仰、芸術、および富士山のもたらす恵みなどについて専門的な立場から詳細に述べている。特に三章の「富士山を詠む」は、日本の国文学研究の第一人者にお願いすることができた。また、外国人が見た富士山については六章を設けている。

序章はそれらの前段として、富士山の存在をできるだけ総合的・概括的に俯瞰するとともに、各章で触れていない部分についても言及している。また、各章の間には富士山と深い関わりを持ってご活躍の方々に「私と富士山」というエッセイをお願いし、コラムを設けているのでご覧いただきたい。

なお、富士山は静岡県と山梨県の双方にまたがる山であり、山梨県側にも山梨県立富士山世界遺産センターが静岡側より一年早く開館している。ともに連携を図りつつ、富士山の普遍的価値の普及や保全・管理に当たっている。

本書が多くの市民の方々、ことに中学生や高校生など若い人達にも読んでもらうことで、富士山への親しみを増し、誇りを持ち、関心を持ち続けてもらいたいと思う。

目次

序章　日本人にとって富士山とは

遠山敦子

一　日本人にとって富士山とは

日本人にとって富士山とは、どんな時でも感動や喜びをもたらしてくれる存在であるが、ではその根底に、一体人々にとって、どのような意味を持っている存在といえるだろうか。このことに答えるのは、容易ではない。それは、それぞれの日本人が富士山を観て、どう感じ、どう考え、どう心に響かせるかは、人によってさまざまであるからだ。日本人の一人一人が「富士山と自分」という物語を持っていると思う。しかし、その誰にでも、どんな時でも、富士山は何らかの感動や安心を与えてくれる存在であることから、ここでは、日本人の感性と精神性に訴え、また人々に恵みをあたえる富士山をいくつかの観点から、考えてみたい。

日本人にとっての富士山とは何かを考える場合、正面から述べるのが普通であると思う。しかし、それよりは、もし、日本に富士山がなかったとしたら、どうだろうか、と想像してみるのは、富士山の存在の意味をよりクリアにするのに適していると考えてみた。

ではもし、日本に富士山がなかったとしたら、どうなのか。

第一に、日本をすぐにイメージできるシンボルが無いことになる。そうなると世界の人々にとって日本や日本人について、はっきりとした像が結べず、想像がしにくいのではないか。海外の人たちが、日本や日本人と聞いたときに、まず瞬間的に富士山を重ねて思い出し、あの富士山がある国、国民だと思ってくれる場合が多いのではないか。富士山がなければ、そうした思考ができないことになる。

それほど、富士山は日本や日本人を思い浮かべるのに、重要なシンボルとなっている。おそらく一九世紀後半に西欧にもたらされたジャポニズムの潮流以来、その観が強いのではないか。富士山がなければ、多分、日本は極東の平凡な小さな島国と映るだけなのかもしれない。

また、日本列島の中心部分にそそり立つ、この高雅で堂々とした富士山がなかったら、日本人はこの国土の何を誇りとできただろうか。もちろん、日本の各地には、名山、湖沼、河川、島々をはじめ、日本を特徴づける、美しく、印象的な名勝が数多く散在している。しかし、これほど人々が例外なくその存在にあこがれ、誰しもが見ることで喜びを覚え、感動する存在は他にあるだろうか。ある人には精神的な安寧を与え、ある人にはこれを尊び、心の拠り所となり、ある人にはこれを描き、詠う芸術的な感性を催させ、また、ある人たちには、その存在がもたらす豊かな恵みを利用して生きるよすがとなっており、富士山なくしてはこのように自らの生き方を楽しみ、心を満たすこともなかったのではないか。

飛行機で海外から帰国したとき、一番初めに目に入るのが、雲の上にそびえる富士山のこともあろう。そして、ああ日本に帰れたと安堵の気持ちを持てるのは、誰しも感じることではないか。そういうお気持ちを、上皇陛下がかつて短歌にお詠みになっておられる。

外国の旅より帰る日の本の　空赤くして富士の峯立つ　（平成五年〈一九九三〉一月御製）

図 0-1　夕焼け雲に浮かぶ富士山

日本の象徴である天皇陛下が、夕日に映える富士山の姿をご覧になり、詠じられたこの和歌は、この山が日本人にとってのシンボルであることを、見事に表現されているように思う。

第二は、もし富士山がなかったならば、日本人にとって、日本人であることを自覚させ、一体感を持たせてくれるアイデンティティがないことになる。「日本人」と言うとき、私たちの意識下において富士山の存在がその中核になり、日本人の気持ちを統合しうる存在であるといえないか。アイデンティティとは、国や地域ごとに個性と美しさを与えることによって、その国やコミュニティに属しているという感覚を育み、国民や地域住民の歴史が皆のものであることを思い出させてくれるものだとされているが、富士山はまさに日本や日本人であることの一体感をもたせてくれるものである。富士山がもしなければ、何をもって日本人としての自覚、心性を持ちうるのだろうか。富士山は、日本の中心に天空高くそびえ立って、日本人の心の拠り所となってきただけでなく、人々に希望や心の糧を与えてきた、いわば日本と日本人にとって、そこになくてはならない存在となってきたのではないか。

第三に、もし富士山がなかったならば、日本人の多くが古来心の拠り所としてきた山がなく、また、宗教者にとっても、山岳信仰のもっとも明確な信仰対象を欠いたのではないか。

富士山は、もともと、火山として激しい噴火を繰り返して出来上がった山であり、当初は、怖れの対象でしかなかった。その恐ろしい噴火が収まると、次第に人々は富士山を崇め、宗教者は祈りを込めて山に入り、修験道を発達させるようになった。その後、人々は富士講をつくり、登山道を巡り、山に登るようになった。かくて人々は、遥かに拝むことから、山に登って信仰を深めるようになり、今や登山を楽しむツーリズムにまで変化している。このように、多くの人々にとって、富士山は、心の拠り所となってきたが、富士山が無ければ、そういう対象を欠くことになる。

富士山は、世界文化遺産として「信仰の対象」であると明示されたが、まさに富士山は「聖なる山」として、古来人々が怖れ、崇め、信仰の対象としてきた。日本の最高峰である富士山の山頂には仏や菩薩が存在するとの思いで、多くの修験者の目指すところとなってきた。そして人々が富士山の周辺や頂上を巡礼するようになったが、その背後には、自然への畏敬や尊崇の気持ちがあったと思われる。

また、富士山は、「日本人が自然を愛し、生きとし生けるものを愛する」という自然観の根底になっているのではないか。これがなければ日本人の精神性の基底に宿る、自然と共生する、特色ある心性が培われなかったのではないか。あるいはすべての自然は悟りを得て仏になるという、山川草木の中に仏の存在を見いだすというような、今ではやや希薄になったとは言え、いわば日本人の生き方の根底の精神性の象徴が富士山ともいえるのではないか。

山岳信仰研究の泰斗・鈴木正崇博士は、平安時代初期の最澄（さいちょう）の天台教学を「深く進めたのが『天台本覚論』で、「山川草木悉有仏性（しつうぶっしょう）」や「草木国土悉皆成仏（しっかいじょうぶつ）」を説き、山も川も草や木もすべてのものが仏性を持っていて成仏できると説く。森羅万象に「いのち」があるという自然観が根底にある」（『山岳信仰』）と述べている。

「山川草木悉皆成仏」という考えは、人間、動物、植物、国土、自然がことごとく平等で、仏性を持つという思想を根底とする。その思想が、あまねく受け継がれてきたのではないか。

時代は下って、平成の世まで生きた哲学者の梅原猛は、「草木国土悉皆成仏」を唱え、その国土の象徴が富士山だと明言した。今、この言葉は、静岡市の日本平、かつてヤマトタケルも訪れたという一大展望の丘の頂上に、駿河湾を越えて富士山を見はるかす眺望の地の岩に刻まれている。霊峰富士は、日本人の自然観のよってきたる源ともいえる。

第四に、もし富士山がなかったならば、富士山を巡る無数ともいえる豊かな諸芸術は成立しなかったといえる。幾世代にもわたり数多くの芸術家たちが富士山に心を動かされ、豊饒な芸術作品を創作してきたことは、驚くべき日本の文化遺産である。まさに、富士山が「芸術の源泉」とされた由縁（ゆえん）で

図 0-2　日本平の梅原猛揮毫による石碑

ある。もし富士山がなければ、これら富士山を詠い、物語を書き、絵画に描き、彫刻や工芸をつくることはなかった。また、人々の生活習慣の中にも富士山を取り込んで、楽しむこともできなかったであろう。富士山にまつわる学術研究がもしなかったら、多くの知見が生まれることもなかったであろう。

　富士山の存在によって、日本人の生活に豊かさをもたらし、日々感性を満足させることができたのである。それがなければ、日本は何という空虚さに満ちた国であったろう。富士山によって、幾世代も、実に豊穣な、膨大なアートの世界が生まれてきたのである。それは、日本国内ばかりか世界にも影響を与えるという普遍性を持ってきた。やはり、富士山は、芸術の源泉であり、日本人にとって、なくてはならない存在であることが分かる。

第五に、もし富士山がなかったら、富士山に依拠して生きている人々の生活やなりわいが成り立たないことになる。古来、富士山を崇め、富士山に依拠して生きた人々の人生を支えてきたことも然りであるが、現代においても、富士山のもたらす水や有形無形の恵みを受けて産業を起こして生きている人々は実に多数に上る。富士山の見える宿や商業を営む人たちにとって、富士山の存在は、余りに大きい。登山の時期に山小屋を運営し、富士山に関わる仕事でなりわいを立てている人たちのことを考えれば、富士山の存在は何と大きいものであろうか。

以上、いささか富士山の存在の価値を強調しすぎた感があるかもしれない。もちろん、歴史上、時の権力者や支配層が、自らの正統性や権威を誇るために富士山を利用したという負の側面があったことも確かである。また、近い過去には軍部が国威発揚のために利用したこともあろう。ただ、それらは人間の側の勝手な仕儀であって、富士山自体の価値は不変である。

このように、日本人にとって不可欠の存在といえる富士山だが、それがいかに誇らしい存在であるかについて、かの夏目漱石は、『三四郎』の中で、やや皮肉をこめて、車中で出会った登場人物の広田先生に次のように語らせている。

あなたは東京が初めてなら、まだ富士山を観たことはないでしょう。今に見えるからご覧なさい。あれが日本一の名物だ。あれより外に自慢するものは何もない。ところがその富士山は、天然自然に昔からあったものなんだから仕方がない。我々が拵(こしら)えたものではない。

英国に留学して、進んだ近代文明を経験してきた漱石にとっては、富士山を誇るだけの日本では、一国のあるべき姿としてどうなのか、文明を追う日本も皮相な追随だけでいいのか、との思考もあったのかもしれない。ただ、漱石も、初期の作品の『虞美人草』では、富士山の美を詳細に記述し、感動したことを述べていることは興味深い。

それにしても、日本人にとっての富士山は、その姿が遥か向こうに小さく見えるだけでも、その日は幸運だと感じたり、心に不安を抱えている人も、なぜか安心感を覚えたりする存在である。そういう富士山への渇望があるからか、日本の各地には、北は蝦夷富士から南は薩摩富士まで、全国に三百ともいわれる「ふるさと富士」があり、地元の人々のあこがれや誇りとなっている。各地の富士山は仲間であり、センターでは毎年の富士山写真展の際、各地の「ふるさと富士」の写真も応募してもらう。作品は、どれもその山を愛し、その山の美をとらえ、その山を誇る気持ちにあふれており、優秀賞の選定は楽しくも難しいものである。また、国内には「富士」の名のつく地名や店や数々の組織体が何と多いことか。それだけ、富士山へのあこがれの強い民族といえる。

漱石の時代は、列車での旅が主であったろうが、現代は新幹線や東海道線のほか私鉄や高速道路から、あるいは飛行機からも富士見をする機会が多い。新幹線の往復には必ず富士山側に席を取り、晴れていても雲がかかっていても、それが使命であるかのように富士山の風景を写真にしてＳＮＳで送ってくる人の何と多いことか。これが、庶民の歓びであるばかりでなく、かつて、昭和天皇も次の

図 0-3　富士川を渡る新幹線と富士山

ように詠われた富士の魅力なのである。

ふじのみね雲間に見えて富士川の　橋わたる今の時のま惜しも（昭和五七年〈一九八二〉一月御製）

東海道線の列車に乗って、富士川を渡るころ、ちょうど富士山が長い裾野を遮るものなく延ばして、美麗な姿を現す。昭和天皇もそれを懸命に見たいが、その瞬間が余りにも早く経つのが惜しい気分だと、詠われた。まさに国民の誰もが感じる気分を詠われたのである。

やはり富士山は、日本人にとって憧憬の対象であり、あこがれの的であり、見飽きることのない、例えようもない宝なのである。

二　自然が造りだした奇跡の山

さて、ここで富士山の成り立ちをかえりみることにしたい。この宇宙、いやこの地球が存在し始めたのは四六億年も前という、いわば悠久の時の流れの彼方であるが、実際にこの富士山が日本列島の真ん中にそそり立ちはじめたのは、たかだか一〇万年前からにすぎないのである。それは、宇宙や地球の成り立ちの、ごく最近の一瞬に、たまたま出来上がったものである、といってもさしつかえない。富士山の成り立ちの自然科学的な論述は、次の一章に詳しいので、そこを読んであらためて、自然の悠久の、しかも激しい営みと人類の歴史に思いを馳せていただきたい。

ご存じのように、地球の表面は、地表を創り出すプレート（岩盤）が動くことによって出来上がっている。地球上の十数枚のプレート（厚さ数十km に及ぶ）が少しずつ移動することで互いにぶつかり、一つのプレートが他のプレートの下に沈み込む。その時に引きずられた上側のプレート部分が時に跳ね上がって大きな地震を起こし、または沈み込んだプレートの働きで生じたマグマが噴き出して噴火を起こして火山の爆発を発生させ、山の形を変える。この自然の活動は今もとどまることが無く、プレートはゆっくりと一定の方向に進んでいる。富士山の場合も、伊豆半島を乗せたフィリピン海プレートが今も北西部に毎年四cmは動いているという。これは、人知や人力では、いかんともしがたい大自然の動きである。

このプレートの存在と、その動きがもたらす自然現象については、二〇世紀の初め、ドイツの地球科学者のヴェーゲナー（一八八〇～一九三〇）が大陸移動の仮説を提唱して始まったが、当初はあまり注目を浴びなかった。一九六〇年代に、カナダの物理学者のウィルソン（一九〇八〜一九九三）が、大陸を載せた堅い岩盤と、その下部に移動を可能にするより柔らかい岩盤があるという、地殻構造の仕組みを解明した。これによって、プレートの動きが明らかとなり、プレートテクトニクス論が提唱され、にわかに世界的な大陸移動の説明ができることになった。筆者はたまたまその頃、当時の文部省で、測地学審議会やその元の地震火山部会という学術的な審議組織を運営する課の補佐の立場にあったが、その時期にこの説を学び、不動と思っていた大地が動いているということに鮮明な驚きを覚えたのを思い出す。それはまるで、地球が太陽の周りを回っているなどとは誰も考えていない時代に、コペルニクスが地動説をとなえた時のような驚きでもあった。

さて、そのプレートだが、日本の周辺では、北米、ユーラシア、太平洋、フィリピン海の四枚のプレートがぶつかりあっており、それが世界でも有数の地震国となっている由縁である。しかも、その衝突の場所が駿河湾から富士山にかけての地域であって、プレートの一枚であるフィリピン海プレートは、伊豆・小笠原などの火山弧をのせて、日本列島に一五〇〇万年も前から衝突して、約一〇〇万年前に伊豆半島を作ったという。

このプレートのぶつかり合いによって富士山が形成されてきたのだが、その出来方は最初から今のような形となったのではなく、一〇万年という地球の歴史からみればごく短い期間に無数の噴火を繰り返して火山体が成長し、あるいは崩落した山もあって出来上がったものである。まさに、自然が造りだした奇跡の山である。富士山は日本の中でも阿蘇火山などに比べて若い火山である。より長いスパンで考えれば、いつの日かまた、噴火は起き、富士山は変容すると思われる。

日本を代表する地球科学者の藤井敏嗣博士から、かつて「富士山の噴火は必ず起きる、しかし、時間と場所とが直前まで断定できない。計測器の配置は他の山に比べて最多であり、十分な測定は可能であるが、初期の僅かな変化を察知できたとしてもその後どうなるか、最悪二時間前まで正確には分からないであろう」とのお話を聞いたことがある。では、どうしたらいいのか。

そのため、最近、精密なハザードマップが作成されている。富士山周辺の人々は、いざという際の行動を想定しておく必要がある。一七〇七年の宝永噴火の記録から見ても、その噴出物は、神奈川県や東京都まで届くのであり、その影響をどうするかの対策を立てておく必要がある。東京の直下型地震への備えもさらに必要であり、それらは、常に自然災害の起きる、いわば自然災害国家としての日本が当然準備すべき政策といえる。

三　尊崇し、祈る

富士山は、日本人にとって、変わることのない憧憬の的となってきたが、歴史的に遡ると、古代においては、むしろ畏怖の対象となってきた。活発な噴火を繰り返す富士山を、人々は怖れ、噴火が収まることを請い願ったからである。縄文時代にも、富士山の周辺には人々が居住した遺跡が残っている。例えば、富士山麓西側にある富士宮市の千居遺跡は、縄文中期後半、今から約四〇〇〇年前の集落の遺跡で、国指定の史跡となっているが、幅四〇ｍほどの広場を中心に、馬蹄形に石組みが並んでいる。石の並び方は富士山に向かっており、噴火し盛んに煙を噴く山を怖れ、祈りを捧げるような配置になっているように見える。古代から、人々が富士山を怖れあがめてきたことが想像できる。同時期以降の他の遺跡もほぼ同様である。信仰の対象としての富士山についての専門的な論述は、二章にまとめられているので、お読みいただきたい。ここでは人々の「あがめ、祈る」心に関することを概観しておきたい。

八世紀の後半に日本で最古の歌集が編まれた。今を去る一二五〇年以上も前に編纂された万葉集は、その時期の歌集としては世界でも類例がなく、日本文化の最初の結晶として誇ることができる。歌人大伴家持（おおとものやかもち）により編まれた万葉集には、四五〇〇首に及ぶ短歌や長歌が含まれ、上は雄略天皇や貴族たちから下は庶民、ことに西方の防備にかり出された東国の防人たちが詠んだ、素朴で率直な感情を表わす歌も収録されている。

その万葉集に富士山を詠んだ歌は、八首あるが、中でも、山部赤人（やまべのあかひと）と高橋虫麻呂（たかはしのむしまろ）には、往時の富士山がどのような姿で人々に受け取られていたかを詠んだ長歌と短歌があり、貴重である。この二人の歌は、富士山について何か語られるとき、必ずと言ってよいほど引用される和歌であり、ここでも外すことができない歌である。ただ、日本文学としての富士山に関する専門的な叙述は、三章で詳しく論じられるので、そこを参照されたい。ここでは部分的に概観するにとどめたい。

まず、山部赤人は、万葉集第三巻で、「天地の　分かれし時ゆ　神さびて　高く貴き　駿河なる富士の高嶺を…」から始まる長歌を詠っている。その後短いながら鋭く自然の厳しさを歌い、最後を

「語り継ぎ　言ひ継ぎ行かむ　富士の高嶺は」で結んでいる。

注目したいのは、ここで、天地が分かれた時から、富士山が「神」のようであると捉えられていることである。万葉歌人を代表する一人である山部赤人が、八世紀のはじめには、すでに「神」として富士山を捉えていたという事実は、重要である。

万葉集では、山部赤人の歌に続き、もう一首の長歌と二首の短歌が収められている。これは、高橋虫麻呂作とされている（諸説あり）が、この歌は富士山の自然の厳しさを、「天雲もい行きはばかり飛ぶ鳥も飛びも上がらず…」と臨場感ある表現でとらえた後、

日の本の　大和の国の　鎮めとも　います神かも　宝ともなれる山かも　駿河なる富士の高嶺は見れど飽かぬかも

と続けている。ここでも、富士山は明確に「神」としてあがめられている。

このように、山部赤人が「神さびて」とうたい、高橋虫麻呂も「大和の国の鎮めとしての神」と詠んでいる。歌の中の自然な流れの中で、富士山を「神」と古代の歌い手が詠んでいたことは、注目に値する。

富士山を現に仰ぎ、その噴火の有様も見た詩人たちには、すでに人智を超えた「神」として尊崇の対象と映っていたのである。万葉集に載せられているということは、九世紀のなかばの大噴火である

貞観の噴火（八六四年）より前のことである。富士山が、怖れであり、神として崇める気持ちは、少なくとも噴火が収まる平安時代後期までは続いたと思われる。

人がなぜ山を見て畏敬の念を持つのかについて、生態人類学の秋道智彌博士は「屹立する雪山や秀麗な裾野を持つ山（中略）奇岩の露出する異形の山塊は自然そのものへの感動と魅力以上に人びとを非日常の世界にいざなって来た。つまり、これこそ自然なのだ、という想いの先に、自然を超える世界を人間が垣間見るにほかならない」（『霊峰の文化史』）と述べている。

神として歌人にも詠まれた富士山は、激しい噴火を繰り返すため、地上では神の怒りを鎮めるための神社の建立につながっていく。富士山を神体とする「浅間大神（あさまのおおかみ）」をまつる浅間神社の建立である。その最初の鎮火のための浅間神社が、現在の富士宮市にある山宮浅間神社であった。そこは溶岩流の先端に当たり、周囲には溶岩礫を使った石塁が残っている。本殿はなく、石列は富士山へ向かっており、遥拝のための場所であったことが分かる。後に八〇六年（大同元年）に、現在の富士山本宮浅間大社のある場所に移されたという。

北麓では、貞観の噴火が、湖や住居などへの大災害をもたらしたことに対し、祭祀を怠ったとして甲斐の国司を厳しく咎（とが）めると共に、律令国家として河口湖を望む地に、新たに河口浅間神社を建てて祭祀を行うように命じた。南麓、北麓のいずれの神社も湧玉池や河口湖という水に近い場所に建てることによって、水の力で噴火に立ち向かい、鎮火に備えるためであったとされる。

南麓の富士山本宮浅間大社は、全国にある一五〇〇とも二〇〇〇ともいわれる浅間神社の総本宮となっており、富士山頂にある奥宮は大社の分室でもある。この大社が二階建ての壮麗な社屋となったのは、徳川家康の特別な支援を受けてのものである。ついでながら、当静岡県富士山世界遺産センターは、浅間大社の第一鳥居の内側に建立されている。その地は、富士宮市の計らいにより、建設時には市の公園となっていた場所を整備したものである。

さて、平安時代後期になると、一〇八三年（永保三年）を最後に富士山の噴火も収まり、その頃から富士山に関する物語、和歌、紀行文などの文芸も豊かに発達してくるが、信仰の世界では、修験道が始まった時期に当たる。修験道は、修験者と呼ばれる宗教者たちが山岳修行の地として直接富士山への登頂を目指し、あるいは富士山において修行を積んだことに始まる。伝説的な役行者（えんのぎょうじゃ）を開祖とする修験道であり、また、名の残る上人たちの登頂記録もあるものの、本格的な修験道が始まったのは、末代上人の活躍によるといってよい。

末代上人は、駿河の出身で伊豆での修行の後、一一三二年（天承二年）に初登頂を果し、以後富士山への登頂は数百度ともいわれる。何より富士山頂に大日寺を建て、のちに一切経の書写と富士山への埋納を果たした。また、末代上人は、山麓の村山に興法寺を建てて拠点とし、その後の登拝の出発地となった。北麓にも、甲斐での修験の歴史を物語る寺社や役行者像を初めとする木彫などが今に伝わっている。

時を経て、宗教者のみに許されていた富士登山が、一般の民衆にも可能になっていった。一四世紀以降、道者と呼ばれる一般の信者たちが富士山への登拝を志し、山頂の信仰遺跡群が整っていった。

そして、修験道の山伏や道者の世話をする御師の活動が活発化し、登山口の集落が繁栄していった。一六世紀頃から、富士吉田の御師の家が作られ、一八世紀には吉田の街の大通りの両側に階段状に御師の家が建ち並び、江戸からの富士講の人々を受け入れていったという。富士吉田市には今もわずかに御師の家が残り、外川家住宅が富士山世界遺産の構成資産の一つとなっているが、その家屋や室内のしつらえは、富士山信仰をあらわす祭壇や飾り付けなど往時の賑わいを偲ばせてくれる。

一六世紀の中頃、南面からの富士登山の様子を見事に描いた狩野元信筆の「富士曼荼羅図」は、浅間大社所蔵の国指定の重要文化財となっている。一番下に三保の松原や海の様子が描かれ、次第に地上の様子が描かれていく。浅間大社と湧玉池で水垢離をする信者、彼らが白装束をまとって登山をする姿や山腹の神社の様子や岩山を登る様がリアルに描かれる。その向かう所にある山頂には三体の仏様である、右から大日如来、阿弥陀如来、薬師如来が描かれていて、この図は当時の富士山信仰の姿を、今に蘇らせてくれる。

そして、時代は江戸時代となり、江戸の大衆が講をつくり代表者を富士山に送って拝む、富士講が盛んとなっていく。ここに、富士登山の大衆化が本格的に始まる。このようにして、富士山は、畏敬から始まったが、やがて庶民の好む富士登山となり、次第に信仰の意味とは離れて、現代の登山活動に連なっていく。その間、神仏混淆であった本地垂迹説を明治政府はいったん禁止した。これにより、寺や仏像が破壊されるなど、大きな影響を受けたが、歴史の流れを急に変えることはできずに終わった。他方、一八七二年（明治五年）には、女人禁制を解いた。

現代の富士登山は、「そこに富士山があるから」といわんばかりに、こうした歴史的な登山の流れも顧みず、内外の人々が盛んに山頂を目指す実態となっている。筆者としては、ここに書いたような歴史を詳しくは知らなくとも、少なくとも、日本では富士山は古来、信仰の対象であったことを念頭において、登頂を目指して欲しいと思うのである。そうであれば、ゴミを放置し、登山道など山体を傷める行為は起きないはずである。

四　世界の聖なる山と富士山

二〇二三年七月初め、富士山の世界遺産登録一〇周年を記念して、センター主催で国際シンポジウム「世界の聖なる山と富士山」を開催した。三年前から企画しての実施で、新型コロナウイルス感染症の拡大影響や、招待者の決定などに時間をとられるなど苦渋はあったが、予定通り実現できた。メヒティルド・ロスラー前ユネスコ世界遺産センター長をはじめ、中国の泰山、ニュージーランドのトンガリロ、イタリアのピエモンテとロンバルディアの聖なる山々のそれぞれの最適な研究者の来日によって、議論が進んだ。日本側からは、山岳信仰の第一人者・鈴木正崇博士の講演や世界遺産学の権威・稲葉信子博士の話をはじめ、センターの研究員も登場して研究成果を披露し、最後に全ての参加者によるシンポジウムが行われた。招待研究者をはじめ、出演者の闊達で有意義な講演や発言が続き、世界の聖なる山に関し、多くの収穫を得ることができた。

ロスラー博士は、ユネスコの世界遺産制度の変遷を熟知し、リードしてこられた方であるが、基調講演でも、世界の聖なる山を総合的視野から展望して紹介し、課題の提起もされた。それによれば、人々に崇められている高山は、地球上の全域に及び、山は啓示や霊的変容の聖域であるという。天に最も近い場所として崇められる聖なる山は、世界の各地に多数ある。しかもその態様は、さまざまであるとして、映像も用いて世界の著名な聖なる山々と各々の意義を論じた。

世界の聖なる山の概要は、参加された三カ国の研究者からも発表があり、それぞれに異なる歴史、自然、人との関わりがあることが論じられた。中国からは郭旃（グオ・チャン）博士（元中国イコモス副委員長）、ニュージーランドからは急遽、オンライン参加となったチャーリー・ラヒリ氏（外務省マオリ政策アドバイザー）及びイタリアからのパオロ・コッツォ博士（トリノ大学歴史学部教授）の各氏による興味深い講演が行われた。その内容はここでは詳述できない（センター公式ホームページ参照）が、議論を通じ、世界の聖なる山の存在と意義とを互いに理解し、尊重し合うことがいかに重要か納得できた。富士山もその一つとして、今後も世界の聖なる山との連携を図り、保護に当たっても協力し合うことの大切さを実感できた。さらにオーバーツーリズム、気候変動、生物多様性の保全の課題が、懸念されることも指摘されたが、これらは富士山にも当てはまる問題である。

シンポジウムの初日は雨であったが、二日目は快晴で、参加者にも秀麗な富士山を眺めてもらうことができた。富士山は格別に高雅な姿であるが、世界の国々や民族にとっては、それぞれの聖なる山の存在が不可欠なものであることを改めて認識できた。また、今後、センターとしても、世界的な視野をもって、世界の聖なる山についての研究や課題解決の発信のハブとなるように要請されたのであった。

五 芸術へのいざない

富士山は、その雄大で秀麗な姿によって、宗教家や信仰する人々に霊感を与え、心の糧となってきた。同時に、その自然の美しさは、人々の感性に訴えると共に、歴史的にも無数とも言える芸術家たちにインスピレーションを与えてきた。富士山が、芸術の源泉として世界文化遺産に登録されたことも当然であるが、富士山と芸術に関し、文学については三章で日本文学の一級の研究者が、絵画については四章にセンターの研究者がそれぞれの専門の立場から本格的に描きだしているので、ぜひお読みいただきたい。ここでは、その内容とは、できるだけ重複を避けながら、文学や絵画の領域を分けずに、時代に応じた富士山に関するアートの展開を一般的な視野から概観してみたい。

三節で紹介したように、日本、いや世界最古の歌集である万葉集にも、山部赤人や高橋虫麻呂以外に富士山を詠った数首の歌があったが、それらはいずれも燃える思いを富士山の煙になぞらえて歌った恋の歌や、歌の背景として富士山を用いたように思われる。その頃は、富士山を詠み、描いた作品は、まだ限られていたようである。ただ、本章では取り上げなかったが、『万葉集』の前後には『常陸国風土記』、都良香(みやこのよしか)の『富士記』、『竹取物語』など富士山に関する記述のある文学作品が生まれていたことも付言しておく。

その後、一一世紀後半に入り、富士山の噴火も収まってくると、日本文学史上の富士山は、和歌、紀行文、小説、随筆をはじめ、文字を用いた芸術作品が豊かに生み出される源泉となっていった。ただ、都が京都や近江という日本の本州西部に位置していたからか、これも世界に誇れる文学作品である平安時代の源氏物語には、富士山は東国の山として一言触れたあとは、香の煙に富士山の煙を連想した箇所にわずかに触れられている程度であるし、希代の名随筆である枕草子や徒然草にも登場しない。京都の貴人たちにとっては、香炉峰の雪は教養として話題になっても、遥か東の噴火山である富士山の雪は話題にならず、関心の外であったように思われる。

これは、当時の日本文化がいかに京都中心であり、人々の関心も行動も列島の東部には及ばず、行き来がなく、見聞きがないが故に書かれることも無かったかを、物語る。その後、古今集をはじめ数多くの歌集やのちに編まれた新古今集には、富士山を詠んだ和歌が多く収められている。

ただ、その時代でも全国を遍歴した歌人であった西行（さいぎょう）は、富士山に出会って、自らの人生に重ねて、天下の名歌を残した。この時期、富士山を詠んだ歌の多くは、自らの燃ゆる思いを枕詞に用いていたにすぎないが、西行は人生の無常を歌ったかのようで、他との違いを感じる。西行自身、この歌を自らの最高の歌と評したというのも理解できる。

風になびく富士の煙の空に消えて　行方も知らぬわが思ひ哉（かな）

また、東下りの描写が有名な伊勢物語には、富士山を見上げての率直な感興が記されており、富士山の高さを比叡山と比べて、二〇倍も高いと驚嘆している。実際は標高として四・五倍程度であるが、それとは異なり、ただいかにも高い山と受けとったことが分かり興味深い。在原業平を主人公に見立てた東下りの図や西行の富士見の図は、のちに多くの画家にとっての画題となり、数多くの名作が生まれている。

逆に、上総介であった父の旅に同行した菅原孝標女が、あこがれの京都に向かって旅した記録である『更級日記』には、「その山のさま、いと世に見えぬさまなり。…夕暮れは火の燃え立つもみゆ」と富士山頂からの煙を記録していることから、往時の富士山の状況を伝える意味も持っている。

一二世紀に入り、鎌倉幕府が成立すると、京都から鎌倉へ下る貴人たちや逆に京へ上る武人などの往来が増え、その途次に見た富士山に寄せる想いが歌われた記録が多く残る。源頼朝は、富士の麓まで遠征して鷹狩りをしたことがあり、富士宮市には駒止の桜が今も伝えられているし、歌も残る。また、その折、曾我兄弟の仇討ちが成就したが、その顛末は、今でも富士山の背景とともに、歌舞伎の舞台にしばしば登場する。

鎌倉幕府の第三代将軍の源実朝は、幕府内の権力闘争に巻き込まれて惜しくも夭逝したが、雅びな教養の持ち主だったようであり、富士山を詠んだ名歌が『金槐和歌集』に残っている。一例を上げておく。

見わたせば雲居はるかに雪白し　ふじの高嶺のあけぼのの空

室町時代になると、足利義満が愛でた能の役者の観阿弥（かんあみ）、世阿弥（ぜあみ）によって、能は発展を遂げ、完成された芸術のジャンルとして、今も脈々として受け継がれている。能の中でも、富士山との関わりがもっとも深く美しいのは、謡曲「羽衣」である。その名文句は、「風早の…これは三保の松原の白龍と申す漁夫にて候」と名乗りをあげて、松にかかる羽衣を手にしてのち、天女とのやりとりが続く。衣を返すか、天女の舞が先かのやりとりのとき、天女が「疑いは人間にあり、天に偽りはなきものを」と述べるくだりには、はっとさせられる。また、最後の霓裳羽衣（げいしょううい）の舞いはいかなるものかと陶然とした気持ちにもさせられる。

羽衣伝説は、他国にも数々あるというが、漁夫が天女の舞を所望して羽衣を返すのは、天女を漁夫の妻とするなど世俗的な色彩の強い他国の物語よりは、清々しい筋立てだと思われる。この羽衣伝説に関連し、フランスの舞姫エレーヌ・ジュグラリスが三保の松原にまつわる「羽衣」に想いを寄せたことを記念して、現地では毎年、薪能（たきぎのう）が行われている。これは、日仏交流を深めるとともに、日本文化の奥深さにひかれたフランスの舞姫の存在を知ることができて、興趣が尽きない。これ以外にも、能の「富士山」は、中国から徐福（じょふく）（始皇帝の使い）が日本の霊山富士山にまつわる不老長寿の薬を求めてやってきた物語として残っている。

絵画の部門では、この室町時代に、初めて雪舟（せっしゅう）が中国で富士山を描いたが、持ち帰ったその端正で典雅な「富士三保清見寺図」は、日本の絵画史における富士山図の手本として、貴重である。熊本の永青文庫に収められているこの絵は、富士山を中心に描き、右下に三保の松原、左下に清見寺という図柄であって、のちに狩野探幽が継承し、狩野派の典型的な富士山図を創出した。このあたりは、四章に詳細に記述されているので、じっくり読み、かつ、絵を鑑賞していただきたい。

江戸幕府を開いた徳川家康は、狩野派を幕府の絵師として重用し、彼らが描く絵画は江戸城内において、諸大名が集まる御殿の上、中、下の部屋の襖を飾ったが、その最上段の将軍の座の背景には富士山を描くことで、自らの権威を高からしめたという。当時は江戸の街からは、容易に富士山が遠望できたこともあり、江戸の街は江戸幕府を中心として、当時まだ世界でも例を見ない人口一〇〇万人を超える大都市として発展していった。

当時、狩野派による富士図を主流としつつも、谷文晁（ぶんちょう）、酒井抱一（ほういつ）、鈴木其一（きいつ）、池大雅（いけのたいが）など優れた文人・画家が富士山の名画をおびただしく残した。中でも、与謝蕪村（よさぶそん）は、俳人であり、絵師でもあった。白く塗り残した端然たる白雪の富士山と前景の松がリズミカルに響き合う「富嶽列松図」などは印象深く、それ以外にも個性あふれる作品群を残している。

そして、一七世紀後半から一八世紀にかけて、当時盛んとなった俳諧の世界からは、芭蕉、蕪村、一茶の三人の俳人を取り上げておかなくてはならない。中でも芭蕉は『奥の細道』など古典となった優れた著作や俳句を残しているが、富士山については、むしろ蕪村の詠んだ一句のみを紹介しておきたい。若葉の季節のむせかえるような緑の彼方に、高くそびえる富士を遠望して季節感にあふれ、雄大で見事だと思うからである。

不二ひとつ　うづみ残して　わかばかな

江戸時代の富士山図を論じるのに、何といっても葛飾北斎、歌川広重を代表とする浮世絵の存在は大きい。浮世絵は、国際的にも多大な影響を与えた江戸の庶民文化の発露であるが、日本文化の幅広さ、奥行きの深さ、華麗な技、優れた構図と色彩の魅力などによって、まず、ヨーロッパにおいて、その行き詰まった絵画文化に大きな刺激を与えた。ジャポニスムの形成に影響力を残した葛飾北斎は、多彩な能力をもち、生涯におびただしい数の作品を残している。ことに森羅万象をとらえて漫画にし、三〇〇〇ともいう漫画に活写した腕前は、空前絶後と言ってよく、内外の画家たちに驚異と絶賛と刺激とを与えたといえる。

北斎が富士山を描きはじめたのは、七〇歳代からというが、あの「神奈川沖浪裏」を描いた作品に見る、それまで誰もできなかった波濤の表現は、日本が誇れる宝であり、人類の到達した絶頂の技ともいえる。また、「凱風快晴」では富士山を画面一杯に斜めの線で切り取り、山肌を赤く染め、うろこ雲の美しい佇まいとともに息をのむ見事さである。これらを含む北斎の残した『富嶽三十六景』は、富士山図の至宝であろう。最晩年には、富士越えの龍を描いて、その驚異的な生涯を閉じた。

歌川広重もまた富士山をめぐる風景や人々を写しとって作った『東海道五十三次』や『不二三十六景』『冨士三十六景』などには、富士山を様々な方面から描き尽くした浮世絵師の想念が込もっている。

このように江戸文化が花ひらいた有様は、二六〇年という長い間、国内に戦いもなく人々が平和のうちに暮らし得た日本だからこそ出来上がった貴重な歴史である。

一八六八年、明治維新の到来により、文化・文政にみられた江戸文化のおおらかさは去り、西欧文明を取り入れることに重きが置かれ、日本社会の変貌が始まった。そして、富士山に関わる絵画や文学も、ある変化を辿ることになる。例えば、生前に一千枚を超える富士山図を描いた横山大観は、「生々流転」のような大作を残しているが、日本の発展を願い、その象徴として富士山を描いた心象は、時代が生んだ精神のあり方の典型でもあって、日本国民を導こうと願ってのことであったろう。しかし、次第に戦況が進むと、国威発揚や戦意をかき立てるために富士山が用いられるようになり、のちに批判を浴びることもあった。ただ、それらは人間の側の勝手な富士山の用い方であって、富士の気高さは不動のものであり、少しも変わりないものと考えるべきではないか。

富士山の文学という角度からは、俳諧や和歌に関する深い思索を残した正岡子規（しき）の想念を表す歌に触れておきたい。重い病いゆえに病床にあった子規が富士山へのあくなき憧れを抱きながら、自ら登ることのできない身を嘆き、いくつもの和歌や俳句を残したことはよく知られている。例えば、

足たたば不二の高嶺のいただきを　いかづちなして踏み鳴らさましを

のように、山頂で雷のごとく足音を立てられぬいらだたしさを率直にうたっている。

その正岡子規と東京第一高等学校で一緒だった夏目漱石は、生涯子規との交友を続けたが、漱石も

また、富士山について作品の中で複雑な想いを言及していることは、すでに述べた通りである。これ以外にも、明治から大正以降の数多い文豪や歌人たちのうち徳冨蘆花、永井荷風、北原白秋、斎藤茂吉、若山牧水などの富士山に関わる素晴らしい作品群は、ここでは詳述できないが見逃すことはできない。

「富士には月見草がよく似合ふ」という一行を含む『富嶽百景』を書いた太宰治はその鮮やかな感性と切り口をもつ作家だが、峠の茶屋から富士を仰いで、自らの生きざまをさまざまな角度から逡巡しつつ述べた作品を残した。

武田泰淳（たいじゅん）は、トーマスマンの『魔の山』を思わせる重厚な長編「富士」を書いて、深い思索の結晶を残したが、その妻の武田百合子の書いた、富士山麓の別荘での日常生活を綴った『富士日記』は、何と率直で飾らない日々の生活を活写していることか。水上勉がその書を紹介して「まことに、すがすがしく、心あつく、簡にして深い、日々の記録である。読みだすとやめられなくなって、読んでいくうちに…夫人のやさしさ、おかしさ、かなしみなどといったものも迫って、だんだん身が洗われてくる」と述べているのは全く同感できる。たくまざる文芸として不滅であるとまで評価している。

そして、かの与謝野晶子も夫与謝野寛とともによく静岡に旅しており、その折に富士山についての数々の和歌を残している。その中から一首、紹介しておこう。何とおおらかに、富士山を広大な景色の中に捉えていることか。

図 0-4　奥村土牛「富士宮の富士」　山種美術館蔵

遠つあふみ大河ながるる国なかば　菜の花さきぬ富士をあなたに（『舞姫』）

画家では、つねに真摯に直に対象と向き合って名作を残した奥村土牛の富士山の絵を取り上げておきたい。百歳を目前に、富士を描くことにした土牛は、富士を正面に見据える絶好の地である富士宮市の高台に建つ「たちばな旅館」に滞在し、富士に見入った。そして描いた「富士宮の富士」をはじめ土牛の作品の多くは、生涯土牛を支えた山崎種二・富治父子が創設した山種美術館に収まっている。

さて、ここで富士を巡る芸術において、忘れてはならないジャンルがある。それは、岡田紅陽をはじめとする写真家たちの存在である。岡田紅陽は、令和六年までの千円札の裏側に用いられてきた、本栖湖からの富士山と桜の図柄の原本となっ

図 0-5　岡田紅陽「春の本栖湖」

た写真を撮った人である。この人こそは、まだ山梨県の忍野村が雪深い山村であった頃、厳しい自然環境の下、防寒具を身にまとい寒村の風景から見上げる、えも言われぬ美しい富士山の姿を撮って今に伝えてくれている。大型のライカをかついで周辺の山々や伊豆半島からの富士をたどり、雲海の上に立つ姿、黄昏や朝焼けの姿を壮大な作品にして、人々に富士山の真の美をリアルに、また幻想的に写し取り、数々の名作を世に残している。

忍野村にある岡田紅陽写真美術館は、富士山の美を『富士こそわがいのち』としてカメラで生涯追い続けた写真家の信念と熱い情感を伝えてくれる。この人は、一九一〇年代には各国の首脳たちに、日本には富士山があり、としてその見事な作品を贈呈している。その後も、白籏史朗、大山行男をはじめ著名な写真家が世に出ている。現代人の誰もが、日々、富士山をみればスマホのシャッターを押して楽しむ、その手軽さとは別の真摯な芸術家の足跡に、敬意を表したい。

六 多彩な表情と豊かな恵み

富士山が人々の心をとらえて離さないのは、これまでに述べてきた信仰や芸術の対象としての魅力だけではない。富士山の山体が、駿河湾の海底深くから立ち上がり、地上では独立峰として周辺には遮るものなくそびえ立ち、その裾野は広大であって周辺に住む人たちをはじめ、遥かに遠望する人たちをも虜にしている。しかも、市街地のすぐそばから屹立する姿は、国内でも類例がないばかりか、世界的にもほとんど例を見ない。そのことからくる富士山の魅力は、一つには表情の多彩さ、二つには高低差に由来する、山体に生息する生命体や自然の奥深さと多様さ、三つにはその巨大な山が人間にもたらす豊かな恵みであろう。

第一に富士山の多彩な表情としては、まず、四季の移ろいからくる千変万化が特徴的である。晩秋から春先まで、富士山の上部が雪で覆われる姿は、古から日本人の最も好む姿である。その姿は、まさに富士山の美の原点である。富士山と言えば白雪の衣をまとっている光景が人々の意識に定着している。山梨県側は、北面であることの利があり、雪は晩秋から初夏まで長く残り、白い衣もより美しい。

静岡県側は、春になると南からの暖かい陽光に恵まれて、雪は急速に溶けていく。年によるが五月、六月ともなると、センターから望む富士山も、すっかり雪のない姿となることが多い。海外からの来訪者が、「あれは富士山ではない」と騒ぐことさえあり、かくも白雪をいただく富士山の姿は日本のシンボルとして、世界に普及しているのか、と驚かされる。たしかに、北斎の「凱風快晴」をのぞいて、外国に出た富士山の図柄は、ほとんど白い衣をつけていたといってもよい。

雪が溶け始め、春先に山肌に現われる農鳥の姿は、田植えの時節を告げて季節感を味わうことができる。だが、雪のあとの樹林や草原の緑も眼に映える美しさである。山麓からの梅、桃、桜、茶畑、紅葉などとともに、季節ごとに遥かに見る富士山は、すぐれた景観である。そして、晩秋には、地上で雨が降ると、いよいよ山頂は積雪したろうかと、翌日の初冠雪の報が待たれる。

四季の移り変わりのもたらす変化以上に、富士山の表情を楽しめるのは、一日の時間の移り変わりに伴う、刻々と移りゆく山容と雲のとりなす美である。ご来光は、人々に希望と満足を与え、思わず手を合わせたくなるが、実は晴れた日には、地上からも陽光による変化は楽しめる。朝まだき山肌を紅色に染めて次第に明るさを増していく、あの神秘の数分間は、天然のドラマを見るかのようで息を飲む。山中湖には、朝方の紅富士を眺めるその名をつけた温泉もある。

そして晩秋から冬にかけては、年に二回ダイヤモンド富士を見られる。これは富士山頂に太陽が重なる瞬間、ダイヤモンドのように輝く現象である。富士山頂に太陽が重なるのは日の出と日没時であり、山中湖で見られるダイヤモンド富士は日没時で、この瞬間を追いかける人々の心境を格別に真剣にさせる。現地ではシーズンになると、毎日少しずつ角度を変えていくことを計算に入れて場所を決め、午後からカメラを構えてじっと動かない群像が見られる。

図0-6　山中湖のダイヤモンド富士

　ダイヤモンド富士でなくても、黄昏時の夕陽に映える富士と雲の佇まいは、いつ見ても飽きることはない。夜間もまた、夏山の頃は、人々の頭上のヘッドライトが登山道に沿って光の筋を描き出し、天空の星々との饗宴になるのも、楽しいひとときである。

　この富士山と光に関して、天皇陛下は皇太子時代、歌会始の御題「光」に寄せて、次のように美しくおおらかにお詠みになられた。

　雲の上に太陽の光はいでたり　富士の山はだ赤く照らせり　（平成二二年〈二〇一〇〉一月御製）

　晴天下の富士山の佇まいの美はいうまでもないが、富士山という高い山の周辺で起きる雲の変化の有様も眼が離せない。季節と気圧と温度と雨の様子により、雲はめまぐるしく動いて変化する。富士とそれを取り巻く雲の奏でる協奏曲は、刻々と変貌して見飽きることがない。

第二に富士山はさらに、その山体に生息する動植物の多様さでも知られる。森林生態学の専門家渡邊定元博士によれば、富士山南麓の駿河湾から富士山頂に至るまで七つの植物帯が認められるという。平地から低い山麓にかけては、照葉樹林のカシ帯があり、その上部は落葉広葉樹林でクリ帯となる。その上の山地で一六〇〇mまではブナ帯、さらに冷温帯はウラジロモミ帯、その上部はシラベ帯となる。二四〇〇mの森林限界以上は高山草木のオンタデ帯となり、三〇〇〇mを超える寒帯は、コケ帯となるという。高度によって実に豊かな樹木層を育んでいる。富士山の東西南北の面によって地形や温度が異なり、樹木の限界の種類も高さも異なっているのも興味深い。

ただ、多くの文献では、むしろ下から草山、木山、焼山の三層に分けて説明されていることが多い。センターの外壁を囲む、地元産のフジヒノキは、クリ、ブナ帯のあたりの地層なのかと推測するだけでも、楽しみである。

花で言えば、多品種のフジザクラ、ミツバツツジ、大型の花をつけるフジアザミなど、富士山域特有の花が山麓や山肌を飾る様は、独特の風情がある。

動物で見ると、ニホンジカは、植物に被害を与えない適正頭数をはるかに超えている。その被害は、農作物や住民の生活にも甚大な悪影響を与えており、憂慮すべき事態である。その他イノシシ、タヌキ、キツネ、ツキノワグマなどが、最近では山麓にも高頻度で出没する。こうした哺乳類との共存をどうしていくのか、対策は遅れている。

富士山の野鳥類や蝶類は、実に豊富である。富士山周辺を散策する時、鳥類の観察や鳴き声に注目したい。彼らは、標高に応じて、多種類が棲み分けている。他方、海にも面する静岡県は、駿河湾の底深く生息するタカアシガニを忘れてはならないし、殊に国内唯一の名産サクラエビの保護と漁獲には、富士川上流の工業汚染による弊害を防ぐなど、常に留意すべきであろう。

富士山周辺の開発に当たっては、富士山を巡る多様な生物の環境に影響を与えることのないように、風光の維持とともに常に留意を要する。富士山周辺の開発は基本的には抑制していくべきであると考える。

第三に富士山のもたらす地元への恵みであるが、その最大のものは、溶岩の先端から湧き出る湧水などの水である。富士山南西麓に早くから発達した製紙業はその活用の最たるものであるが、富士山の麓の醸造酒の製造、養鱒、わさびの栽培、稲作、精密機械の製造など富士山の水を利用した産業は多彩である。近年は、富士山水をうたった飲料水も大量に出回り始めた。また、こんこんと湧く水の美がもたらす観光への活用は、山麓地域の発展にとって不可欠の天然の恵みである。これらについては、五章を参照していただきたい。

以上、富士山が世界文化遺産となった多面性の一部を紹介してきた。こうした概観をもって、以下の各章から、富士山学を目指す研究の奥深さと魅力を読み取っていただければ幸いである。

【図版出典】

図0-2、0-3／大野剛撮影

【参考文献】（紹介順）

久保田淳『富士山の文学』（文春新書・文藝春秋社、二〇〇四年）
鈴木正崇『山岳信仰』（中公新書、中央公論新社、二〇一五年）
秋道智彌『霊峰の文化史』（勉誠社、二〇二三年）
富士山世界文化遺産登録推進静岡・山梨両県合同会議／富士山を世界遺産にする国民会議編『富士山－信仰と芸術の源』（小学館、二〇〇九年）
『富士山百人一首』（静岡県文化・観光部、二〇一一年）
静岡新聞社編『富士山を語る』（静岡新聞社、二〇一三年）
梅原猛・川勝平太『日本思想の古層』（藤原書店、二〇一七年）
H・バイロン・エアハート　宮家準監訳、井上卓哉訳『富士山―信仰と表象の文化史』（慶応義塾大学出版会、二〇一九年）
武田百合子『富士日記』（中公文庫、一九七七年）
『岡田紅陽 富士こそわがいのち』（忍野村役場、一九九七年）

霊峰の寿ぐ(ことほぐ)〝ふじのくに〟

川勝平太(静岡県知事)

静岡県知事室は県庁東館五階にあります。東西に窓があります。前の知事さんは部屋の奥・西側に執務机を置かれていました。東の窓際にいくと、北の方角、斜め前方に富士山が見えました。早速、机を移しました。以来、窓際族です。

当初、富士山が見えると、心躍りました。ハッと気づかされました。富士山が私を見ている……「富士山が見ているので、恥ずべきことは、一切しない!」と誓いました。机に座ると、まず、富士山に手を合わせます。富士山は私にとって山部赤人の長歌にあるように「神さびて高く尊き」存在です。

私は京都盆地で育ちました。市内から富士山は見えません。小学校二~三年生の頃まで家に風呂はなく、家族と銭湯に行くのが楽しみでした。大きな湯船の壁に晴れやかな明るい海に浮かぶ白雪の富士山が描かれていました。「野を越え、山越え、も一つ(ひと)の山越えて、そしたら、向こうに、はるかに見える、富士の山!」と勝手にメロディーをつけて口ずさんでいました。比叡山・大文字山(如意ヶ岳)など京都東山のはるか遠くに富士山がある、と想像して歌にするほど憧れていました。

平成一九年(二〇〇七)、静岡文化芸術大学学長となり、富士山の世界遺産登録を推進する静岡県の学術委員会の委員長になりました。白糸の滝の豪快な水しぶき! 東洋一の量を誇る柿田川の清らかな湧水! 富士山の賜物と知った感動の二首——。

富士の嶺を　幾年潜る　白雪の　水のたぎちる　白糸の滝
富士の裾　幾年潜る　白雪の　清き水湧く　柿田川かな

知事に平成二一年（二〇〇九）真夏に選ばれ、やがて霊峰が冠雪し、晩秋の青天の休日、家内・愛犬と連れ立って三保の松原に出ました。〝羽衣の松〟の林を抜けて駿河湾の浜辺に出ると、左前方に「アッ！　富士山！」、感動のあまり、立ちすくみました。仰ぎ見ているうち図らずも涙があふれました。左には松林、右には打ち寄する波音、真正面の富士山に向かって、祭壇に近づくように、三人（失礼、二人一匹）仲良く歩きました。このときが最高の出会いであったと思います。

日の本の　駿河の国の　富士の山　和して令し　貴くもあり

知事に就任した年の一二月議会に「富士山の日」条例を提出しました。全会一致で採択されました。最初の「富士山の日」は翌平成二二年（二〇一〇）二月二三日。外国大使などを招いて県民の皆様と寿ぎました。その年の八月七・八日に初登頂。午前四時半頃に御来光！……見惚れていると、眼下の富士山本宮浅間大社あたりから山頂にかけて二本の虹が重なるように架かったのです。まことに神々しい光景でした。

茜さす　富士の高嶺は　神さびて　かえりみすれば　虹の架け橋

知事一期目は富士尽くしでした。『富士山百人一首』『富士山百人一句』『富士山百画』『富士山漢詩百選』『富士山万葉集全二〇巻』『富士山歳時記全五巻』等を大家の協力を得て編み、広報誌の名称を『ふじのくに』に変え、単著『日本の理想　ふじのくに』（春秋社、二〇一〇）を上梓する等々、霊峰が心の芯にありました。一期目終盤の平成二五年（二〇一三）六月二二日、富士山の世界遺産登録の可否を審議するユネスコの会議に出席しました。満場一致で登録が決定されるや、万雷の拍手が渦巻き、会場は歓喜一色に包まれました。霊峰は万民に愛されていると感動をもって実感しました。

登録の時点から公式に「世界クラス」と認定された『ふじのくに静岡県　資源・人材群』件数は増加の一途、令和五年（二〇二三）六月までの丸一〇年間（一二〇ヶ月）で一四〇件を超えました。一ヵ月一件以上のハイペースです。〝ふじのくに静岡県〟は霊峰に寿がれており、まさに世界トップクラスの地域です。フジサン、ありがとうございます！

川勝平太／昭和二三年、京都府生まれ。早稲田大学教授、国際日本文化研究センター教授、静岡文化芸術大学学長を経て、平成二一年より静岡県知事。

一章　生きている山、富士山

小林 淳

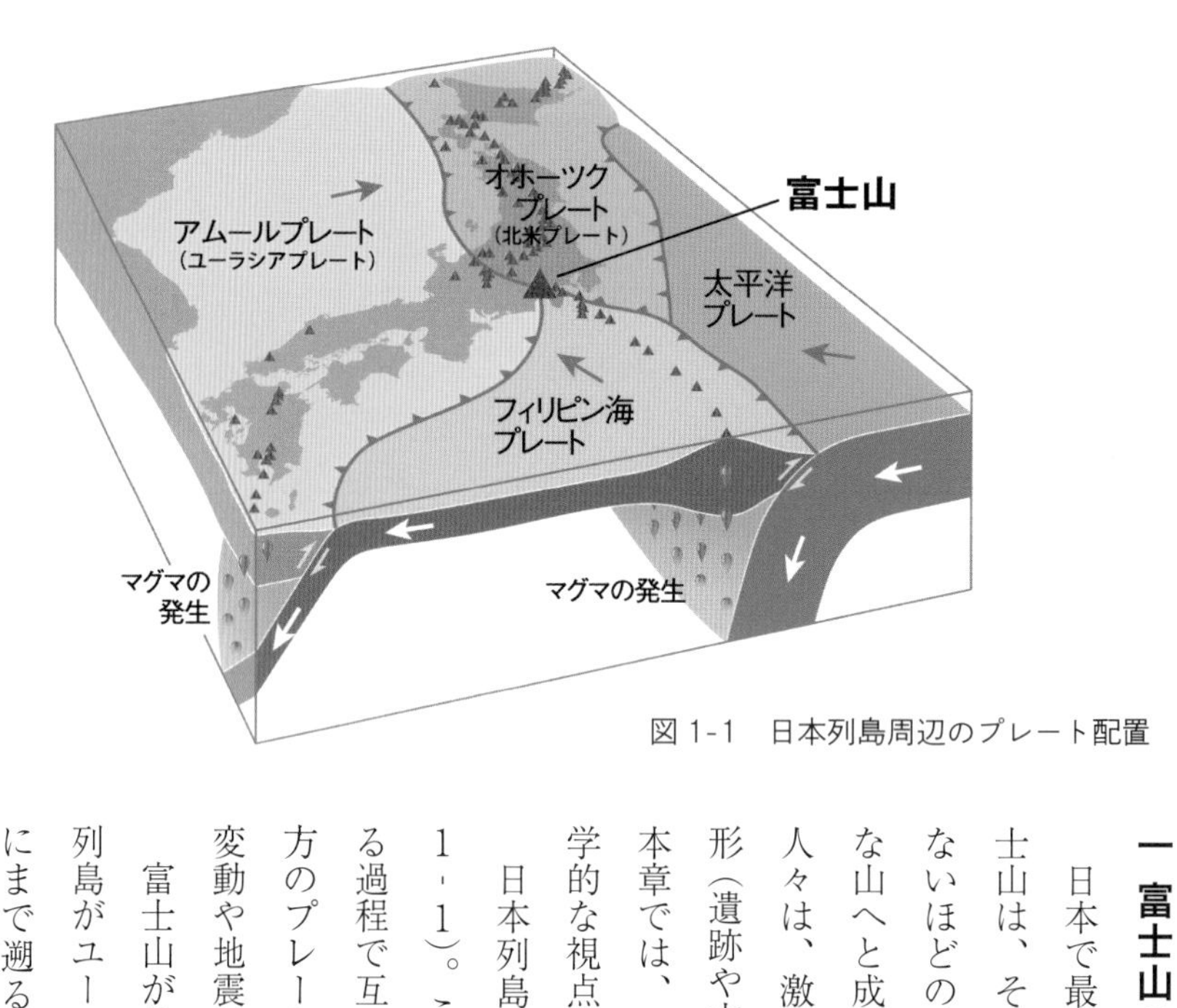

図 1-1　日本列島周辺のプレート配置

一　富士山の火山としての成り立ち

日本で最も激しく変動する大地に誕生した活火山富士山は、その一〇万年間の生い立ちの中で、数えきれないほどの噴火を繰り返しながら、高くそびえる巨大な山へと成長してきた。その成長を麓から眺めてきた人々は、激しく噴火を繰り返す富士山の様子を様々な形（遺跡や文字・絵画など）という形で記録してきた。本章では、そこに残された富士山噴火の姿を現在の科学的な視点で見ることにする。

日本列島の周辺には四つのプレートが分布する（図1－1）。これらのプレートは、日本列島が形成される過程で互いに衝突したり、一方のプレートがもう一方のプレートが潜り込んだりすることで、活発な地殻変動や地震・火山活動を引き起こしてきた。

富士山が位置する静岡県の大地の生い立ちは、日本列島がユーラシア大陸東縁の一部を構成していた時代にまで遡る（図1－2）。その時代、プレートの移動

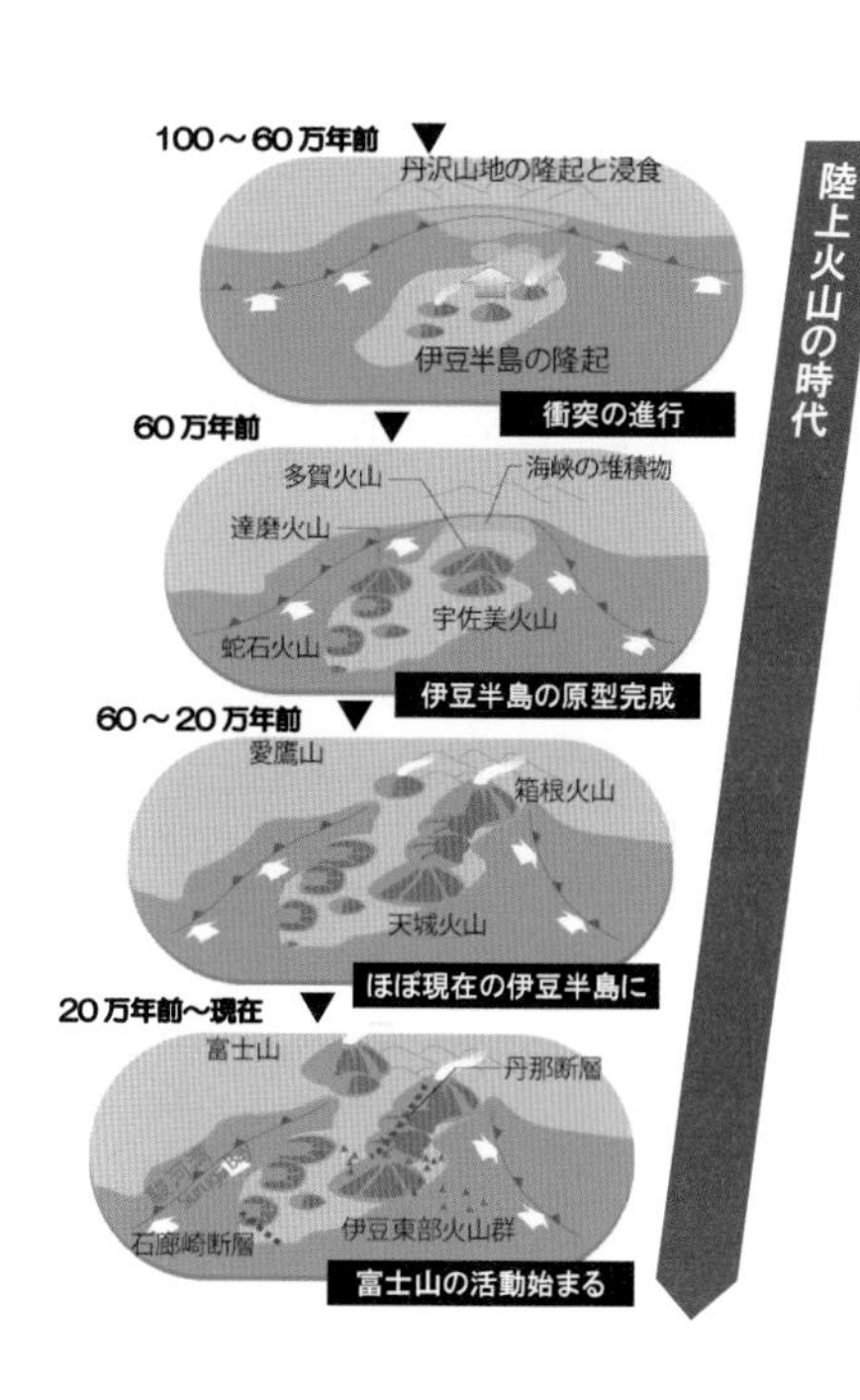

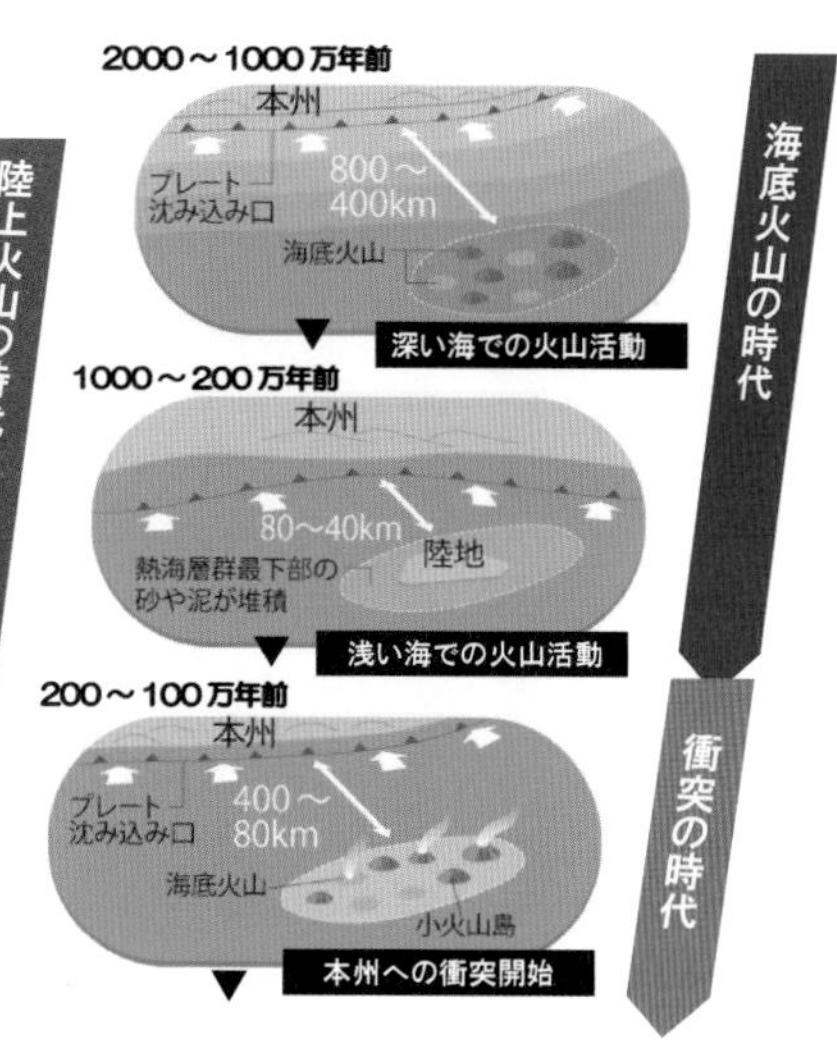

図 1-2　富士山周辺の大地と火山の成り立ち

に伴い大陸の下に沈み込みつつ付加した泥や砂が現在の日本列島・静岡県の骨格をなしている。その後、ダイナミックな地殻変動によってユーラシア大陸東縁が裂けて日本海が誕生することで、約一五〇〇万年前までに日本列島が大陸から分離・独立した。

　その一方、南方の大海からは、現在の伊豆―ボニン火山列につながる海底火山群が日本列島に向け北上するようになり、現在の御坂（みさか）山地・丹沢山地・伊豆半島となる火山島が次々と衝突した。その過程で日本列島側の陸地から供給された大量の土石は火山島との間の海底を厚く埋め立て、これらの山地を取り囲むなだらかな土地を作っていった。

　その後、伊豆半島では大型の火山群

（天城山・達磨山など）の噴火が繰り返され、また、日本列島との衝突域では箱根山や愛鷹山が誕生して激しい噴火を繰り返した。ちょうどその頃、富士山の前世代となる先小御岳火山（およそ二六万年前～一六万年前）と小御岳火山（一六万年～一〇万年前）が誕生した。そして、これらの火山の南側に現在の富士火山が誕生した。

一〇万年前に活動を開始した富士山の火山としての最大の特徴は、日本の陸上火山としては群を抜いて巨大で、その成長速度が際立って速いことである。これに加え、富士山はその生い立ちの中で、日本列島の火山としては珍しく玄武岩マグマのみを噴出し続けた。その結果、山頂火口を中心とした、広大な裾野を有する独立峰・成層火山を作り上げた。

このような世界遺産富士山の文化的特徴の一つに挙げられる優美な姿は、フィリピン海プレートが大陸側のプレート（オホーツクプレート、アムールプレート）に衝突することで生じた極めて複雑で強い圧縮応力場のもと、地下深部から現在の富士山がある場所に向かってマグマが上昇してきたことと大きく関係している。つまり、富士山の直下ではフィリピン海プレートと大陸側プレートが二段に重なっているため、富士山の火口に直結するマグマ溜りの深さが東北日本弧にある火山よりも深く、玄武岩マグマの状態で長く存続しやすい。また、このように強い圧縮応力場のもとでは、富士山の中心火道が安定的に固定され、それを中心に主圧縮方向である北西―南東方向に岩脈が多数貫入し、側噴火を繰り返し発生させてきた。これらが複合して作用した結果、富士山は、現在のような世界遺産「富士山」を特徴づける美しい姿を作り出してきた。

二　富士山の噴火と人との関わりの始まり

富士山は、先小御岳、小御岳、古富士、新富士の各火山体からなる「四階建ての火山」と称されることがある。しかし、私たち火山学者が「富士火山」と呼ぶのは、噴出したマグマの特徴から古富士と新富士に限定している。その活動は、噴火による堆積物と地形面との被覆関係や噴火様式、噴火場所等の特徴に基づき、古い時代の活動から、星山期、富士宮期、須走期（須走ａ期〜ｄ期）に区分される（図1-3）。それぞれの時代で発生してきた富士山噴火によって、麓の人々の暮らしは大きな影響を受けてきた。

富士山の麓において、人の生活の跡が確認できるのはおよそ三万年前からとされる。その頃の富士山（古富士火山＝星山期：一〇万年前〜一万七〇〇〇年前）の活動は、爆発的噴火を高頻度で繰り返し、マグマのしぶきは火山礫（スコリア）や火山灰となって広い範囲に堆積した。当時は最終氷期に当たり、日本列島は比較的積雪が少なかったと考えられるが、富士山には氷河が存在した可能性が指摘されるほど寒冷であった。このような氷漬けの富士山から爆発的な噴火の度に火山泥流が流れ出し、山麓斜面だけでなく、そこからつながる大きな河川（芝川、潤井川、黄瀬川、相模川など）沿いには広大な石礫河原が広がっていたであろう。そのような中、約二万年前に古富士が東西両方向に相次いで大崩壊（馬伏川岩屑なだれ、田貫湖岩屑なだれ）し、その姿を大きく変えたところで古富士火山の活動は終了した。その後、その崩壊地に新たな火山体（新富士火山）が誕生することで現在の新富士の活動が始まった。

1 10~2万年前
星山期（古富士火山の誕生と成長）

富士山
箱根山
愛鷹山
駿河湾
富士川

2 2万~1万7000年前
星山期（田貫湖岩屑なだれ直後の富士山）

3 1万7000~8000年前
富士宮期（新富士火山の誕生と大規模溶岩流）

4 5600~3500年前
須走-b期（新富士火山の成長）

5 3500~2300年前
須走-c期（山頂の爆発的噴火と御殿場岩屑なだれ）

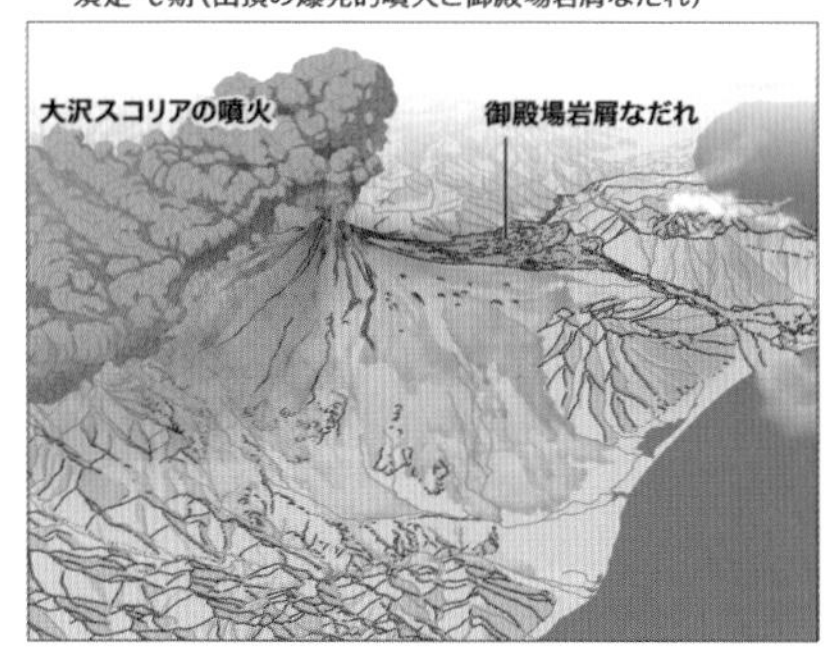

6 2300年前~現代
須走-d期（山腹噴火の時代）

図 1-3　富士山（古富士・新富士）の成り立ち

新たに始まった新富士の活動は、流動性の大きな溶岩流を大量に噴出させることで始まり（富士宮期：一万七〇〇〇年前〜八〇〇〇年前）、山麓の広い範囲が溶岩流で覆われ、さらに流れ下った溶岩ははるか遠方にまで達した。富士川にかかる釜口峡（図1‐4a）や富士川橋梁（図1‐4b）、黄瀬川流域の屏風岩（図1‐4c）や鮎壺の滝（図1‐4d）、三島駅前や楽寿園（らくじゅえん）のほか、山梨側では富士山北麓を流れる桂川にかかる猿橋にまで達した溶岩流はすべてこの活動期のものである。現在の巨大な火山体を支える広大で頑強な土台はこの時代に形成された。

そして、噴火活動が低調だった須走‐a期（八〇〇〇年前〜五六〇〇年前）の後、現山頂を構成する円錐状の火山体の形成が始まった。須走‐b期（五六〇〇年前〜三五〇〇年前）及び須走‐c期（三五〇〇年前〜二三〇〇年前）には、爆発的噴火によって噴き上げられた火山岩塊や火山礫が積み上がって急峻な火山体を立ち上げつつも、一部がこぼれ落ちて火砕流となって西〜南西斜面などを滑り落ち麓に迫った（図1‐5、図1‐6）。そして、二九〇〇年前には、新富士火山の東側に並び立っていた古富士火山が崩れ落ち、その大量の岩屑が現在の御殿場市・小山町域を埋積した（御殿場岩屑なだれ）。その岩屑は土石流や泥流となって、黄瀬川を下って南方の現在の三島・沼津市街地に達したほか、東方の鮎沢（あゆさわ）川や酒匂（さかわ）川にも流れ込んで足柄平野を厚く覆った。

その後、富士山は山頂噴火を繰り返して、崩壊した山頂部を短期間で復元した。現在に続く須走‐d期（二三〇〇年前から現在）では、山頂のすぐそばで噴火したことがあったものの、山頂火口からの噴火はなく山腹噴火が繰り返されてきた。須走‐d期後半（八世紀以降）の噴火は史料に残さ

図 1-4b

図 1-4a

図 1-4c

富士宮期に流出した溶岩流
（図 1-4a・図 1-4b）富士川の釜口峡と富士川橋
（図 1-4c・図 1-4d）黄瀬川流域の屏風岩と鮎壺の滝

図 1-4d

図 1-5　富士山頂を構成する急峻な円錐状の火山体の麓には、火砕流堆積物を含む扇状地が広がる

図 1-6　風祭川火砕流堆積物に埋もれていた炭化木

れているものもあり、その様相が大まかにでも推察可能である。それによると、この時期の二大噴火（西暦八六四年の貞観噴火、一七〇七年の宝永噴火）は、少なくとも過去五六〇〇年間のおよそ一八〇回の噴火の中で際立って大規模であり、富士山の長い噴火史から見て、ごく最近の時代に最大規模の噴火が発生していることは、今後の富士山の噴火を考える上で気にしなければならない点であろう。

　さて、富士山周辺の工事現場などでは、富士山噴火で堆積した火山礫や火山灰からなる地層の断面（露頭という）を観察できることがある。これらの噴火による地層の間には褐色の土層が見える。これは、富士山が噴火を休止している期間中に堆積した風成埃（土ぼこり）であり、「レス」「ローム」や「風化火山灰土」と呼ばれる。このほかにも、この地層中には富士山から遠く離れた火山の巨大噴火によって上空高くに噴き上げられた火山ガラス（マグマの破片）が含まれ、明瞭な地層を形成していることもある。この地層は、遠く離れた地点間を地層でつなぐ「同時間面」の役割を持っており（広域火山灰と呼ぶ）、いわゆる、「時間の物差し」として、富士山に限らず、火山の噴火史や麓に住む人々の暮らしの移り変わりの歴史を知る重要な年代指標となっている。

　富士山の周辺には多くの広域火山灰があることが知られている。富士火山の誕生時期を知る指標となる御嶽火山起源の第一軽石（Ｏｎ-Ｐｍ１：一〇万年前）を始めとして、南九州の姶良カルデラ火山起源の丹沢火山灰（ＡＴ：三万年前）、浅間火山起源の立川ローム上部ガラス質火山灰（ＵＧ：一万五〇〇〇～一万六五〇〇年、一万八〇〇〇年前という知見もある）、鬼界カルデラ火山起源のアカホヤ火山灰（K-Ah：七三〇〇年前）、伊豆諸島新島火山起源の式根島火山灰（Nj-Sk：七〇〇〇年前）、伊豆東部火山群起源のカワゴ平軽石（Kg：三二〇〇年前）、伊豆諸島神津島火山起源の天上山火山灰（Kz-Tj：西暦八三八年）がある。このほかにも、箱根山麓から愛鷹山南麓にかけては、箱根火山の噴火史上、最大規模となる箱根東京火砕流（Hk-TPfl：七万年前）や、中国地方の三瓶火山起源の含雲母グリース状火山灰（Gr：四万五〇〇〇～五万年前）が確認できる。これらの存在は、富士山の噴出物層序の精緻化に役立つとともに、富士山周辺に住む人々の暮らしを知る年代指標として役立つ。なお、既往研究では、Hk-TPflが箱根山から愛鷹山南麓に広く分布し、それが富士山南麓の丘陵上にまで達することが図示され、多くの教科書などに用いられてきた。しかし、私たちのこれまでの調査では、星山丘陵を厚く覆う風化火山灰土層からはHk-TPflの堆積物は確認できず、それがあったとされる層準には、扇状地の水成環境から乾陸化する過程で堆積した植物片が多く混じるシルト堆積物を確認できるのみだった。

　前述したように、富士山ではこれまで三回の大規模な山体崩壊が発生した。最も新しいものは、前述した二九〇〇年前の「御殿場岩屑なだれ」だが、残りの山体崩壊である馬伏川岩屑なだれ（東麓に向かって崩壊）、田貫湖岩屑なだれ（西麓に向かって崩壊）については、その発生年代について詳細は分かっていなかった。

　最近、富士山東麓の小山町を通る国道二四六号線バイパスの付け替え工事の際、高さおよそ二〇mの地層が露出し、その基底部から馬伏川岩屑なだれ堆積物の最上部が露出した（図1-7）。この堆

図1-7　国道246号バイパスの付け替え工事で出現した地層断面（最下位の地層が馬伏川岩屑なだれ堆積物）。本堆積物を覆うローム層よりUGに対比される火山ガラスが検出された

積物中から木片が数点得られたものの、腐植が著しく年代測定ができなかった（ただし、周辺の堆積物中露頭から採取された木片より約二万年前の年代が得られた）。この工事現場では、馬伏川岩屑なだれ堆積物を直接覆う風化火山灰土からＵＧに対比される火山ガラスの濃集層準が検出されており、木片の測定年代の妥当性が確認された。

一方、富士山西麓では、田貫湖岩屑なだれ堆積物を覆う風化火山灰土から微量の火山ガラスを確認しており、仮にこの火山ガラスがＵＧに対比されるものであれば、富士山は約二万年前のほぼ同時期に東西方向に山体が崩れ落ちたことになり、この発生要因と再来可能性についても今まで以上に着目する必要が出てくる。

別の事例として、富士宮市によって再調査が行われた大鹿窪（おおしかくぼ）遺跡（富士宮市大鹿窪）もある。大鹿窪遺跡は、縄文時代草創期の国指定史跡で、富士宮期

の一万七〇〇〇年前に噴出した芝川溶岩流上に成立している。平成一三年度からの調査では、住居跡(竪穴状遺構、配石遺構、集石遺構などと柱の跡)や押圧縄文土器等の存在が明らかになっている。この際、遺構に露出する約一万年前に噴出したとされるオレンジ(村山)スコリアの層位より、このスコリアをもたらした噴火が、当時の人々の暮らしに大きな影響を与えたのではとの指摘があり、本調査では、広域火山灰との層位関係に着目しながら、オレンジ(村山)スコリアの層位を重点的に検討した。

その結果、遺構断面からは、上位より、Kz-Tj、富士山の山頂噴火で西方向に飛来した大沢スコリア、Kg、Nj-Sk、K-Ah、オレンジ(村山)スコリア、UGといった、富士山起源の降下スコリア層と広域火山灰起源の火山ガラス濃集層準との層位関係が確認された(図1-8)。中でも、UGが芝川溶岩を直接覆う黄褐色風化火山土からも検出され、UGの噴火年代が芝川溶岩の年代に近接することが分かったことが大きな成果である。また、人々の居住形態との関係でみると、調査エリアでは、オレンジ(村山)スコリアが降下堆積した後に集落が形成されたことが明らかになった。

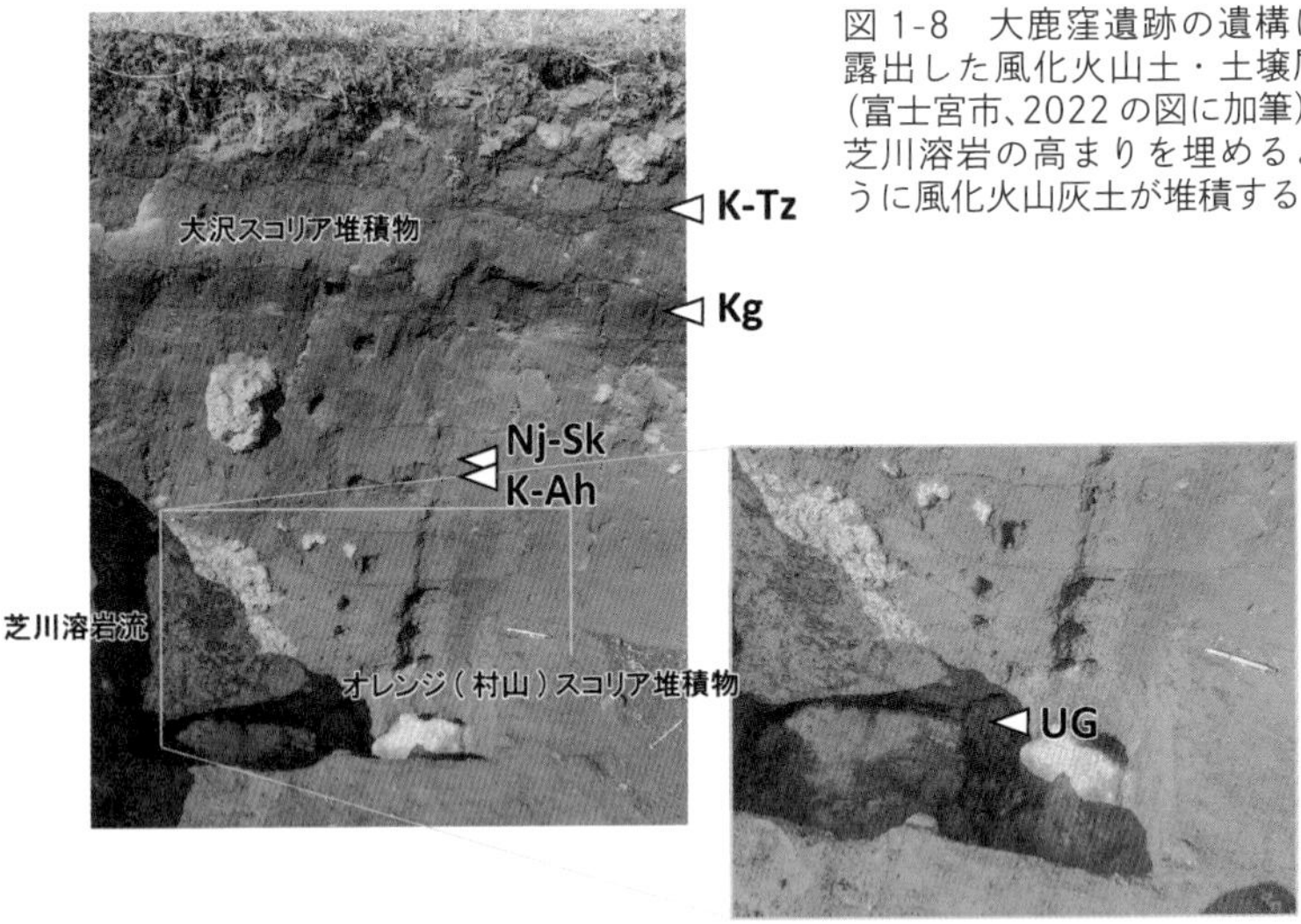

図1-8　大鹿窪遺跡の遺構に露出した風化火山土・土壌層（富士宮市、2022の図に加筆）。芝川溶岩の高まりを埋めるように風化火山灰土が堆積する

三　文字として残された富士山噴火

富士山噴火の様子を記した多くの史料が存在しており、有史では少なくとも一〇回の噴火イベントが信頼性の高いイベントとして知られている（図1-9）。一方、地質調査に基づく層序学的検討並び年代測定手法からは、この期間に一七回の噴火イベントに相当する堆積物の存在が知られている。この時代の噴火として、延暦噴火（西暦八〇〇〜八〇二年）及び貞観噴火（西暦八六四〜八六六年）は、その記述量と内容より人々の活動に大きな影響を与えた噴火であったことがうかがえる。また、富士山の最も新しい噴火である宝永噴火（西暦一七〇七年）は、これまでの多くの史料をもとに噴火推移や被災状況が解き明かされてきたが、最新の調査によって、これまで長く信じられてきたものとは異なる噴火の様子が描かれるようになった。

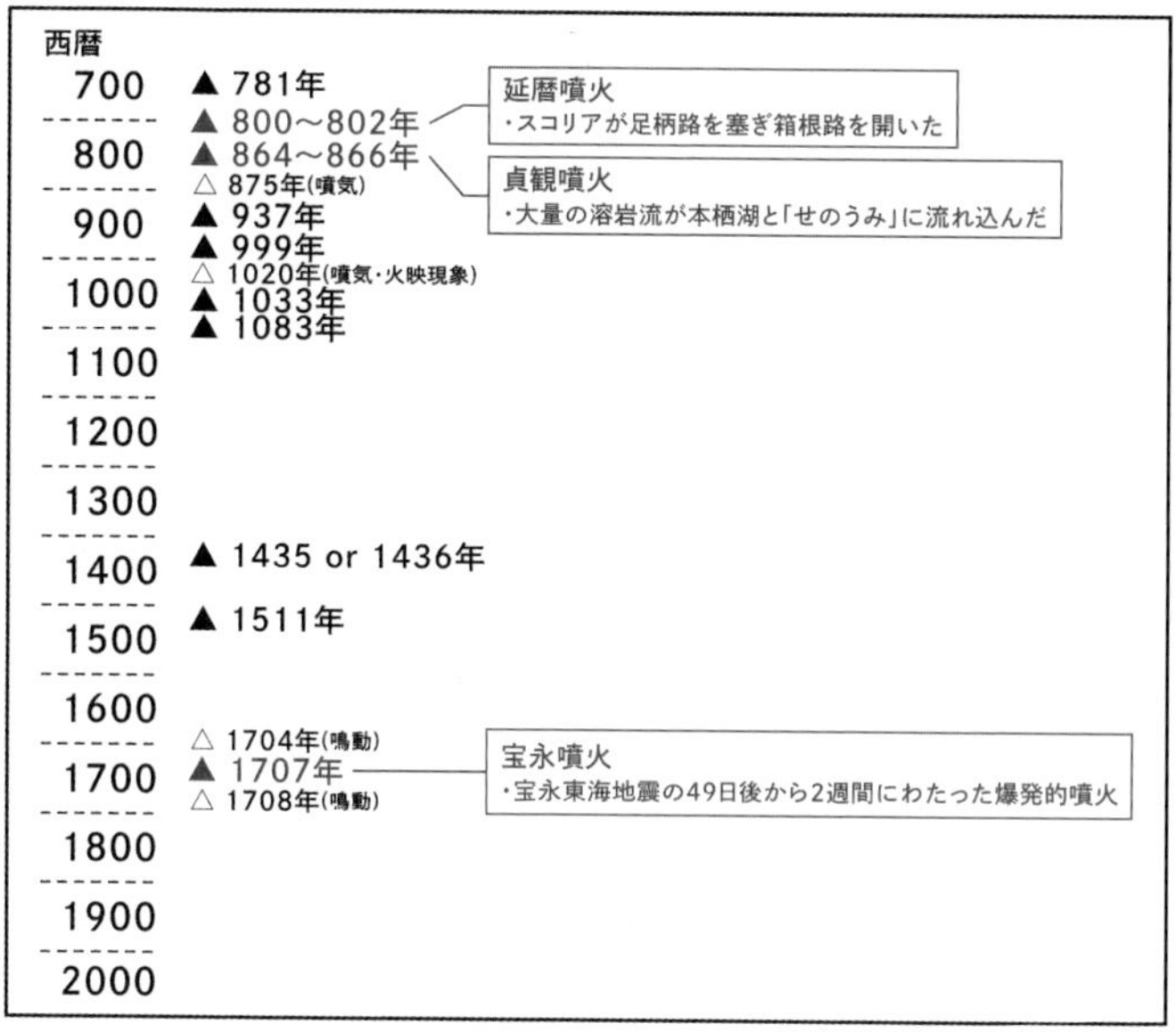

西暦

西暦	
700	▲781年 ▲800〜802年
800	▲864〜866年 △875年(噴気)
900	▲937年 ▲999年 △1020年(噴気・火映現象)
1000	▲1033年 ▲1083年
1100	
1200	
1300	
1400	▲1435 or 1436年
1500	▲1511年
1600	
1700	△1704年(鳴動) ▲1707年 △1708年(鳴動)
1800	
1900	
2000	

延暦噴火
・スコリアが足柄路を塞ぎ箱根路を開いた

貞観噴火
・大量の溶岩流が本栖湖と「せのうみ」に流れ込んだ

宝永噴火
・宝永東海地震の49日後から2週間にわたった爆発的噴火

図 1-9　歴史時代の富士山噴火

小山(1998, 2007)・気象庁をもとに作成

①延暦噴火・貞観噴火

延暦噴火は、降り積もったスコリアが足柄路(古代東海道の一部)を一時的に塞ぎ、その代わりに箱根路を開いた噴火として知られる。この時期の富士山の北東斜面では、スコリアの噴出を伴う爆発的噴火だけでなく、山中湖の形成に関与した鷹丸尾(たかまるび)溶岩が噴出した。この噴火は現在の静岡県側にも相当な影響を与えたはずだが、御殿場市街周辺ではこの時期に堆積した顕著なスコリア層は確認できず、噴火に伴う堆積物そのものが足柄路を塞いだとは考えにくい。それ以外の要因で通行不能になったと考えるのが適当である。最近、新東名高速道路の工事によって露出した法面において、篭坂(かごさか)峠から東に連なる尾根沿いから、南斜面を崩落した大量の土砂が岩屑なだれ堆積物として麓に厚く堆積するのを確認し

た。この岩屑なだれ堆積物の年代と広域火山灰との層位関係により、西暦八八七年仁和（にんな）地震による地震動によって尾根上に厚く堆積していたスコリアが表土とともに崩れ落ちたものであることが明らかとなった。このような噴火とは直接関係のない現象によって足柄路が通行不能になった可能性も考えられる。

貞観噴火は、富士山の北西山麓の割れ目噴火によって噴出した溶岩流が、かつてそこに存在していた剗（せ）の海（うみ）（湖）を埋め立て、その結果、剗の海は西湖と精進湖（しょうじこ）に分離され、現在の富士五湖を作った噴火として知られる（図1-10）。現在、溶岩流によって覆われた土地は青木ヶ原樹海として広大な

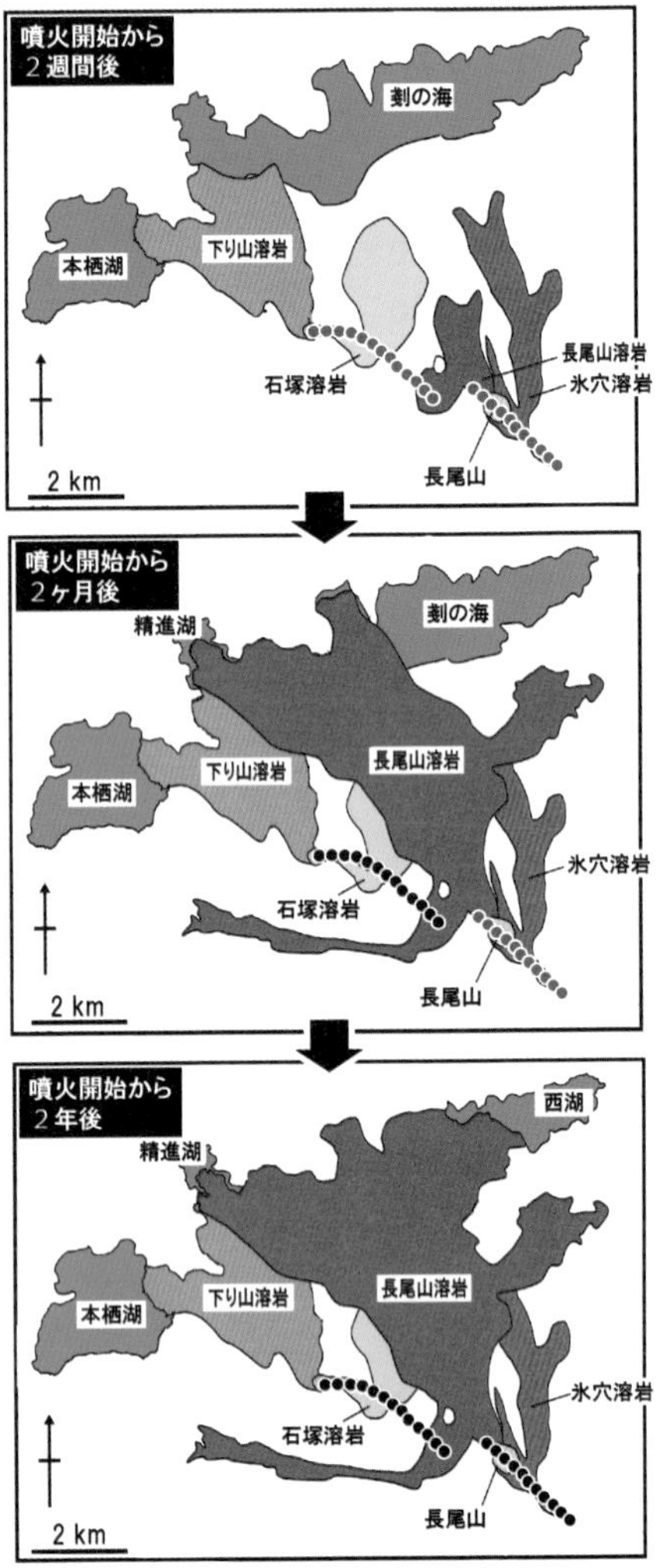

図1-10　貞観噴火の推移と剗の海の埋積過程

樹林帯を形成している。貞観噴火の規模は、青木ヶ原溶岩が覆った面積の大きさに基づき富士山の噴火史上最大規模であるのは既知のことだったが、正確な体積は不明であった。二〇〇二年に青木ヶ原溶岩を貫くボーリング調査が行われた結果、地表から深さ一三五mまで続く非常に分厚い溶岩の下に剗の海の底に積もった泥の地層が見つかった。また、航空レーザ測量により溶岩流によって埋積されたより正確な面積が明らかとなり、貞観噴火のマグマ噴出量として一・三±〇・二㎦と求められた。また、航空レーザ測量からは地形の凹凸等を読み取ることができ、およそ二年間続いたとされる貞観噴火で噴出した溶岩流の流下過程と剗の海の埋積過程が明らかとなった。

②宝永噴火

宝永噴火は一七〇七年一二月一六日午前一〇時頃に発生し、激しい噴火を断続的に繰り返しながら翌一七〇八年一月一日未明までおよそ二週間続いたとされる。宝永噴火は多くの史料にその推移や被災状況が記録されているが、最新の地形データを用いた解析やそれを利用した詳細な地質調査によって、これまで長く受け入れられてきた噴火推移と火口形成過程とは異なる考え方が提示された。その一つとして、富士山の南東斜面に三つ並んだ火口(高い位置にあるものから第一火口〜第三火口)に加え、その東側に開いた凹地(御殿庭東火口と呼ぶ)も宝永噴火でできた火口の一つであることが示された(図1-11、図1-12)。また、宝永山についても、定説として受け入れられている富士山の古い山体(古富士火山)が露出しているという考えではなく、宝永噴火によって噴出した火山灰や火山礫が積み重なった火砕丘であることが示され、宝永噴火の様相を描写した絵図の説明書きに沿った形成過程が改めて提案されるようになった（図1－13）。なお、この考えには批判的な意見もある。その批判の一つとして挙げられている御殿庭東火口の成長過程については、それを縁取る高まりを構成する火山礫に、宝永噴火初期に噴出した軽石が包含されることを私たちは確認している。このことは、御殿庭東火口を縁取る高まりが、宝永噴火時に形成された火口縁であることを支持する。

さらに最近になって、宝永噴火の開始のタイミングについても、史料には軽石を噴出した爆発的噴火の数時間前に火山灰噴出や火砕流が発生していたことをうかがわせる記述があり、それをもとに宝永噴火の堆積物基底層準を調査すると、これに対応する堆積物が存在する可能性が出てきた。この堆積物は軽石質の砂もしくは暗灰色の火山灰層中に暗桃色の縞模様を挟むことが特徴で火砕サージ堆積物のようにも見える。現在も調査を続けているが、この堆積物は宝永火口縁から南東方向およそ一〇㎞にわたって分布するようである。

このように宝永噴火は富士山で最も新しい噴火だが、史料と照らしあわせながら詳しく調査すると、まだまだ深く掘り下げて研究すべきことが残されているといえる。これらの調査で得た知見を今後の富士山の火山防災に反映させていくことが大切である。

四　富士山で将来起こりうる噴火と火山ハザードマップ

富士山は、宝永噴火以降三〇〇年以上噴火していない。しかし、これまでにも現在ほどではないが

図 1-11　宝永火口と宝永山
（2016年8月3日静岡新聞掲載）

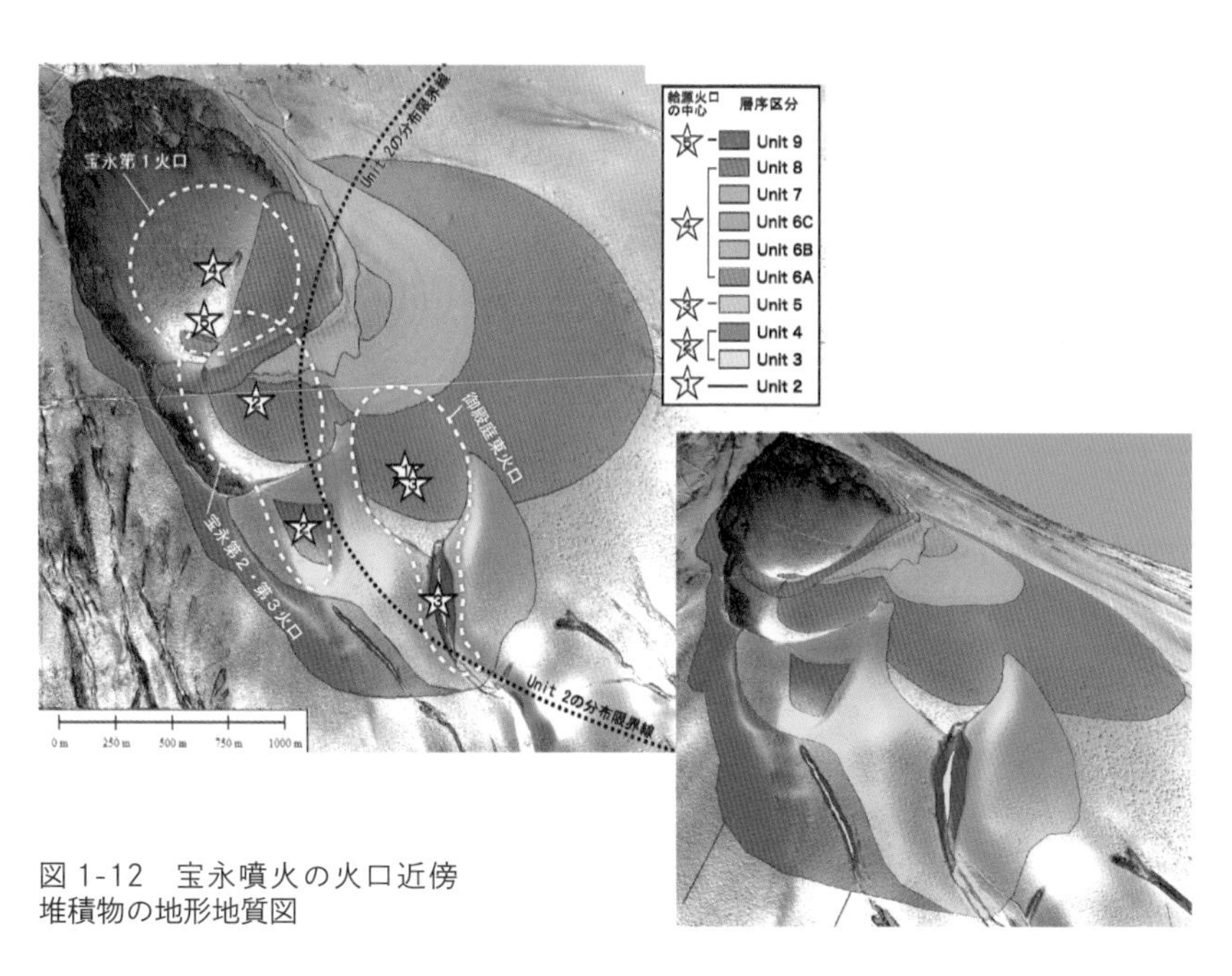

図 1-12　宝永噴火の火口近傍
堆積物の地形地質図

図1-13　宝永噴火の様子
『宝永四年富士山噴火絵図　昼乃景気』
静岡県立中央図書館歴史文化情報センター提供

噴火間隔が長い時期もあった。一方、数年単位で頻繁に噴火を繰り返した時期もあり、そこには決まったサイクルはない。現在、富士山の地下一五㎞にはマグマ溜りがあり、そこを震源に液体や気体が動くときに発する深部低周波地震が時々発生している。このことは、富士山が「生きている火山」であることを示している。気象庁や大学などの各観測・研究機関は、富士山の地震活動や地面の動きなどを二四時間体制で観測しており、富士山の活動に変化があった時には、その時刻と場所がすぐに分かるように観測網を整備してきた。しかし、このような観測をもってしても、どのような噴火（規模・様式・推移）を起こすかを事前に知ることはできない。そこで、静岡県と山梨県、神奈川県では、富士山で過去に実際に発生した噴火を雛型にして、噴火の場所・噴火の種類や規模ごとに噴出物の到達範囲やその時間を図示したハザードマップを整備し、富士山周辺の自治体や住民などに対して、今後富士山で噴火が切迫した（もしくは噴火した）場合に適切な対応がとれるよう、事前の準備が必要であると促している。

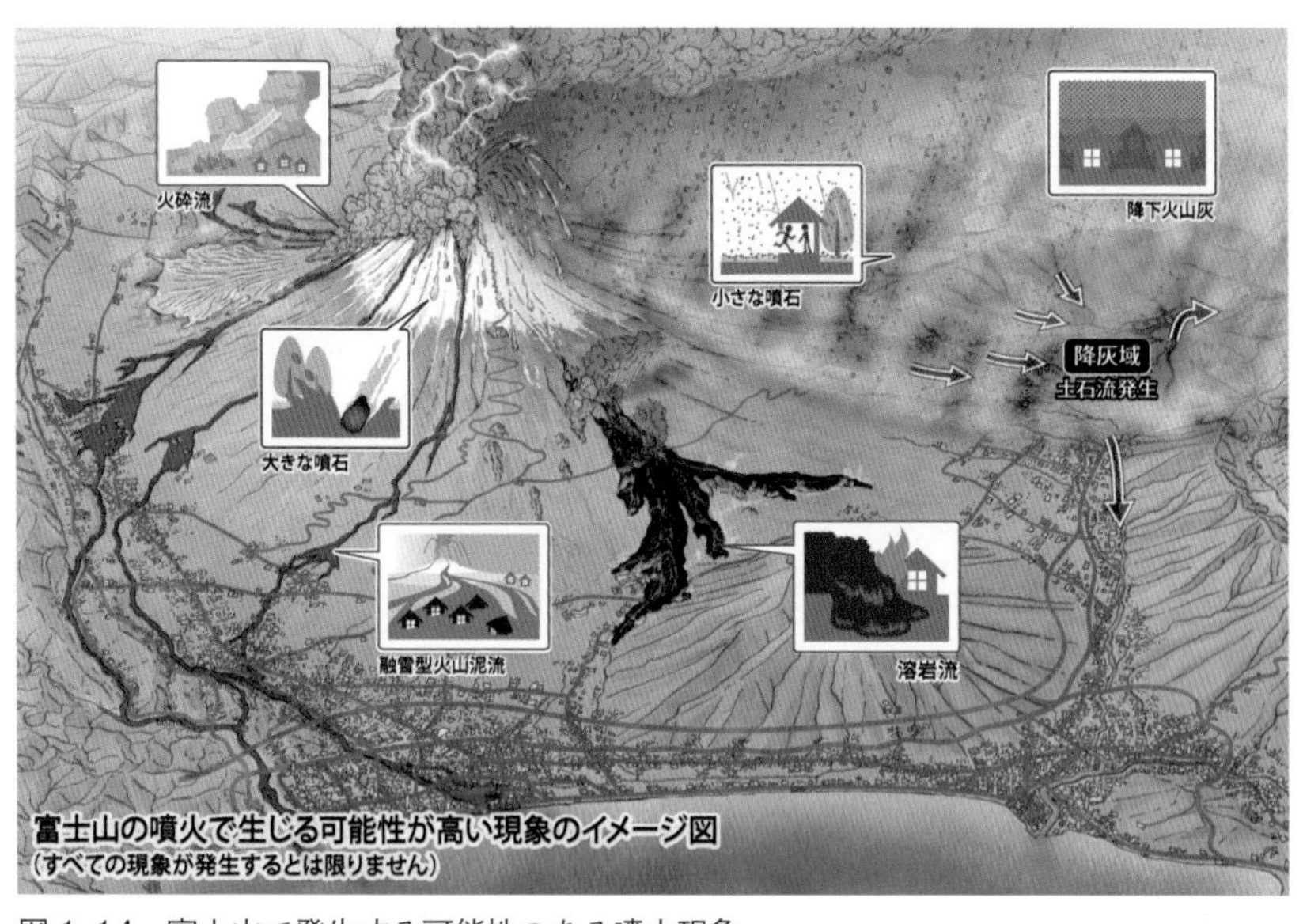

図 1-14　富士山で発生する可能性のある噴火現象

①富士山の噴火と避難行動の考え方

噴火は、地下から上昇してきたマグマがその通り道にある岩石とともに噴出する現象で、地面を這って流れる現象と上空に噴き上がったものが落下する現象に分けられる（図1-14）。地面を這って流れる現象は、マグマがそのまま地表を流れる「溶岩流」、高温の火山ガスが火山礫や火山灰などと一体となって流れる「火砕流・火砕サージ」、この火砕流が積雪を一瞬に溶かし、大量の融雪水が土砂を巻き込みながら流れ下る「融雪型火山泥流」に区分される。一方、上空から落下する現象は、噴出物の大きさに応じて、「大きな噴石（火山岩塊・火山弾）」「小さな噴石（火山礫）」「火山灰」に区分される。これらの噴火現象は、いずれも富士山で長く繰り返されてきた現象であり、これからの噴火でも必ず

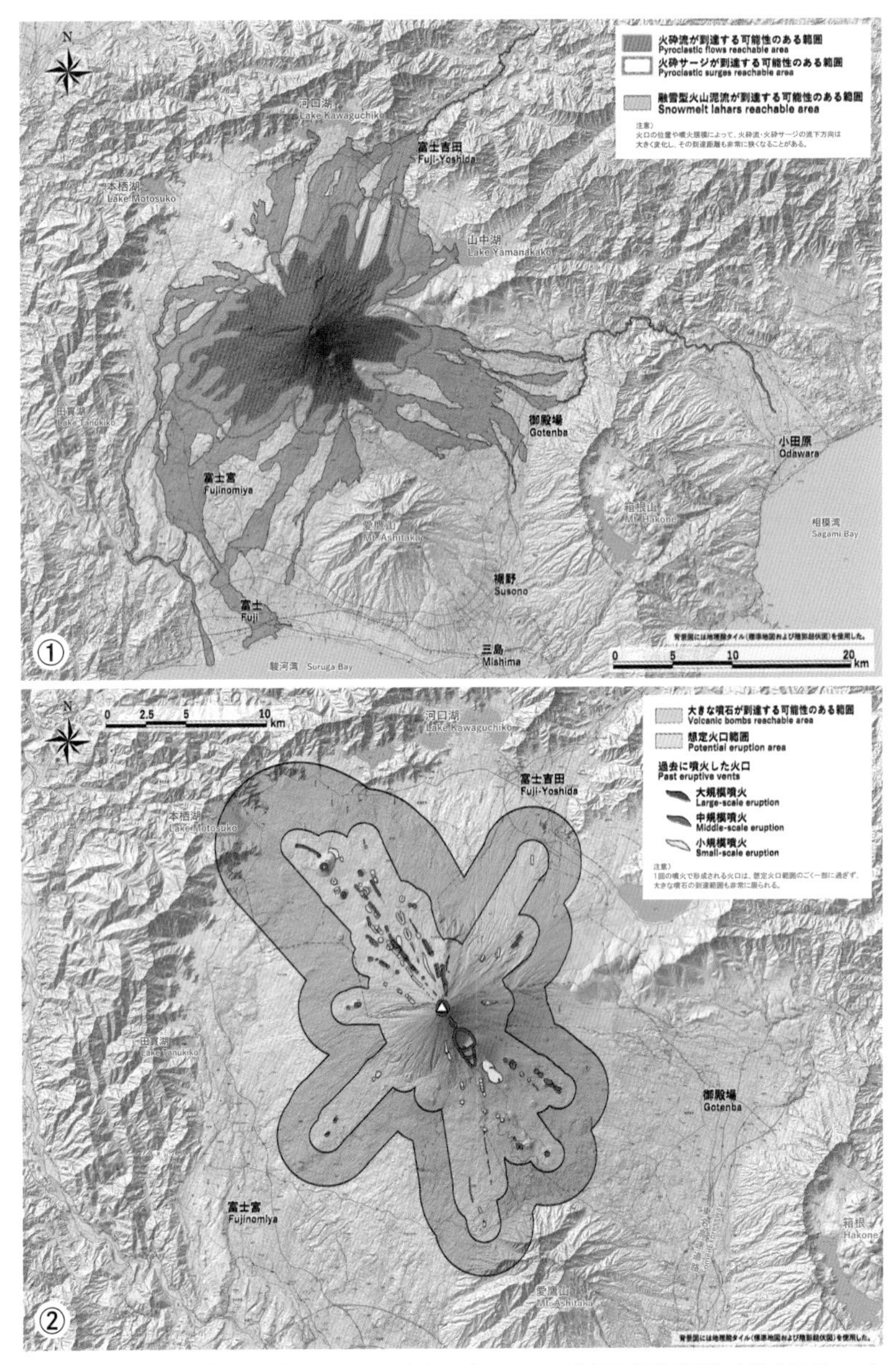

図 1-15 噴火発生前の避難が必要な噴火現象とその到達可能性範囲（①火砕流・火砕サージ及び融雪型火山泥流、②大きな噴石）

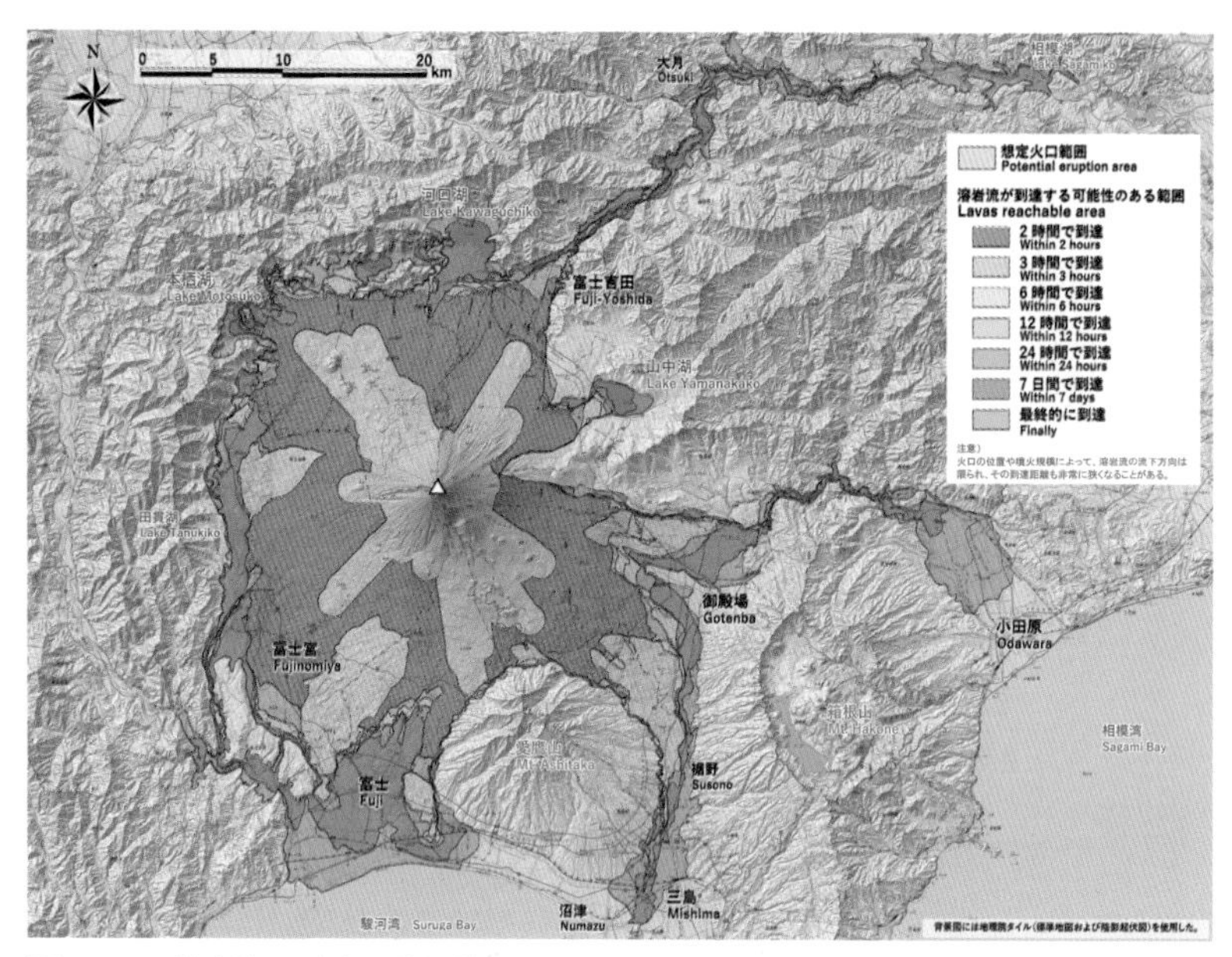

図 1-16　溶岩流の到達可能性範囲とその到達時間

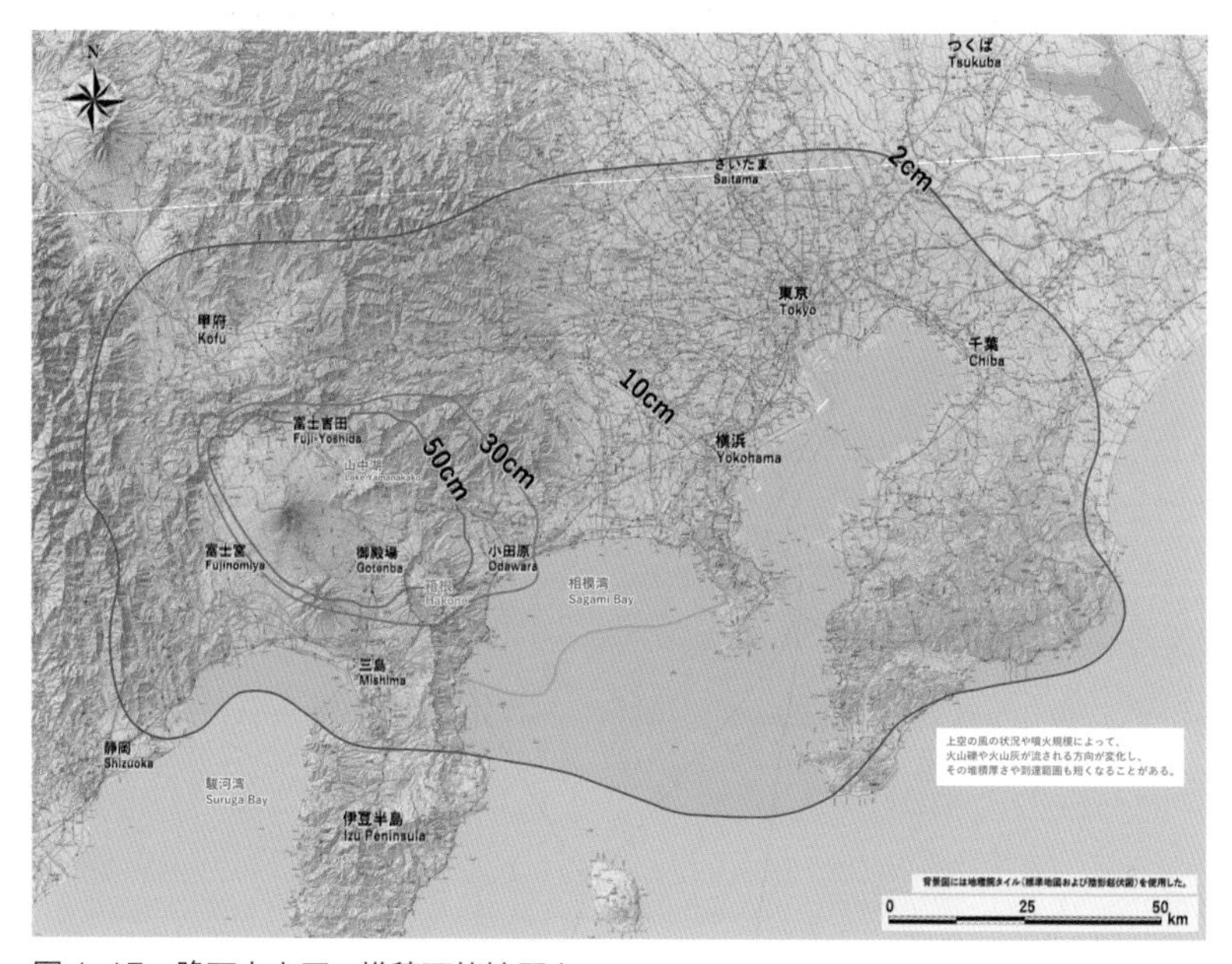

図 1-17　降下火山灰の堆積可能性厚さ

発生すると断言できる。

これら火山現象の中でも高温高速な状態で襲ってくる「火砕流・火砕サージ」は最も危険な火山現象である（図1-15①）。火砕流によって引き起こされる融雪型火山泥流も危険である。また、大きな噴石はもちろんのこと、小規模な噴火で発生した小さな噴石も、火口至近で噴火に遭遇した場合には非常に危険な現象となる（図1-15②）。噴火が差し迫ったと判断された時、これらの現象の到達可能性範囲内にいる場合には、火口から離れ、さらに場所によってはさらに高台に避難することになる。この段階では、富士山のどこで噴火が発生するか分からないことが多いから、登山などで富士山頂を目指

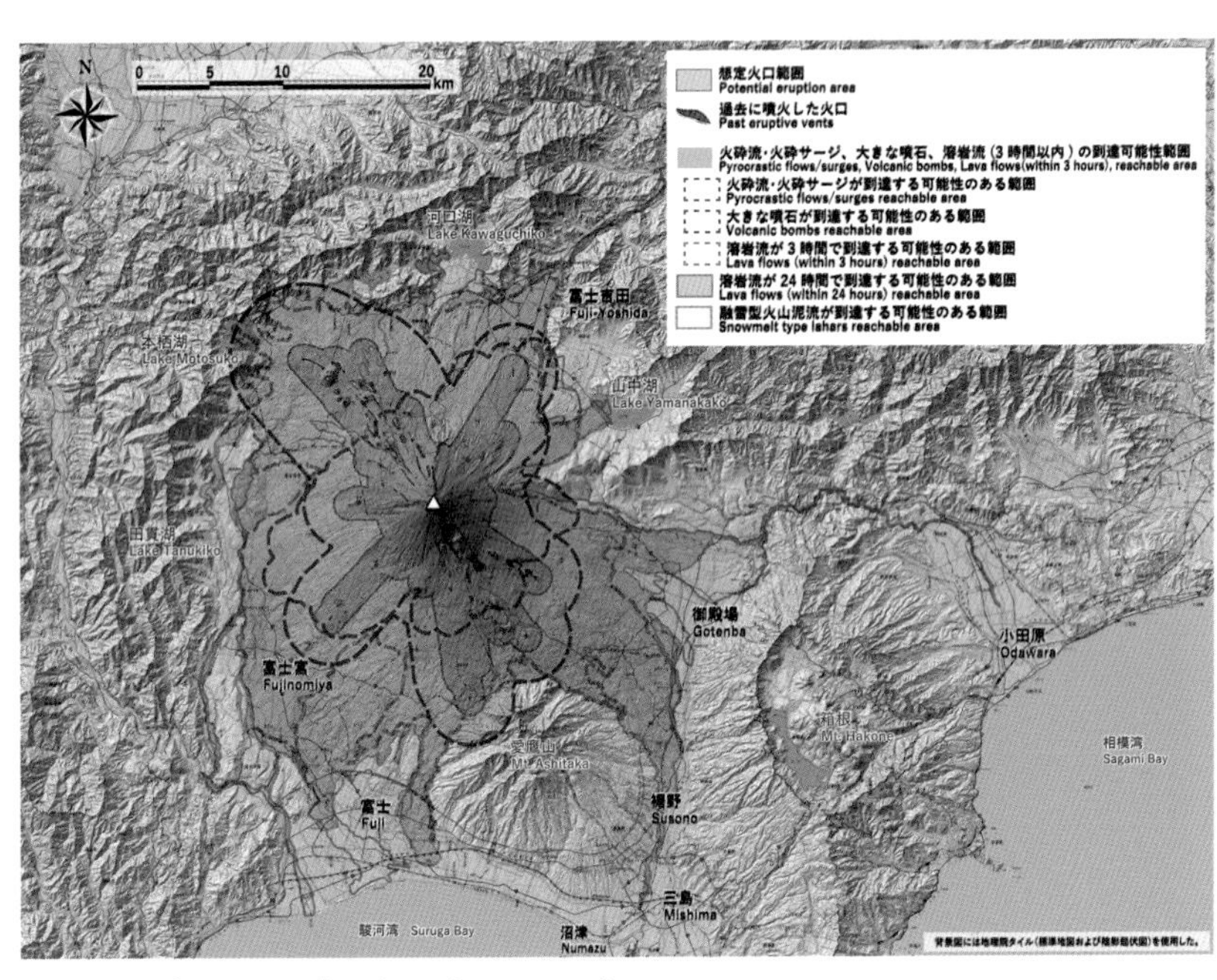

図1-18　改訂された富士山ハザードマップ

す人々に加え、山麓全域の広範囲の住民に対しても避難行動が求められる可能性がある。

一方、溶岩流は自転車ほどの速度で低所・谷沿いを流下することから、噴火が発生した後、溶岩流が流れ始め、その流れ下る溶岩流の流れる方向を見極めて退避できれば噴火発生後の避難でも十分である（図1‐16）。対して上空から降ってくる火山灰は広範囲に影響を及ぼす。その厚さは噴火時の風の向きと強さに大きく左右される（図1‐17）。火口の近くで火山礫が混じった火山灰が厚く堆積した場合には、屋内それも頑丈な建物に退避する必要がある。

富士山から遠く離れた地域においても、富士山から飛来した火山灰が思わぬ形で私たちの生活に影響を及ぼす可能性がある。路面に火山灰が堆積することで車などでの移動が困難となったり、電線・架線への火山灰の付着によって、大規模停電が発生し、電車の運行ができなくなったりすることが予想される。これら以外にも火山灰は多岐にわたる影響を及ぼし、私たちがこれまで送ってきた普通の生活を維持するのが困難となる。特に最近注目されているのが飲み水の問題である。火山灰は有害な物質を纏（まと）っており、通常野ざらしのところが多い浄水場・貯水槽に入りこんだ場合、飲料水の供給に影響を及ぼすかもしれない。

②富士山ハザードマップ

令和三年三月に改訂された富士山ハザードマップでは、将来の噴火を想定するために考慮する過去の長さが初版の過去三二〇〇年間から過去五六〇〇年間へと拡大した。その結果、噴火が発生しうる範囲が南西方向（富士宮方向）と北北東方向（富士吉田方向）に大きく拡大しただけでなく、溶岩流の噴出量が初版の七億㎥から一三億㎥、火砕流の噴出量が初版の二四〇万㎥から一〇〇〇万㎥へと増加した。また、到達範囲の計算に用いられる地形モデルが、実際の地形により近い精緻なものになった。これらの結果、改定された富士山ハザードマップでは、富士山の噴火によって影響を受ける範囲が大きく拡がり、それに加えて溶岩流の到達時間が非常に短くなった（図1‐18）。

例えば、富士宮市街地に位置する静岡県富士山世界遺産センターで見てみよう。初版の富士山ハザードマップによると、静岡県富士山世界遺産センターは、噴石や火砕流の到達可能性範囲から大きく外れ、溶岩流についても最速でも1週間程度の時間を要する位置にあった。しかし、改定された富士山ハザードマップによると、静岡県富士山世界遺産センターは想定火口形成範囲の南西端から八㎞ほど離れており、大きな噴石や火砕流の到達可能性範囲に含まれていないものの、そこから流下する溶岩流は最短で二～三時間で到達するという結果となった。このようなケースが富士山麓の各所でみられており、これまで以上に富士山噴火を自分ごととして捉え、緊急時の備えが重要であることを思い知らされることになった。

一方、降下火山灰については、先に挙げた図1‐17の通り、噴火の強度や風向きによっては、宝永噴火時の東方向とは異なる方向に流され、静岡市街地でも最大二㎝の火山灰が堆積する可能性があることが確認された。

五　まとめ

本章では、富士山が有する様々な地学的特徴について、主に地史学・火山学の観点から解説した。現在の穏やかな富士山からは想像できないほど、激しく荒々しい噴火の積み重ねが、世界文化遺産にふさわしい歴史的・芸術的特徴を形成するに至ったことが分かる。

私たち火山研究者は、一〇万年間にわたり繰り返されてきた富士山噴火を、現在に残された地形や地層の積み重なりから読み解いてきた。その結果、富士山は、かつての区分では古富士火山と新富士火山の活動、現在の区分では星山期、富士宮期、須走期（a期～d期）を経て現在に至ったと説明される。この区分は、各時期における噴火様式・場所の特徴をもとに区分しているが、その時に役立つのが広域火山灰の存在である。本章では、広域火山灰の地層と富士山噴火の地層を互いに編み込みながら、富士山噴火の歴史を細かく明らかにしてきた。私の富士山の火山研究のアプローチは多岐にわたる研究手法のごくわずかな一分野のものにしか過ぎない。多くの火山研究、調査・解析手法から得られた過去の富士山噴火に関する膨大な知見をもとに、将来の富士山噴火に対する火山防災、その一つとして富士山ハザードマップが作成されたのである。

ただ、現在の富士山は非常に静穏で噴火の兆候は見られない。従って、私たちは将来の富士山噴火を確定的に述べることができない。現在の富士山の火山防災の方策は、やや極端なものかもしれないが、今後の富士山噴火で想定される多くのシナリオに対して、幅広く対応できるよう考えられたものなのである。

【図版出典】

図1-1、1-2／一般社団法人美しい伊豆創造センター提供の画像をもとに著者作成
図1-3、1-14／萩原佐知子（TUBE graphics）の原図を一部改変
図1-4a・b・d／小山真人撮影
図1-5／鈴木雄介撮影
図1-10／小山真人の原図をもとに著者作成
図1-12／小山（2023）を一部改変

【参考文献】

高田亮ほか『富士火山地質図（第二版）』（産総研・地質調査総合センター、二〇一六年）
北垣俊明ほか「富士火山南西斜面の風祭川上流に見つかった直立炭化木群」（『地球科学』地学団体研究会、二〇〇七年）
町田洋・新井房夫『新編火山灰アトラス』（東京大学出版会、二〇〇三年）
Yamazaki, H.「Tectonics of a plate collision along the northern margin of Izu Peninsula, central Japan.」（『地質調査所月報』地質調査所、一九九二年）
山元孝広・小林淳「富士火山東山麓，御殿場・馬伏川岩屑なだれ堆積物の^{14}C年代」（『地質調査研究報告』産総研・地質調査総合センター、二〇二三年）

小林淳ほか「大鹿窪遺跡で確認した富士火山起源のスコリア層と広域テフラ層序」（『史跡大鹿窪遺跡報告書―史跡整備事業に伴う再発掘調査―』『富士宮市文化財調査報告書』富士宮市教育委員会、二〇二二年）
小山真人「噴火堆積物と古記録からみた延暦十九～二十一年（８００～８０２）富士山噴火：古代東海道は富士山の北麓を通っていたか？」（『火山』日本火山学会、一九九八年）
山元孝広ほか「富士山東方で１・１kaに発生した大規模火山性斜面崩壊」（『地質学雑誌』日本地質学会、二〇二〇年）
荒井健一ほか「古代湖「せのうみ」ボーリング調査による富士山貞観噴火の推移と噴出量の再検討」（『地球惑星関連学会二〇〇三合同大会講演要旨』日本地球惑星科学連合、二〇〇三年）
千葉達郎ほか「航空レーザ計測にもとづく青木ヶ原溶岩の微地形解析」（『富士火山』山梨県環境科学研究所、二〇〇七年）
気象庁『日本活火山総覧（第四版）』（Ｗｅｂ掲載版、令和五年十一月七日閲覧）
小山真人「富士山の歴史噴火総覧」（『富士火山』山梨県環境科学研究所、二〇〇七年）
小山真人「近接空撮画像と航空レーザー計測点群を用いた富士山一七〇七年宝永噴火の火口近傍堆積物の層序と形成過程」（『富士山学』静岡県富士山世界遺産センター、二〇二三年）
馬場章ほか「富士火山，宝永山の形成史」（『火山』日本火山学会、二〇二二年）

噴火のメカニズムを追い続けて

藤井敏嗣（東京大学名誉教授・地球科学者）

主に安山岩からなる我が国の他の火山と異なり、富士山の九九％以上が玄武岩からなる。富士山は玄武岩マグマが噴出してできた火山なのである。富士山のマグマは玄武岩マグマの一種ではあるが、マントルで作られる初生玄武岩マグマから、さまざまな過程を経て化学組成が大きく変化したものである。そのため、長年マントルにおけるマグマの成因を研究してきた私にとって、興味をそそられるマグマではなく、富士山を研究対象にしたいと思うことはなかった。ところが、二〇〇〇年を境に状況が急変する。

富士山の地下で深部低周波地震が二〇〇〇年から二〇〇一年にかけて活発化したことを受けて、内閣府防災が富士山火山防災に向けて動き始めた。周辺自治体を説得して富士山火山防災協議会を発足させ、富士山の火山ハザードマップの策定作業を行うことになった。私も策定委員会のメンバーに加わると共に、火山噴火予知連絡会のもとに設置された富士山ワーキンググループの座長として、富士山の噴火に関わる資料収集や観測体制のあり方、類似海外火山の噴火事例などの検討を行なった。また、科学技術振興調整費による「富士山火山の活動の総合的研究と情報の高度化」研究の代表も務めることになり、あっという間に富士山の調査・研究に引き込まれた。さらには、二〇一四年から山梨県富士山科学研究所で所長を務めることにもなった。

富士山の先行研究を調べてみると、富士山のマグマは初生マグマとは大きく異なるものの、解明されていないテーマが数多くあることが分かった。一つはこれまでで最新の噴火にあたる約三〇〇年前の宝永噴火が、富士山ではほとんど見られない白い軽石を最初に噴出した後、玄武岩マグマが黒いスコリアとして噴出した特異な噴火であったにもかかわらず、このメカニズムについて説明が全くなされていないことであった。なお、この噴火は玄武岩マグマとしては非常に爆発的で、噴煙の高さも一万五〇〇〇mを超えるようなものであった。

この説明として、噴出し損なった古い時期のマグマが比較的浅い場所にとどまり、長年の冷却に伴うプロセスによって安山岩マグマやデイサイトマグマに変化していたところに、深部から上昇してきた高温の玄武岩マグマが接触・加熱して、安山岩マグマやデイサイトマグマを突沸させ、最初の軽石として放出させたというモデルを提唱した。このモデルならば、軽石の放出によって、地表まで通路がつながったことで生じた急速な減圧が地下の玄武岩マグマの突沸を起こすことになるので、玄武岩マグマとしては珍しい爆発的噴火を起こした理由も説明できる。

また、宝永火口の側にある宝永山は、宝永噴火の際に地下のマグマの貫入によって古い斜面が突き上げられて作られたといわれていた。この定説に疑問をいだき、衛星写真などの判読から宝永噴火の噴出物が降り積もった火砕丘であるという仮説を立て、周囲の研究者に共同研究を呼びかけた。この呼びかけに応え、馬場章氏（当時山梨県富士山科学研究所、現在は昭和大学）が、綿密な現地調査に加え、年代測定の新しい手法を駆使して、宝永山が宝永噴火の際に作られた火砕丘であることを証明してくれた。

また、最初のハザードマップ作成以降、富士山に関する新知見が蓄積し、富士山の北麓と南麓で人口が集中する市町村の近くに火口ができる可能性も想定された。これを受けてハザードマップの改定作業が行われることになり、私が検討委員会の委員長を務めた。さらに、ハザードマップを改定したため、それまでの避難計画の見直しも必要となり、ここでも検討委員会の委員長を務めることになった。この委員会では富士山噴火から命を守ることを最優先にしつつも、避難によって暮らしが破壊されることを可能な限り避けるという方針をとり、登山者・観光客の早期退避や、溶岩流からの住民避難については交通渋滞による逃げ遅れを避けるために徒歩避難を原則とすることなどを盛り込んだ。この取り組みに対し二〇二三年度日本リスク学会グッドプラクティス賞が検討委員会に授与された。

はじめは富士山研究に背を向けていた私が結局二〇年以上にわたって富士山に関わることとなったのである。富士山の吸引力、恐るべし。

藤井敏嗣／昭和二一年、福岡県生まれ。理学博士。ＮＰＯ法人環境防災総合政策研究機構環境・防災研究所所長。山梨県富士山科学研究所所長。

二章　富士山を敬う

大高康正　井上卓哉

一　噴火と遥拝

原始・古代における富士山に対する信仰の萌芽は、富士山のもつ神秘的な威容とその噴火活動とが不可分な関係にあったと言えよう。火山活動を繰り返す富士山は、山麓から山頂を仰ぎ見て崇拝する対象となってきた。静岡県側（駿河国）では本殿をもたない山宮浅間神社（図2-1）があるが、山梨県側（甲斐国）の北口本宮冨士浅間神社も当初社殿がない遥拝所として整備されたと考えられている。

文献に見る富士山の噴火災害の記録は八世紀に遡り、火山活動の活発化により鎮火の祈りを捧げるため、火の神である「浅間大神」を祭祀することに繋がった。「浅間大神」を祀る富士山本宮浅間大社（図2-2）は、伝承によるとまず「山足」の地から山宮浅間神社へと移動し、そこから九世紀初めに現在の位置に移ったとされる。八六四年の貞観噴火では、溶岩流が本栖湖と剗の海（現在の西湖と精進湖）を埋める被害を生じたため、翌年朝廷は噴火を鎮めるために甲斐国にも「浅間大神」を祀る祠を設けた。この祠は河口浅間神社または冨士御室浅間神社を指すと考えられており、駿河国の富士山本宮浅間大社に続き、甲斐国にも浅間神社が祀られることになった。

富士山に対する畏敬と崇拝という二つの要素を歴史的な観点から理解してみたい。まず『常陸国風土記』に「駿河国福慈岳」と記され、人々の関心をひきながらも近づき難い女神として表現され、人間の足跡が及ばない神秘神霊の高峰として意識されている。さらに奈良時代から平安時代にかけて富士山の噴火活動が激しくなると、祈りを捧げる祀堂が設けられ、荒ぶる火の神「浅間大神」を鎮めるために祭祀者が常駐する施設がつくられるようになった。富士山の祭祀に関わった者たちは、当初

図 2-1　山宮浅間神社

図 2-2　富士山本宮浅間大社

山腹の遥拝所において祈りを捧げていたものと思われる。例えば富士宮市の山宮浅間神社は、噴火によって流れてきた溶岩流の末端部に設けられた祭祀の場である。江戸時代にまとめられた社伝によれば、山宮浅間神社は富士山本宮浅間大社の旧鎮座地とされており、山腹の遥拝所である山宮から彼らの生活拠点である里宮の浅間大社へ祭祀の場が移っていったものと考えられている。

ただし、富士山本宮浅間大社も噴火によって流れてきた溶岩流の末端部に位置しており、社伝においては山宮浅間神社も「山足」の地から移動してきた場所に設けられた場所とされている。祭祀の場の移動は、富士山の噴火活動の影響によるものであり、主たる祭祀の内容は、やはり鎮火の祈りを捧げることであったと読み解ける。

二 末代上人と富士山

日本国内での神仏習合思想は、既に九世紀頃よりみられ、一〇世紀には多くの神々の本地を仏・菩薩に求める傾向がみられてくる。中世ではすべての神社に本地仏が定められていたといわれている。富士山においても御祭神を「富士権現（ふじごんげん）」や「浅間大菩薩（せんげんだいぼさつ）」と呼んでいたように、神仏習合思想の影響がみられるようになる。さらには、富士山を霊山とみて山岳修行の場と位置づけられていくことにつながっていくが、これには平安時代初期までの活発な噴火活動が沈静化してきたことが影響していよう。山岳修行を実践する宗教者は、直接富士山頂へ登拝を志すようになった。

富士山を山岳修行の場と位置づけた人物として、一二世紀の末代上人（まつだいしょうにん）を紹介したい。末代は駿河国

図 2-3　興法寺大日堂

の出身で、伊豆山（熱海市）や実相寺（富士市）、あるいは白山（福井県・石川県・岐阜県など）でも修行したと伝えられる。『本朝世紀』久安五年（一一四九）四月一六日条に、富士登山をし、山頂に大日寺を構えた「富士上人」として登場しており、さらに同年五月一三日条によると、富士山に一切経を埋納したことが記されている。また『地蔵菩薩霊験記』に「その身は猶も彼の岳に執心して、麓の里村山と白す所に地をしめ、伽藍を営み、肉身をここに納めて、大棟梁と号して、当山の守護神と現れたまふ」とある。末代上人は、富士宮市の村山地区に富士山興法寺（図2-3）を建立し、その地で即身仏になり富士山の守護神になったとするものである。

　また、末代自体が伊豆走湯山（熱海市の伊豆山神社）で修行したと伝わっているが、富士山における山岳修行は関東地方の修験者と深く関わって開かれていったものと考えられている。その影響からか、室町時代に入っても、応永五年（一三九八）の伊豆走湯山密厳院領関東知行地注文案の中で「一、駿州　富士村山寺」と挙げられている。村山寺とは興法寺を指す可能性があり、室町時代中頃までは伊豆走湯山密厳院の末寺に位置づけられていたことが確認できる。

伊豆走湯山は、鎌倉幕府や室町時代の鎌倉公方にも庇護を受けていた有力な宗教勢力であるが、こうした神仏習合の宮寺の末寺に位置づけられていたということだけに留まらず、実際に関東地方においても富士山信仰が既にかなり浸透していた様子がうかがえる。

享徳三年（一四五四）の奥書をもつ鎌倉公方足利成氏（しげうじ）の年中行事を記した『鎌倉年中行事』では、「六月朔日、御祝常のごとく、富士御精進七日これ有り、御近辺飯盛山の富士参詣これ有り」とあり、富士山開きとなる六月朔日から七日間潔を行い、近辺の「飯盛山の富士」に参詣したとある。飯盛山という名称は、御飯を盛ったような円錐台の形状をした山に付けられることが多く、あるいは山そのものを富士山になぞらえていた可能性もあるのではないか。おそらくこの飯盛山には富士浅間社が勧請されていたものと思われるが、山そのものを富士山に見立てる行為は、富士塚の発想の原点として共通するものである。

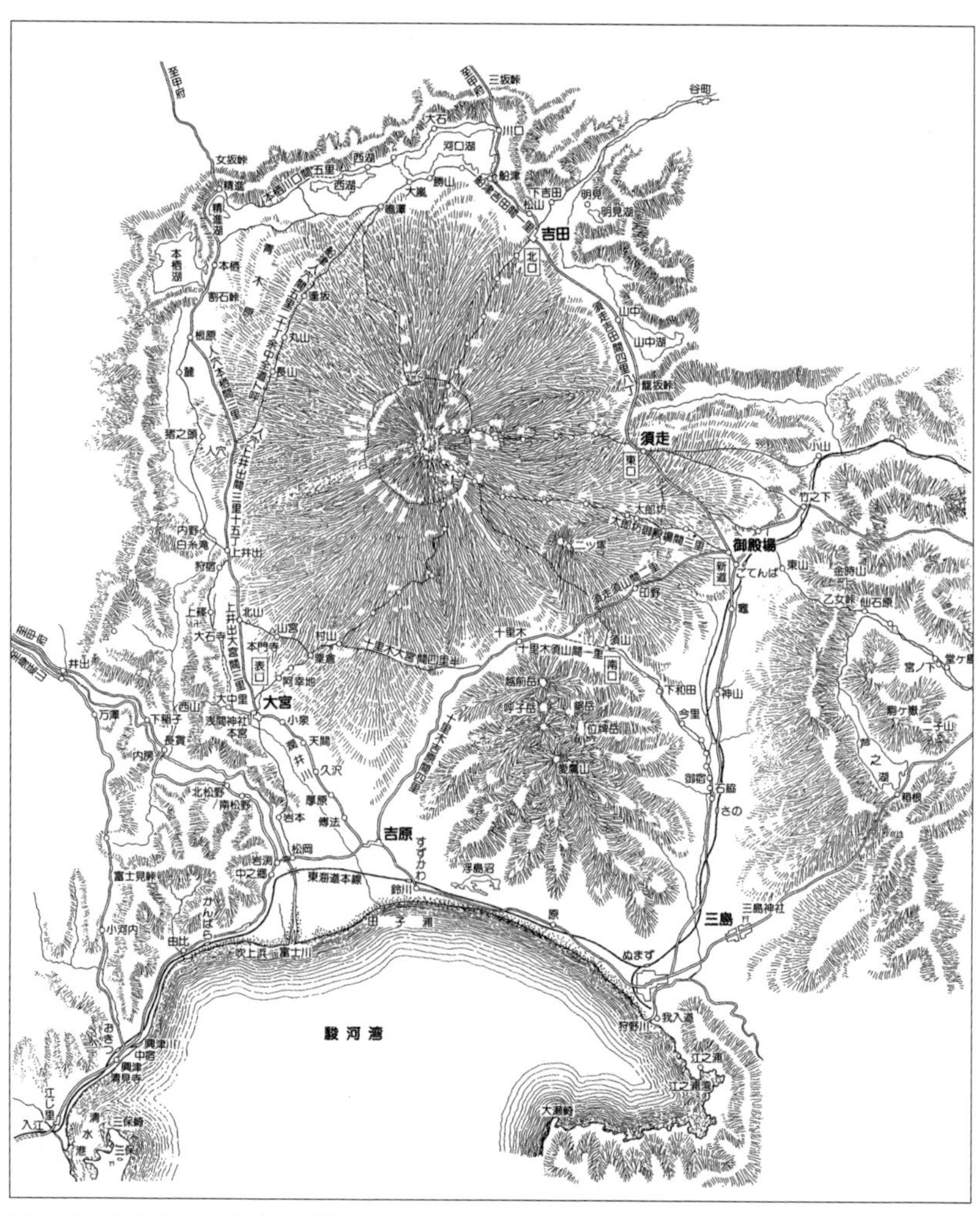

図 2-4　富士山周辺案内図（「冨士山近傍実測図」〈野中至編『富士案内』明治 40 年所収〉をトレース）

三　信仰の大衆化と登拝

富士山に信仰登山（登拝）するためには、駿河国側には表口（大宮口・村山口）、須山口、須走口が、甲斐国側には吉田口と河口（船津口）の各登山口が開かれていたが、富士山各登山口にはそれぞれ拠点となる集落（信仰登山集落）が形成されていき、一五世紀以降になると、道者と呼ばれる一般の信者たちが多数富士山への登拝を果たすようになった。一五世紀末以降は道者の案内や世話を務めた御師の活動が活発化し、こうした集落には浅間神社が祀られ、そこを中核として周辺に道者を受け入れる宿坊が営まれていった。この宿坊の経営者が、例えば大宮口（現在の富士宮市宮町付近）の場合は富士山本宮浅間大社の社人衆であり、村山口（富士宮市村山付近）の場合は興法寺衆徒の修験者であり、吉田口の場合は北口本宮冨士浅間神社の御師であったりと、職掌こそ違えども、実際はほぼ同様の活動を行っていたのである。

富士山表口は大宮口と、そのさらに東北八kmにある村山口からなるが、本来は村山口から聖地へ入山するという認識があったものと思われる。ただし大宮口と村山口とは同一線上にあり、富士参詣をする道者は慣例として大宮口を通過していた。この大宮口には富士山の御祭神を祀る富士山本宮浅間大社が鎮座するからである。

道者は先達との師檀関係などによって宿坊を選択していたと思われる。大宮口には中世後期には参詣者を勧誘する体制が整備されていた。一つには境内湧玉池において道者が精進潔斎を行うことを慣例化しており、参詣習俗の中に位置づけることによって恒常的に道者を集めていたのである。また道者に対する宿坊の整備も行われていった。

富士山表口の起点となる大宮口は、駿河国一宮に位置付けられる富士山本宮浅間大社の門前町として発展した「町」であった。浅間大社は大宮司・公文・案主の三職を富士氏が勤め、その他に神宮寺を管理する別当宝幢院と、神事や仏事に携わる社人衆が集住していた。この浅間大社で祀っている「浅間大神」は、富士山そのものの御祭神になるので、道者は立ち寄って参詣したものと思われる。また道者が立ち寄る目的としてはさらに、湧玉池で禊をする水垢離があったものと考えられる。一六世紀に描かれた富士曼荼羅図（国指定重要文化財本）をみても、道者が湧玉池で水垢離する様子が描かれている。湧玉池における水垢離であるが、道者を迎える浅間大社の社人衆にとって重要なイベントであったというよりも、むしろこの次に道者を迎えることになる村山の富士山興法寺の修験者にとって重要な意味を持っていたようである。江戸時代以前の富士登山は信仰登山として捉えられるが、「富士山縁起」の諸本の中で表口登山道で信仰登山をする行為は、「菩薩行五十二位」の修行に相当するものと説明している。この修行には階位があるが、下位から十信（第一〜第十位）、十住（第十一〜第二十位）、十行（第二十一〜第三十位）、十回向（第三十一〜第四十位）、十地（第四十一〜第五十位）、等覚（第五十一位）、妙覚（第五十二位）を登山道の各区間に割り振っており、最後の妙覚は富士山頂の内院（噴火口）となる。まず最初に湧玉池と思われる富士山の湧水の流れそのものを凡夫川と呼び、大宮で精進潔斎を行って登山道を進み村山に至ると、最初の十信までの迷いを断つことができるとしている。

大宮口には、室町時代末期には富士山へ参詣する道者が宿坊とした道者坊が多数形成されていたことが確認できる。この道者坊は、浅間大社の社人衆が営んでいたもので、『大宮道者坊記聞』には「大宮道者坊の事、古へ享禄・天文年間は、凡そ三十ヶ余坊これ有る由伝ふ」とあり、一六世紀半ば頃になる享禄年間（一五二八～三二）から天文年間（一五三二～五五）頃には三十余りの道者坊があったとしている。しかし中世後期の一六世紀には漸次統合が始まっていたようで、「御炊坊の事、弘治・永禄年間に七ヶ坊許を集め合せたると申伝ふ、春長坊は十二・三ケ坊集めたると伝ふ」とある。御炊坊は、「御炊」の職掌からきた名称と考えられ、春長坊も浅間大社の四和尚（四ノ宮仕）で、どちらも社人衆であるが、一六世紀中頃が画期となり、漸次道者坊は統合していった様子がうかがえ、近世江戸時代までの間に有力な宿坊に絞られていった。

天正一三年（一五八五）のものと思われる『大宮道者坊配分定書』によると、一六世紀後半の道者坊は、鎰是内記時成が抱える正鎰取道者坊・権鎰取道者坊・行事大夫道者坊、宮崎清長の慶泉坊、青地豊後守吉次の大宮大工坊、他に御炊道者坊・戸部道者坊・清泰寺道者坊・坊なし道者（宿坊との師檀関係が確定していない参詣者を対象とした道者坊であろう）・井出伊予道者・長野道者坊・三郎左衛門尉道者坊、四和尚道者坊（春長坊）が確認できる。

坊なし道者を対象とした宿坊の存在は、他の道者坊ではそれぞれの旦那場を有した先達と師檀関係を結んでおり、そこから道者を受け入れていた状況が推測される。こうした権利を持っていた地域を道者場と呼んでいたようであるが、この道者場の分布を示す史料として道者帳が伝えられている。富士山本宮浅間大社に関する史料集『浅間文書纂』に所収され確認できる大宮道者坊に関する道者帳は、「公文富士氏記録」に三帳、「四和尚宮崎氏記録」に四帳存在している。

①「御炊坊道者帳写」、表紙には永正九年(一五一二)、文中には永禄六年(一五六三)、奥書きには永正十□年とある。駿河・遠江・三河・尾張・伊勢・美濃・信濃・甲斐国の道者場を記す(「公文富士氏記録」)。

②「道者帳」、慶長一七年(一六一二)から元和九年(一六二三)までの鈴木甚左衛門の道者付帳。山開きの年月日に訪れた道者の人数・道者場と導いた先達の名を記す(「公文富士氏記録」)。

③「御炊坊道者帳」、慶長一七年(一六一二)から慶安元年(一六四八)に至る御炊道者坊の道者付帳。山開きの年月日に訪れた道者の人数・道者場と導いた先達の名を記す(「公文富士氏記録」)。

④「道者帳」、延宝四年(一六七六)に本宮を訪れた道者の付帳。山開きの年月日に訪れた道者の人数・道者場と導いた先達名を記す(「四和尚宮崎氏記録」)。

⑤「道者帳」、元禄二年(一六八九)に本宮を訪れた道者の付帳。山開きの年月日に訪れた道者の人数・道者場と導いた先達名を記す(「四和尚宮崎氏記録」)。

⑥「道者国分并郡分控帳」、諸国の道者場とその地を管轄する道者坊を記す。年月日欠(「四和尚宮崎氏記録」)。

⑦「道者国分并郡分控帳」、諸国の道者場とその地を管轄する道者坊を記す。表紙に明治三年(一八七〇)とあり(「四和尚宮崎氏記録」)。

『大宮道者坊記聞』では、「御炊坊道者帳編の事、永禄年中の帳、元亀年中の帳、天正年中の帳、慶長年中の帳、元和年中の帳、右これ御炊坊道者本帳として永代これを証す」とあり、御炊坊の道者帳として、かつて永禄・元亀・天正・慶長・元和年間のものが存在していたことが記されている。さらに「元和元癸亥年、中宿町御炊坊八木縫右衛門、諸国道者接待の帳編これ有り」ともあって、御炊坊の八木縫右衛門が元和元年（一六一五）に編集した諸国道者接待之帳とは、御炊坊の道者帳として伝えられる永禄・元亀・天正・慶長・元和年間のものを編集して作成した「御炊坊道者本帳」だったと想定できる。この道者帳は各年毎に、訪れた道者数・道者場と先達名を記している②～⑤と同種の帳面であったと思われ、大宮道者坊では、戦国時代には既に先達の組織化と道者場の整備が確認できる。

⑥・⑦の「道者国分并郡分控帳」に関しては、大宮道者坊において各々の道者坊が自らの道者場を記していた②～⑤とは異質なものである。また最古の年記をもつ①「御炊坊道者帳写」については、②～⑤の道者帳のように訪れた道者数と先達名を記してはいない。諸国の道者場を記載しており、その意味ではむしろ⑥・⑦に近いが、道者場を各道者坊に区分けしていたような記載はみられない。この点は奥書に「御炊道者帳」とあるように、全てが御炊坊の道者場を記してあると解釈すれば特に問題はないのだが、表紙に永正九年、文中に永禄六年、奥書に永正十□年と記されるという問題点をもっている。この史料はこの点をどう評価するかによって、史料そのものの評価は大きく左右されよう。

そもそもこの史料は写(うつし)であって、表紙と奥書の記載は以下の通りである。

表紙（追筆）

「永正九年之古帳写

八木御炊官」

奥書

「御炊道者帳

飯室勘解由道者帳

墨付紙六枚

永正十□年」

表紙には永正九年の古帳とあるが、その理由は不明で、奥書の部分も書写される時に既にあったものか、書写される際に記されたものかという点も問題になろう。本文の内容も諸国の道者場を整理するもので、文中に永禄六年と記されている点も含めて、年代の限定された道者帳とみるよりも、ある一時点で過去の道者帳を整理して控えとして作成したものではなかったかと考えたい。

この史料にみる各道者場は、駿河国が三六ヶ所、遠江国が一一五ヶ所、三河国が三七ヶ所、尾張国が二五ヶ所、伊勢国が二七ヶ所、美濃国が一一ヶ所、信濃・奥州道が一四ヶ所記載されている。一六世紀の大宮道者坊御炊坊の諸国道者場の分布から富士山表口の信仰圏の広がりを考えてみると、東海道筋を中心として駿河以西の国々へとその信仰を展開させていったことが理解できる。

江戸時代初期には大宮口で社人衆が営む道者坊は七坊ほどになり、さらには五坊ほどが道者坊として存続していったようである。これら五坊の道者坊は浅間大社の社人衆であるので、近代に入ってからも「旧神職社僧屋敷址図」で「正鎰取鎰是内記」「権鎰取鎰是国太郎」「社人役小見」「一ノ宮仕宮崎隆三」「四ノ宮仕宮崎倉太郎」の五家が浅間大社の西側に居住している様子が確認できる。各坊は近代に入ってからは営業を止め、周辺の旅館などがその機能を代替していくようになるのであるが、主として近世江戸時代までは駿河国より西になる東海地方、近畿地方にナワバリと言える道者場を形成していた。由縁のある地域の村々を各々が持っていたのである。こうした村々には、富士山への信仰をもとにしてグループを結成した富士講が多数つくられており、関東地方で流行した長谷川角行を開祖とする富士講とは異なる富士講が展開していたのである。

四 村山興法寺の修験者による富士峯修行

表口のもうひとつの拠点である村山口の富士山興法寺（以下、興法寺とする）では、構成員となる衆徒の中でも別当と呼ばれた村山三坊（大鏡坊・池西坊・辻之坊）が中心となり、その他同行の修験者をあわせて「山伏十三人衆」等と称して活動していた。具体的には、寛政一二年（一八〇〇）一二月に書写された元禄一二年（一六九九）三月「境内分配帳写」で、大鏡坊の同行として蓮如坊・大弐坊・吉原坊・清水坊の四人、池西坊の同行として三如坊・阿伽井坊・原田坊の三人、辻之坊の同行として長坊・峯坊・泉養坊・中尾坊の四人を挙げており、この一一人から原田坊を除いて、衆徒の村山三坊を加えた一三人である。これらの集団は、村山三坊と、その支配を受ける下修験という関係性となり、富士山興法寺で「山伏十三人衆」を形成し、富士峯修行と呼ばれた富士山への峰入り修行を実践していた修験者である。

近世江戸時代の地誌『駿河記』では、富士峯修行の行程を旧暦の七月二二日（旧暦）に村山から富士山に峰入りをし、修行場に納札（おさめふだ）を札打（ふだうち）しながら、八月二日まで富士山の山内に籠る。そして三日に須山口集落のある須山村へと下り、愛鷹山において修行の後、富士山麓周辺の諸所の行場を経てから、村山へと帰山するものとある。富士峯修行は、近世の江戸時代後期に一時中絶する時期があるが、文政年間頃には再興され、その後昭和一〇年代までは継続して行われていた（大高、二〇一三）。この修行は、旧暦六月中に一般の参詣者の登山参詣を開山していた富士山を閉山した後に行う修行であり、登山参詣とは一線を画す村山修験の根本行事であった。しかし、現在はもう継承者は絶えており、かつての次第を記す資料として村山浅間神社文書（富士宮市教育委員会寄託）や大宝院秋山家資料（富士山かぐや姫ミュージアム寄託）が残るのみである。

この村山修験の根本行事である富士峯修行を組織化させた人物は、鎌倉時代後期の頼尊（らいそん）という修験者である。しかし、この人物については「富士大宮司系図」（別本）に浅間大社の大宮司・富士直時のいとこととして登場する他は、確かな事跡は不明である。しかし、修験者たちに実践されていた富士峯修行が、村山修験の勢力を広げる大きな画期となったことは間違いない。修験者は、この修行によって得たとする験力をもとに富士山南麓を始めとして、近隣諸国を廻国するようになり、各地の人々に教化をする機会を生んでいった。

こうした関係性がもとになり、彼らの活動拠点である道者場が形成されていく。道者場で直接関係を結んだ人々を、今度は富士山の開山期間に自ら先達となり直接道中を導くことにより、村山地区は道者で賑わう信仰登山集落として発展していった。こうした背景から、村山修験においても富士山へと登山参詣する道者を多数勧誘すべく各地で先達を組織化し、さらに道者を受け入れるために興法寺の自坊を宿坊としていった。また、入山料や各行場における祈禱料や散銭を徴収するなどして、登山道を整備し管轄するといった表口登山道における道者の受け入れ体制は整えられていったのである。

五 富士山を描く参詣曼荼羅の特徴と描かれた信仰登山

参詣曼荼羅は、学術用語で呼び習わされている一群の宗教画のことで、当時実際にそのように呼ばれていた史料用語ではない。例えば、富士山を作品の対象とする参詣曼荼羅のグループを富士参詣曼荼羅と通称するが、その作品を所蔵する側では「富士曼荼羅」や「富士浅間曼荼羅」と呼んでいる、といったように、である。

　参詣曼荼羅は、主として一六～一七世紀にかけて、霊場（寺院・神社）への参詣を目的として作成された宗教的な案内絵図とされている。そして、全国四〇以上の寺社におよそ一五〇点以上が現存している。参詣曼荼羅の大きな特徴として、聖地・霊場を巡礼する人々の姿を画中に描きこんでいるということがある。これにより参詣曼荼羅を使用する使用者は、画中に描かれた思想や信仰を聴衆となる一般民衆に解き語り、語りを受けた人々が画中に描かれた人物図像に自らを対比させるという効果を生んでいた。こうした語りそのもの、さらにはこの行為自体を「絵解き」と呼んでいるが、聖地の側からの信者獲得運動のひとつであった。参詣曼荼羅に描かれる図像群は、参詣の経路やそこでの作法、名所・旧跡を紹介する案内図となっているのである。参詣曼荼羅はどのような特徴を持つ作品なのか、八点の機能的な特徴をあげたい。

①大幅の画面に安価な顔料で彩色している。

②画面に参詣の出発地点を設定し、目的地までの参詣道を配して、そこを行き交う参詣者たちの姿を描いている。

③寺院・神社の境内とその周辺を俯瞰的に描くが、描かれる図像の内容は作成主体によって意図的に選択されたものである。

④参詣の作法、名所・旧跡を紹介する聴衆の案内図となっているが、画面に描かれる図像群（堂舎・人物・縁起）の絵解きを行う介在者を必要とする。

⑤寺社の年中行事や祭礼、門前町の繁栄を描くものがある。

⑥寺社に伝わる物語（縁起・霊験譚）を描くものがある。

⑦先行する垂迹曼荼羅の影響を受けるもの、掛幅式の寺社縁起絵の影響を受けるものがある。

⑧ほとんどが紙本で作成されているが、一部例外的に絹本で作成されたものがある。

参詣曼荼羅の中で富士参詣曼荼羅のグループが作成された中世後期（一六～一八世紀）から近世初期の期間において、富士山へ登山するためには駿河国側には表口（大宮・村山口登山道）、須山口登山道、須走口登山道、甲斐国側には吉田口登山道と船津口登山道があったが、これらの登山道の中で富士参詣曼荼羅が作成された登山道は静岡県側の表口のみである。

静岡県側の表口にのみ富士参詣曼荼羅が作成された理由としては、参詣曼荼羅の誕生とその展開過程が影響しているものと思われる。一六～一七世紀にかけて霊場（寺院・神社）への参詣を目的として作成されるようになる参詣曼荼羅は、西国三十三所観音霊場のネットワークを背景に、都を中心とした畿内周辺から諸国に広まっていったことが想定される。表口は、東海道に面した主要な登山道という意味で表口と呼称されていたものと考えられることから、中世に富士山各登山道が開かれていく中で、東海・近畿地方といった西国方面から訪れる参詣者にとっての富士山の表玄関になっていた。事実、表口を管轄していた富士山興法寺の修験者は、西国方面に自らの活動拠点である道者場を多く抱えていたのである。こうした背景をもとに、西国方面で流行していた参詣曼荼羅を取り入れ、参詣者の勧誘や勧進活動に使用することになったのではないだろうか。

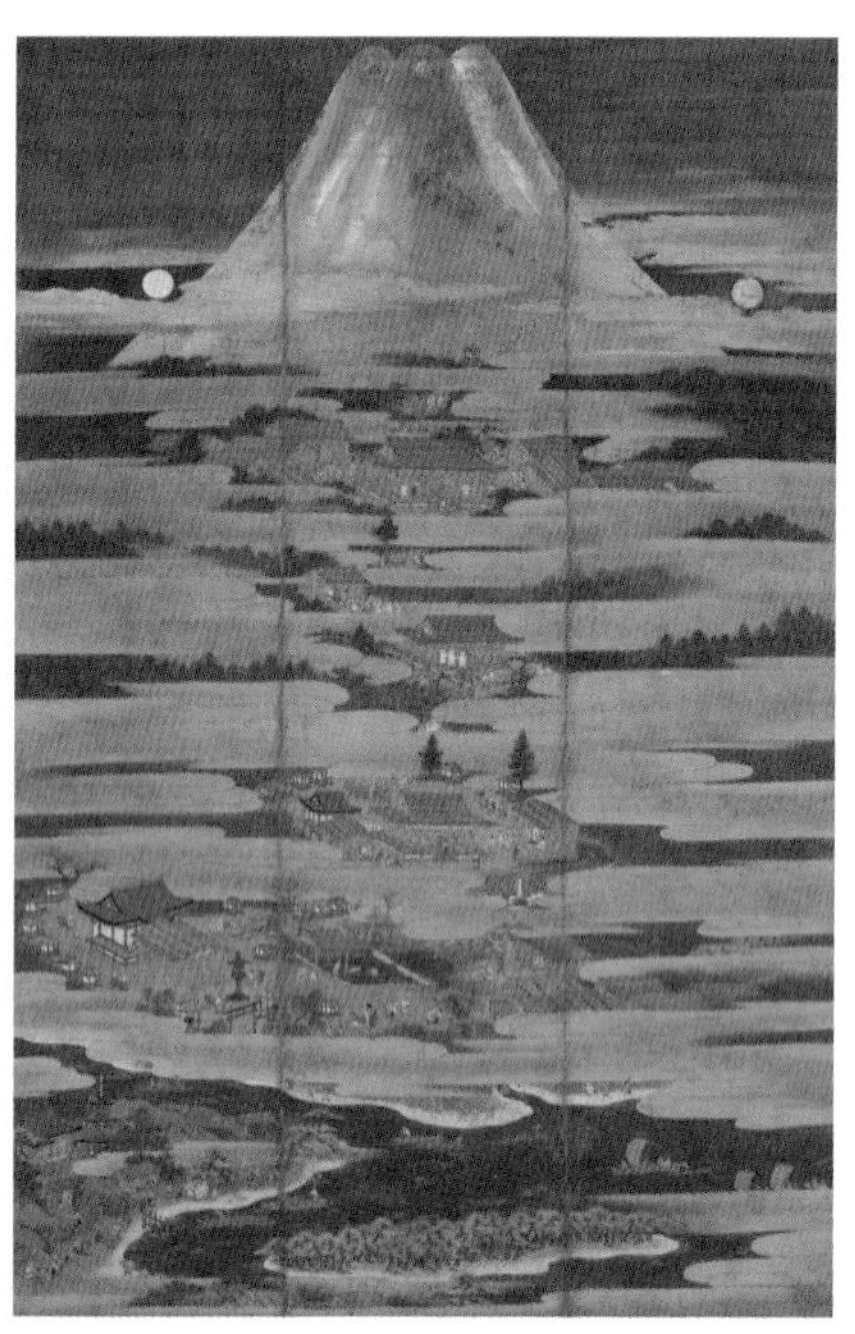

図 2-5　富士曼荼羅図　富士山本宮浅間大社蔵

ここでは富士山本宮浅間大社所蔵の国指定重要文化財本「富士曼荼羅図（図2-5、2-6）」に描かれる中世後期の富士山への信仰登山の様相を見ていきたい。

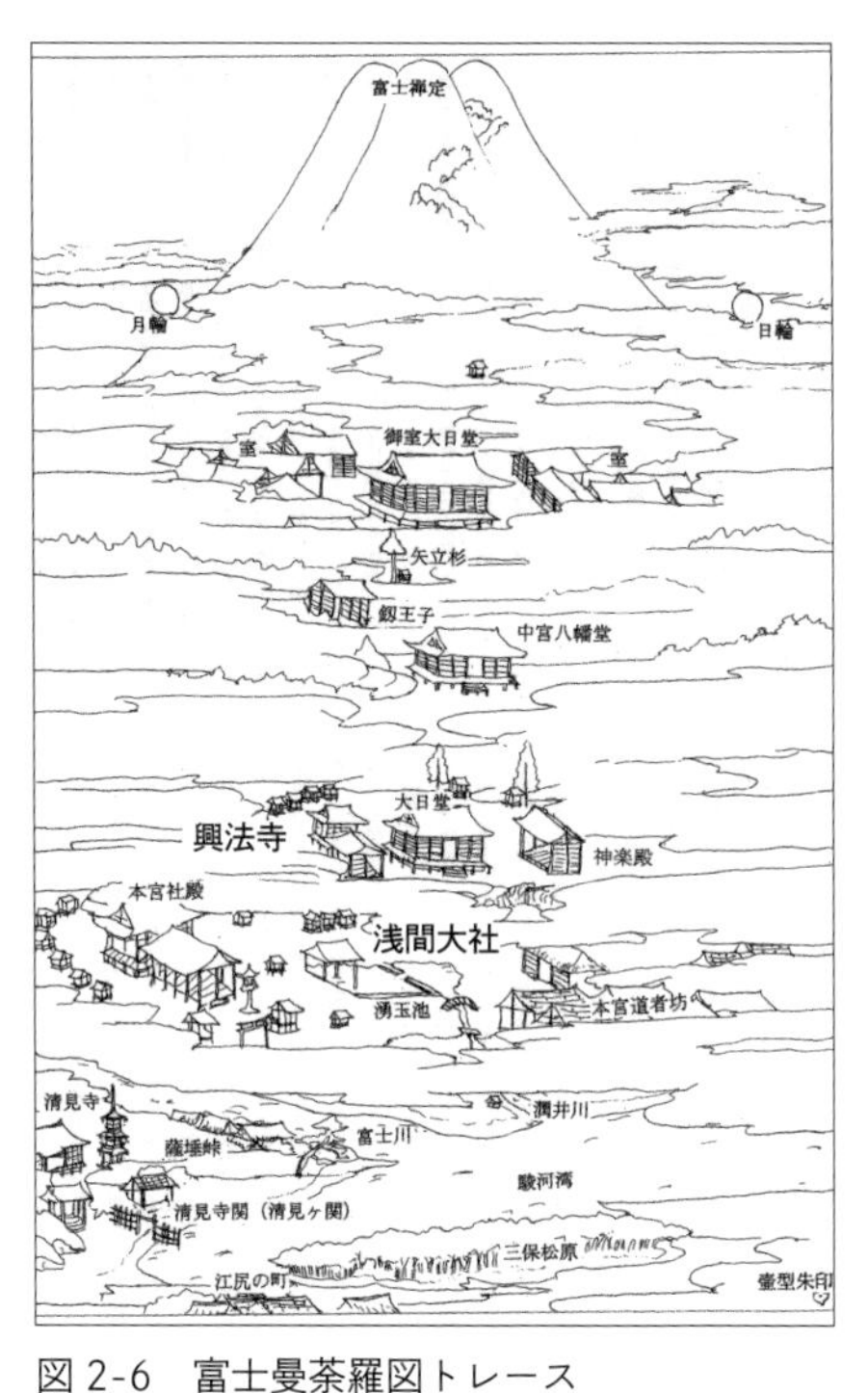

図 2-6　富士曼荼羅図トレース

この作品は、画面右下隅に狩野元信（一四七七～一五五九）の壺型朱印が捺されており、一六世紀初～中頃の作品と考えられる。画面下方には清見寺（と三重塔）、駿河湾、三保松原を描き、富士山頂は三峯に描かれ、一種の名所絵的な構図をもっている。富士山の山内に描かれている御堂群は「すやり霞」により分割され、険峻な山容を表現すると共に、下から上にいくほど聖域性が増していく構造となっている。

画面の中心軸には、富士山への参詣者（道者）が垢離をとった（禊をした）富士山本宮浅間大社の湧玉池、修験道本山派の富士山興法寺、登山道の御堂群、富士禅定（山頂）という表口の登山道沿いの施設が位置しており、全体で二三七人の人物図像が登場している。人物図像は性別不詳の子供（童子を含む）六人を除いて、男性が二〇九人、女性が二二人となる。富士山への参詣を目的とする「参詣者」と、参詣を目的としない「居住者」とに大きく描き分けられているが、「参詣者」も白装束に身を包んだ道者とそうでない者、「居住者」も聖地に関わっている者と、関わらない一般の者が描かれている。

また、人物図像には追加されたものが含まれている。

富士山表口からの信仰登山を描くこの作品のスタート地点は、画面の左下に設定されている。ここは東海道興津宿の清見ヶ関（清見寺関）の西側であるが、東海道を東行する騎乗の人物一人を含んだ計九人の一行が描かれている。この一行は、スタート地点の表象として、往来の賑わう東海道を西国方面から富士山に向かう方向で描かれている。この作品の制作者の視点は、西国方面からの富士参詣を前提として描かれたものと読み解ける。

スタート地点の清見ヶ関手前を左上し門をくぐると、そこは清見寺である。清見ヶ関を通過し、関銭徴収をする小屋を抜け東海道を進むと両肩に桶を担いだ三名の人物が描かれる。彼らは桶で海水を汲んでおり、興津宿や由比宿近辺で製塩作業に関わっていた者たちである。さらに東海道を進むと、富士川を右岸から左岸へと渡る渡船が一艘描かれている。この渡船を利用して左岸へと至った参詣者は、田子浦海岸を潤井川河口付近へと向かう。このルートは、慶長七年（一六〇二）六月以前に主として利用された中世の東海道を描いている。ここを進み、潤井川河口付近に到達すると、そこには垢離をとる三名が描かれている。田子浦海岸にある富士塚には、浜で拾った石を捧げるという習俗があった。

潤井川河口付近で垢離をとった参詣者は、ルートを北西にとり、表口富士登山の拠点のひとつである大宮口へと向かう。大宮口には浅間大社が鎮座している。境内の湧玉池で道者が水垢離しているが、すべて男性を描いている。橋を渡った右側、浅間大社境内を出た地域には、板葺、茅葺の八軒の建物が描かれるが、中世後期、浅間大社の社人衆によって運営されていた参詣者を迎える道者坊であろうか。

大宮口を出発した参詣者は、東北八km程離れた表口のもう一つの拠点、村山口に到着する。ここには富士山興法寺と号した修験者の山伏の拠点となる寺院が存在し、衆徒（しゅうと）と称す山伏の生活する院坊は、道者の宿坊としても機能していた。この興法寺の衆徒が山頂までの以降の道程を管轄している。興法寺境内左方の社殿は（村山）浅間神社、中央に本堂となる大日堂、右方に拝殿（神楽殿）が描かれる。拝殿では巫女（みこ）が舞っているが、隣に座る男性は鼓を打っている。この場面は太々神楽（だいだいかぐら）の奉納か、祈禱が行われた最中と思われる。境内の人口滝である龍頭滝では、四名が水垢離しているが、三名は男性で、右端の白装束を着たまま禊をする者は女性を描いた可能性がある。

富士山興法寺以降の山中の御堂群は、中宮八幡堂、釼王子（つるぎおうじ）、矢立（やたて）、御室（おむろ）大日堂と考えられる。「すやり霞」で仕切られたこれらの堂舎図像のうち、村山口と中宮八幡堂を仕切る霞を抜けたところにいる二名、中宮八幡堂の縁上にいる三名、中宮八幡堂右方の二名は、いずれも白装束の女性道者を描いている。さらに釼王子にせまろうとする三名も白装束の女性道者で、これ以降は女性道者は描かれていない。この場所が女性道者の登山参詣の限界地点であることを明示している。また杉の木に矢を射かけている人物図像は、吉凶を占う矢立杉の習俗を示していよう。御室大日堂へと至った参詣者は、ここにあった室で休息をとり、山頂で御来光を拝むことになる。ここまで参詣者は、女性が白装束を着ており、水垢離する場所以外では、男性は白装束を着ていない場合が多かった。しかし、これ以降の道程では、装束の違う先達の山伏を除いて、参詣者は全て白装束の道者姿となっている。御室大日堂左方の室に注目すると、室に入ろうとしている者は白装束ではないが、室から出てきた四名の者は、白装束に身を包み松明（たいまつ）を手にしている。つまりは、ここから先は夜行登山を行っていること、御室大日堂以降は全ての参詣者が白装束に身を包むことが形式化していたことがわかる。

富士山頂の世界、つまり禅定を目指す参詣者は、松明を手に取り、墨染（すみぞめ）衣の先達に導かれ、険峻な山容を夜行登山していくことになる。禅定は三峯に描かれ、日輪（にちりん）・月輪（がちりん）を左右に配し、三尊が鎮座し、虚空には散花が舞い、浄土の世界が表現されている。三尊は（右より）大日如来、阿弥陀如来、薬師如来に比定される。富士山の山容は、左右に幅を広げるという描き直しが行われている。

六　信仰の大衆化と巡拝

一六世紀中頃に富士山域及び人穴などで修行したとされる長谷川角行（かくぎょう）の教えをもとに広まった富士講（江戸富士講、角行系富士講とも）が形成されていった。開祖とされた角行の修行の場と伝わる人穴（図2-7）・内八海・外八海、さらには白糸ノ滝（図2-8）などが聖地として特別視されていき、これらを巡る巡拝という信仰形態が広まっていった。一八世紀、この流れを汲んだ富士講は、村上光清（こうせい）や食行身禄（じきぎょうみろく）といった指導者のもとで隆盛し、北口本宮冨士浅間神社の再建をはじめとして、山頂の噴火口周囲をめぐる御鉢廻り、富士山の山腹を横に一周する御中道（おちゅうどう）廻りなど、山域・山麓の巡礼路の整備が進んでいく。

図 2-7　人穴富士講遺跡

図 2-8　白糸ノ滝

またこうした富士講を信者として支えていた各地域の人々の生活拠点には、富士塚が設けられていった。富士塚について『日本国語大辞典』（第二版）「富士塚」項では、「近世の民間信仰遺跡の一つ。富士信仰の講中により造営された富士山の形を模した塚。特に文化・文政期（一八〇四～三〇）以降に盛行した」とある。ただし、『日本国語大辞典』の内容は、江戸時代の一八世紀以降に爆発的に流行した長谷川角行を教義上の開祖とする富士講による造作を念頭に置いた記述である。

この流れを汲む富士講研究における啓蒙書的な位置にある岩科小一郎の『富士講の歴史』では、富士塚について「最初に富士塚を建立したのは、身禄の弟子日行青山（にちぎょうせいざん）こと高田藤四郎（とうしろう）である。明和二年（一七六五）に、身禄の三十三回忌の法要がおこなわれたとき、藤四郎は江戸の地に恩師のモニュメントを築造したいと発願した。（中略）自分の住む戸塚村（東京都新宿区高田）の水稲荷社の境内にある小山（古墳）を改造し、富士山を作ることを思い立った」と記している（岩科、一九八三）。富士塚は、富士講の行者である食行身禄の三十三回忌に弟子の高田藤四郎が発願したものであること、また築造に当たっては、それ以前から存在した古墳などの小山を利用していたこと、また高田藤四郎が植木屋を営んでいたことも注目される。

高田藤四郎が築造した高田富士は評判となったようで、関東地方に分派していた他の富士講においても取り入れられた。こういったこともあって、富士塚というとこの高田富士が発祥であると説明されることは多い。ただ、岩科の『富士講の歴史』においても、「小山の上に浅間大神を勧請して〝富士塚〟と呼ぶ習俗は、古く鎌倉時代からあった」と述べられており、あくまでも富士塚そのものは高田富士が発祥であるとはしていない。

岩科は、角行の流れを汲む富士講が成立する以前の既に中世から存在したらしい富士塚について、「しかしこれは富士山の写しではない。山の上に浅間の祠を祀ったというだけの姿である」と捉えており、高田富士を「老若男女が江戸にいて〝富士詣で〟の真似ごとのできるようにしてやろう。それには可能な限り現地の形をと、ジグザクの登山道、御中道の周回路、五合小御嶽社、御胎内の洞穴まで作り、山腹に烏帽子形の巨岩を置き、これを身禄の終焉の地烏帽子岩に見立て、亡き師の記念碑としたのである」と評価している。

岩科が述べている高田富士以前の鎌倉時代からあったとする富士塚について、具体的にどこのどういったものを指すのかは著書では述べられていない。高田富士はあくまでも富士塚の完成された姿として評価できるものであって、塚に祀って祭祀をするという発想自体この時生まれたというものではないということだろう。

また、二〇一二年刊行の『富士山を知る事典』の「富士塚」項では、高田富士に関わる富士塚の定説的な理解の説明に加えて、「富士講による築造以前から、塚上に浅間社を勧請するなどした「富士塚」も存在した。その起源は中世に遡るものと見られ、東京都文京区の駒込富士・静岡県富士市鈴川の富士塚は、近世初頭の記録がある」として、中世に遡る角行の流れを汲んだ富士講以外の集団による富士塚の造作事例について触れられている。

この部分の項目をまとめた荻野裕子は、「富士講以外の富士塚―静岡県を事例として―」と題した別稿をまとめており、そこでは富士市鈴川の富士塚、静岡市清水区興津の富士塚（消滅）、焼津市下江留の御山塚（消滅）、焼津市上小杉の富士塚（消滅）、浜松市中央区浅田町の富士塚（消滅）、浜松市中央区砂山町の富士塚（消滅）、浜松市中央区有玉西町の富士塚（消滅）といった事例を紹介している（荻野、二〇〇六）。

これらの富士塚も、各地域で富士山になぞらえて信仰されていたものである。駿河国より西側の東海・近畿地方といった西国方面で広まっていた富士山信仰の影響を受けて育まれた富士塚と言えるだろう。こういった富士塚には、高田富士の築造以前に遡ることが確認できるものも含まれており、関東地方で角行の流れを汲んだ富士講が爆発的に流行する以前から、これとは違った富士山信仰の広まりによって育まれた産物であったと考えられる。

ただし、こういった角行の流れを汲む富士講以外の富士塚を丹念に拾い上げた荻野の論においても、現状で確認することのできる富士塚は、鈴川の富士塚のみである。鈴川の富士塚について述べた記録として、享保一八年（一七三三）の年記をもつ『田子の古道（たごのふるみち）』がある。同書には、「いずれの頃より富士参りの輩、浜下りして、石壱つずつ荷い上げ、この山へ登りて、富士禅定の軽からん事を頼み、これにより富士塚とはいうなり」とあって、高田富士が築造された明和二年（一七六五）よりも前に、富士山への登山参詣を行う際の習俗として、田子の浦の海岸から石を拾い、道中の安全を祈願し、この富士塚に登っていたようである。おそらく、浜で拾った石は富士塚に供えたものと思われる。また江戸時代初期の慶安三年（一六五〇）五月二五日の年記をもつ「富士本宮年中祭礼之次第」や明治時代にまとめられた「古来所伝祭式」によると、富士山本宮浅間大社の四月祭礼の際に、大宮司以下の社家・社人衆がこの富士塚の位置する前浜と考えられる鈴川の浜に出向いて、禊を行い、富士塚を指すと思われる「富士丘」に参詣することも記されている。

また、荻野が紹介した興津の富士塚については、静岡市清水区興津井上町の霊泉寺領の境にあったとされる富士塚である。霊泉寺は、永禄一二年（一五六九）に江尻城主（静岡市清水区）となった穴山信君が創建したとされる寺院であるが、天正九年（一五八一）の信君と同一一年（一五八三）の武田信吉による文書が伝来している。その内容は、霊泉寺領の東西南北の境となる四至を確定するために出されたもので、基本的にはどちらの資料も同じ箇所を述べているものと思われる。このうち、天正九年の文書については、「西は峰を通り富士塚まで」「西は川原を通り、富士塚を見通す」とあるように、本文に富士塚という文言が登場している。この文書は、現在のところ富士塚という文言が確認できる初見文書になるだろう。

霊泉寺には現在もこの文書が残っており、信君の花押も入っているが、『静岡県史』資料編では「穴山信君判物写」として文書原本とは評価せず、その内容についても「本文書は検討の余地がある」と評価している。この文書については、霊泉寺の開創時期が永禄一二年と比較的新しいこと、庇護者である穴山信君が天正一〇年（一五八二）に死没していることから、領地の確定に関しては常に苦心していたであろうことは想像できよう。こういった背景の中で、伝来する文書が写なのか、あるいは偽文書なのかについては判断が難しいが、確実に言えることは、写であっても偽文書であっても、領地確定のために利用するには、四至に登場する地名は実際に通用する地名でなければ、効力を持ち得ないということである。

つまり興津において、富士塚という地名があったことは確実ではないだろうか。しかも、その時期はひとまずは一六世紀末の中世後期にまで遡る可能性が高い。ちなみに、興津の富士塚は、現在消滅してしまっているようだが、具体的な場所については、江戸時代後期の地誌『駿河志料』の中で、「此寺の門前なる、庚申堂の上山にあり、形象の似たる故に然云、此塚の辺に古墳あり、里人云、永禄戦士の墓なりとぞ」とある。その場所は荻野によると、霊泉寺境内の西端で興津川左岸の断崖上の微高地という伝承があるとする。

七 信仰の山から観光の山へ

これまで述べてきたように、富士山は信仰の山として、多くの人々を集めてきた。こうした人々の利便に供するため、近世末期から明治初期にかけての時期には、富士山の各々の登山道の拠点となる宗教施設やそれに関連する組織が主体となって、山麓から山頂に至るルートを示した木版刷りの登山案内図が数多く発行されている。それらをつぶさにみていくと、単にルートが示されるだけではなく、ルート沿いの村々や社寺などの施設やそれらに至るまでの里程（距離）、登山の際の目印や立ち寄るべき場所、さらには名所や旧跡など、多様な情報に溢れていることがわかる。

例えば、文政一〇年（一八二七）に開板された「駿州吉原宿絵図」（図2-9）は、東に浮島ヶ原、南に東海道、西に富士川、北に甲斐国の山々を描いた登山案内図で、富士山本宮浅間大社を起点とし、富士山の頂上へと至る大宮・村山口登山道とその派生経路を示したものである。この案内図に所収された範囲は、現在の富士市・富士宮市の市域とほぼ重なるが、その中に一三一件の記載情報を確認することができる。その中には、世界文化遺産富士山の構成資産にも含まれている白糸の滝や人穴富士講遺跡、源頼朝による富士の巻狩に関連する狩宿（かりやど）の下馬桜、曽我兄弟の墓、東海道の名物の一つとされた本市場（もといちば）の白酒などの情報も確認できることから、当時の人々にとっては、富士山への登山に加えて、こうした名所旧跡を訪れることも楽しみのひとつであった状況が想像できる。

また、登山案内図を見比べることで、富士山周辺の社会の変化を知ることも可能となる。図2-10と図2-11は、ともに「富士山表口真面之図」というタイトルを持ち、前述の「駿州吉原宿絵図」と同様に大宮・村山口登山道とその派生経路を中心に描いた登山案内図である。タイトルは同じものの、描いた画家は異なっている。図2-10の案内図は、江戸時代後期に駿河で活躍した庵原郡出身の三人の画家、「庵原三山」の一人である神戸麗山（かんべれいざん）（一八〇二〜一八六二）の手によるもの、そして、図2-11の案内図は、江戸時代後期から明治時代にかけて浮世絵の彫師として活動した太田駒吉（一八三四〜一八八二頃）の手によるものであることが、画面左下の署名から明らかとなっている。ただし、案内図の中に所収された範囲や描かれた情報が酷似していること、神戸麗山が白石という画号を用いていること、太田駒吉の案内図に「東京」という文言が確認できることから、江戸時代（一九世紀中頃）に神戸麗山が描いた案内図を、明治時代に入って太田駒吉の手により再版されたものと考えることに矛

図 2-9　駿州吉原宿絵図（富士山かぐや姫ミュージアム蔵）

図 2-10　富士山表口真面之図（村山三坊蔵版）（富士山かぐや姫ミュージアム蔵）

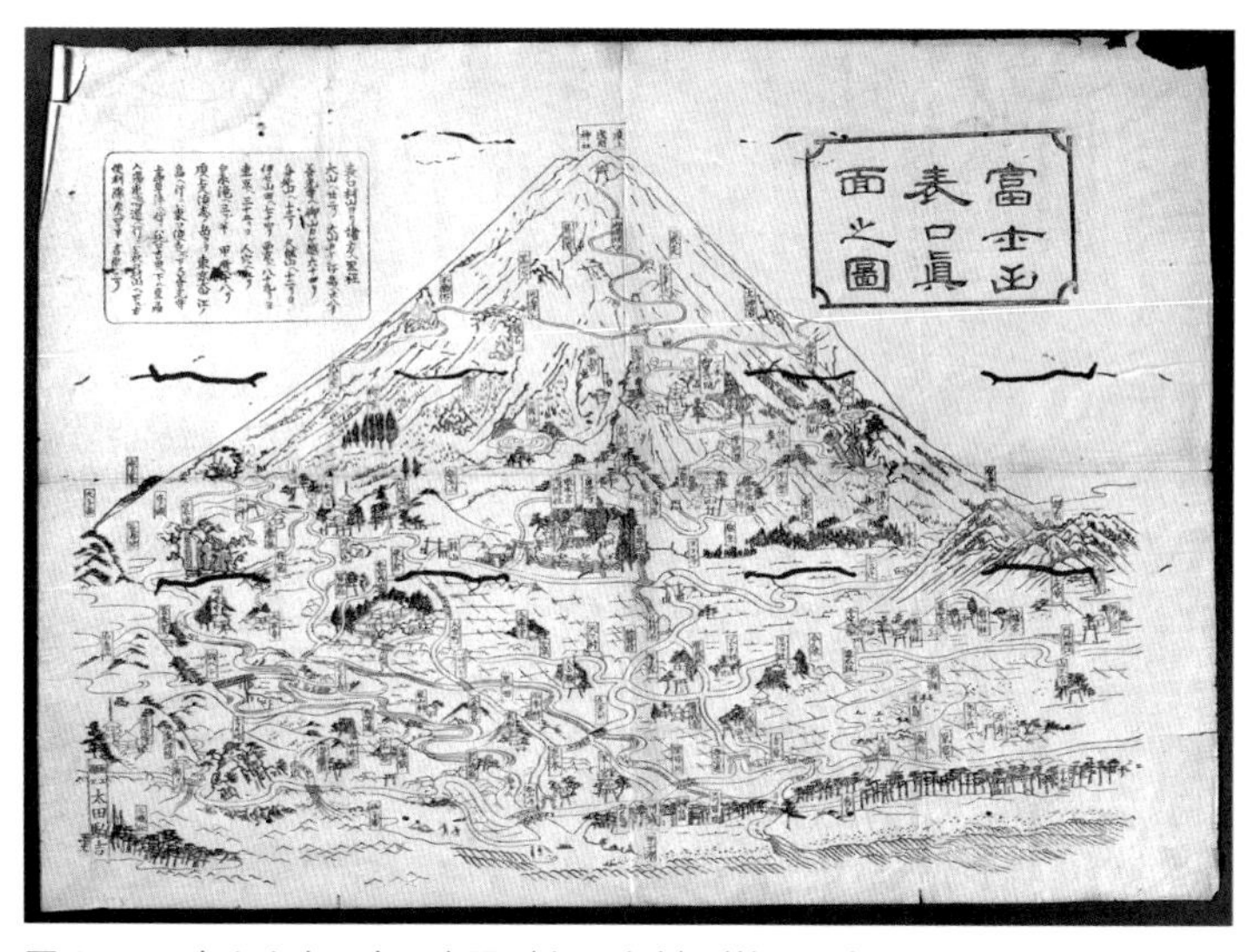

図 2-11　富士山表口真面之図（太田駒吉）（静岡県富士山世界遺産センター蔵）

盾はないだろう。

そして、この再版の過程において、太田駒吉はいくつかの修正を行っていることが両者を見比べると明らかとなる。まず、画面左上の余白に記された文言に注目してみよう。麗山版では、大宮・村山口登山道における重要な宗教施設の一つとして案内図の中央にも大きく描かれている村山興法寺の略縁起が、駒吉版では村山から各地への距離の紹介へと差し替えられている。さらなる点として、いくつかの施設の名称や記載事項が大きく変更・削除されていることが挙げられる。以下にその例を列挙してみたい。

麗山版	駒吉版
大日（頂上）	頂上浅間神社
絶頂八岳聳立宛其芙蓉故表妙法蓮華	（削除）
中央内院胎金両部之秘密曼荼羅会也	（削除）
室大日御造営所	一ノ木戸御室浅間
開山堂	（削除）
村山浅間御造営所一山守護不入之地	根本宮浅間社
辻ノ坊・大鏡坊・池西坊	（削除）
岩屋不動	雲切

これらの変更・削除を見てみると、明らかに仏教的な記述をなくすことを意図したものだと指摘できよう。その背景には、明治新政府による神仏分離政策の影響が存在していた。慶応三年（一八六七）、王政復古の大号令を経て誕生した明治新政府は、天皇親政を掲げる中で、旧来の神仏習合の状態を解体するために、翌慶応四年三月一七日の神祇事務局布達第一六五号において、神社に僧侶のいでたちで奉仕する別当や社僧に対して、還俗して神主となって神の前で勤めることを求めた。さらに、同年三月二八日の太政官布告第一九六号により、権現や牛頭天王といった仏語を神号に変更すること、仏像を御神体としている神社はそれを改めること、本地として社前に掛けられた仏像や、神社にある鰐口・梵鐘・仏具等を取り除くことを求めたのである（鈴木正崇、二〇一三）。明治新政府は、これらの布告により、神社から仏教色を一掃することを目指したが、意図せず寺院や仏像の破壊、いわゆる廃仏毀釈の動きが全国に広がっていくこととなる。

先に指摘したような、登山案内図において仏教的な記述がなくされているということは、富士山周辺の神仏分離の動きを如実に示したものといえよう。そして、その動きが具体的に見られるようになったのは、富士山本宮浅間大社所蔵の『浅間神社記録』（『浅間文書纂』所収）の記載から、明治七年（一八七四）からであると指摘されている（鈴木雅史、二〇一五）。

『浅間神社記録』によると、明治七年六月一四日に、富士山頂上の大日仏を取り除くこと、浅間大神奉斎の儀を行うこと、山頂や雲切不動、村山浅間神社に安置されている諸々の仏像を取り除くことに対する県の許可が下りている。その上で、同年七月二四日から富士山中の仏像を取り除くことに着手し、二六日にはそれが完了して元の大日堂跡において、浅間大神鎮祭が挙行されている（浅間神社社務所編、一九七三）。

現在、顔が削られたり、首を落とされた仏像が、環境省が設置した富士山頂トイレの側に集められているが、これらはこうした動きを如実に示すものといえよう（図2-12）。ただし、富士山の山中に祀られていた仏像の中には、麓に降ろされて難を避け、下山仏として現在に至るまで大切に守られているものもある。

また、富士山から仏像が取り除かれるだけではなく、浅間神社所蔵の『司令綴』によると、富士山中の地名についても、明治七年に県へと変更の願いが提出されている（鈴木雅史、二〇一五）。この願いは、翌八年の一月一四日に内務省より認められ、富士山中の地名は、表2-1のように改称されることとなった（浅間神社社務所編、一九七三）。

ここまで述べてきたように、明治新政

改称前名称	改称後名称
文殊嶽	三島嶽
釈迦ノ割石	割石
薬師嶽	久須志嶽
釈迦嶽	志良山嶽（白山嶽）
阿弥陀窪	片瀬戸
観音嶽	伊豆嶽
勢至窪	荒巻
大日堂	浅間宮
東西　西之河原（賽之河原）	東西　安河原
迎薬師	迎久須志
経嶽	成就嶽
姥子堂	姥子
笹垢離不動	笹垢離
雲切不動	雲切
不動石	不動石
毘沙門石	熊野岩
烏枢沙摩明王堂	（取除）

表2-1　『司令綴』における富士山中の名称変更

図 2-12　山頂の仏像群

府の神仏分離政策に伴い、明治七年・八年頃には、富士山における仏教的な要素が取り除かれていくことになる。先に紹介した神戸麗山と太田駒吉の登山案内図の差異も、この影響を如実に示したものといえよう。しかしながら、それに先立つ幕末から外国人による登山が見られるようになったことに加え（詳細は六章を参照のこと）、明治五年（一八七二）三月二七日の太政官布告第九十八号において、「神社仏閣の地にて女人結界の場所之あり候処、自今廃止せられ候条、登山参詣等、勝手たるべき事」とされ、それまで富士山に登ることが叶わなかった女性の登山が解禁されたことなどがあり、富士山はより多くの登山者を集める山となっていった。

それに加えて登山者の増加に拍車をかけたのが、鉄道の発達である。明治五年

図 2-13　富士山明細図并東海名所案内（静岡県富士山世界遺産センター蔵）

（一八七二）の新橋横浜間の営業開始を皮切りに、国家的なプロジェクトとして東京と神戸を結ぶ東海道線（現在の東海道本線）の開発が進められていく。なかでも、明治一六年（一八八三）に伴野佐吉（ばんのさきち）らによって新たに開鑿（かいさく）された御殿場口登山道は、明治二二年（一八八九）に東海道線（現在の御殿場線）御殿場停車場が開設されたことにより「富士山に最も近い登山道」として、それまで富士山に訪れることが困難であった遠方からも多くの登山者を集めていくこととなる。

翌年には、東海道線鈴川停車場（現在の吉原駅）から、大宮・村山口登山道の始点である大宮の町を結ぶ富士馬車鉄道（静岡）が営業を開始したほか、明治三〇年代には御殿場と須走（籠坂峠）を結ぶ御殿場馬車鉄道、中央線（現在の中央本線）大月停車場から吉田口登山道の始点である下吉田の町を結ぶ都留馬車鉄道・富士馬車鉄道

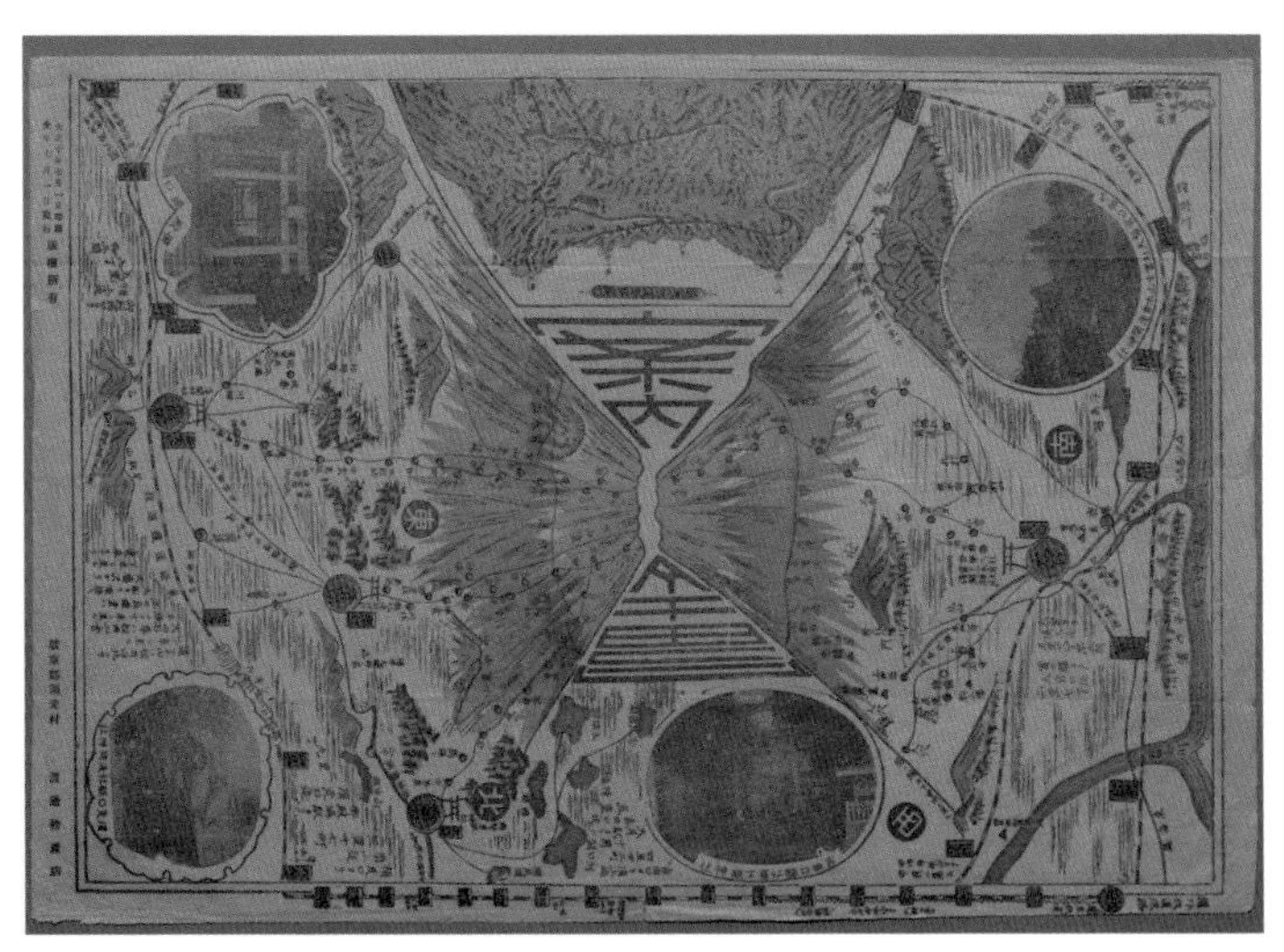

図2-14　富士山案内（静岡県富士山世界遺産センター蔵）

（山梨）が営業を始める。これらの馬車鉄道線は、御殿場馬車鉄道を除き、後に蒸気化・電化されて現在へと繋がっていくが、それまでの旅と比べて格段に短い時間で富士登山の拠点へ辿り着くことが可能となったのである。

この時期の登山案内図は、木版刷から石版刷、銅版刷へと変わっていくが、そこに描かれる内容にも大きな変化が見られる。たとえば、図2-13の「富士山明細図并東海名所案内」は、明治三二年（一八九九）に須走村の萬屋久太郎により発行されたものである。先に取り上げた案内図と比すと所収された範囲が大きく異なり、東は東京、西は静岡までを収め、鉄道網とそこから派生する街道、そしてそれに対応する四つの登山道が描かれる。いずれの登山道においても、東海道線あるいはそこから馬車鉄道等を乗り継げば登山の拠点まで辿り着けることが示されており、遠方から富士山へ挑もうとする登山者にルート選択の自由を与えるものとなっている。同様の意図を感じられる登山案内図に、大正一〇年（一九二一）に須走村の渡辺物産店が発行した「富士山案内」がある（図2-14）。この案内図には、欄外に東京からの路線図が示されていることからも、関東一円からの登山者の誘致を目的にしたものであろう。ただし、鉄道に沿った部分の社寺や名所旧跡などの記載は極端に減っており、登山も含めて富士山周辺の見どころを訪れて楽しむといった旅のスタイルから、鉄道に乗って拠点に訪れ、登山のみを楽しむといった旅のスタイルへと変化していった状況が見てとれる。

そして、戦後の復興期・高度経済成長期を経て、自動車が広く普及することで、富士山の登山も大きく変容していくこととなる。富士山においては、それ以前の時期から、部分的にバスによる輸送が行われており、自らの足で山頂に向けて歩き始めるスタート地点の高度が徐々に上がっていくという状況であった。そうした中で、昭和三四年（一九五九）には須走口登山道の標高一九七〇ｍに至るふじあざみライン（県道足柄停車場富士公園線）、昭和三九年（一九六四）には、吉田口登山道の標高二三〇五ｍに至る富士スバルライン（富士山有料道路）、昭和四五年（一九七〇）には、富士宮口登山道の標高二三八〇ｍに至る富士山スカイライン（表富士周遊道路）及び御殿場口登山道の標高一四四〇ｍに至る富士公園太郎坊線が開通し、観光バスあるいは自家用車等で富士山の五合目まで簡単にアクセスできるようになった（現在は富士公園太郎坊線（御殿場口）を除き、登山期間中のマイカー規制が行われている）。

時間に制限されずに富士山の中腹に辿り着くことができるようになったこと、そしてある程度の標高からスタートすることが可能になったことから、近年では道中の山小屋などで十分な休息を取らず、一気に山頂へと挑む弾丸登山の問題も指摘されるようになった。また、アクセスが容易なことから本来の富士山のキャパシティを超えた登山者が訪れ、景観や環境に負の影響を与えたり、富士山を訪れた登山者の満足度が結果として下がってしまうというオーバーツーリズムの問題も顕在化している。

こうした問題の解決策を模索することは、世界文化遺産である富士山の普遍的な価値を次代へ継承していくためには欠かすことができないものといえよう。それとともに、これまで見てきたように、社会の変化に応じて、登山のスタイルも変容していくものである。その変容の姿をしっかりと追い続けていく必要がある。

八 近現代以降の富士山各登山道の「合目」標記の再編

富士山の各登山道は「合目(ごうめ)」標記が用いられている。麓から自動車で登ることのできる限界地点を中間の五合目として設定し、開山期に五合目から一〇合目(頂上)の間を徒歩で登山することを推奨している。

明治三九年(一九〇六)に開削された富士宮口登山道の新ルート(カケスバタ道)は、大正時代には登山バスの営業が始まり、カケスバタまで自動車で通行できるようになる。昭和に入ると一合目まで、さらに昭和二八年(一九五三)に二合目、昭和三五年(一九六〇)に三合目と延伸されていった。登山道が改良されていくとともに、各登山口で登山者の誘致を促進するため、自動車で登ることのできる標高を上げていったのである。しかし、当初は近代に設定された「合目」標記に沿って適宜登山道を改良したので、「合目」標記が変更されることはなかった。現代に入り各登山道で自動車道による登山道を再整備することになり、自動車道による登山道の終点を富士登山における中間地点として、新たな五合目として再設定したのである。

こうした画期として、吉田口では富士スバルラインの開通にともない昭和三九年（一九六四）に標高約二三〇五mの富士スバルライン五合目が開設、須走口ではふじあざみラインの開通にともない昭和三四年（一九五九）に標高約一九七〇mの新五合目が開設、御殿場口では富士公園太郎坊線の開通にともない昭和四五年（一九七〇）に標高約一四四〇mの新五合目が開設、表口では富士山スカイラインの開通にともない昭和四五年（一九七〇）に標高約二四〇〇mの富士山スカイライン五合目が開設されている。

吉田口は富士スバルライン新五合目が旧来からの登山道五合目と標高差の少ない地点に設定されたことによって、「合目」標記に大きな再編は行われていないが、須走口は大正五年（一九一六）に馬返を一合目、中食場を二合目と再編した後に新五合目が二合目中食場と三合目室小屋の間に開設されたことによって、三合目以降の「合目」標記が再編されることになった。御殿場口は新五合目が旧来の二合目の位置に開設され、各登山道で一番標高の低い約一四四〇mとなった。富士宮口は新五合目が明治三九年（一九〇六）に開削された新ルートの三合五勺の位置に開設されたことにより、四合目以降の「合目」標記が大きく再編されることになった。旧来の四合目は新・旧ルートの登山道が合流する地点でもあったが、再編後は六合目となった。
現代における各登山道の自動車道の整備による新五合目の開設は、新たな五合目の再設定となり、これより上の「合目」標記の再編につながった。結果として、新五合目より下の標高に存在していた旧来の登山道における「合目」標記の存在は曖昧なものとなり、かつ五合目まで自動車道を利用する登山方式が定着することで、新五合目より下の「合目」標記を無用の長物とさせてしまったのである。各登山道による自動車道の整備は、その終点を五合目として再設定することで、登山者に富士登山の中間地点までの移動を省略できるといった心理的な作用を与えたひとつの印象操作でもあった。

執筆分担／大高康正（一〜六・八）、井上卓哉（七）

【参考文献】

井野辺茂雄『富士の歴史』（浅間神社社務所、一九二八年、名著出版一九七三年再刊）
宮地直一・広野三郎『浅間神社の歴史』（古今書院、一九二九年、名著出版から一九七三年再刊）
『浅間文書纂』（官幣大社浅間神社社務所、一九三一年、名著刊行会より一九七三年再刊）
『浅間神社史料』（官幣大社浅間神社社務所、一九三四年、名著刊行会より一九七四年再刊）
『駿河志料』二（歴史図書社、一九六九年）
岩科小一郎『富士講の歴史』（名著出版、一九八三年）
『富士浅間信仰』（雄山閣、一九八七年）

堀内眞「富士に集う心―表口と北口の富士信仰」(『中世の風景を読む』3、新人物往来社、一九九五年)
『富士山の絵札―牛玉と御影を中心に―』(富士吉田市歴史民俗博物館、一九九六年)
『静岡県史』資料編8中世四(静岡県、一九九六年)
『裾野市史』第八巻通史編I(裾野市、二〇〇〇年)
西岡芳文「中世の富士山―「富士縁起」の古層をさぐる―」(『日本中世史の再発見』、吉川弘文館、二〇〇三年)
下坂守『描かれた日本の中世』(法蔵館、二〇〇三年)
『村山浅間神社調査報告書』(富士宮市教育委員会、二〇〇五年)
荻野裕子「富士講以外の富士塚―静岡県を事例として―」(『民具マンスリー』第三八巻一〇号、二〇〇六年)
『田子の古道』(富士市立中央図書館、二〇〇七年)
菊池邦彦「中世後期から近世前期における富士山村山口の登山者―『富士山檀記』を中心に」(甲州史料調査会編『富士山御師の歴史的研究』、山川出版社、二〇〇九年)
『富士山縁起の世界―赫夜姫・愛鷹・犬飼―』(富士市立博物館、二〇一〇年)
大高康正『参詣曼荼羅の研究』(岩田書院、二〇一二年)
富士学会企画『富士山を知る事典』(日外アソシエーツ、二〇一二年)

大高康正『富士山信仰と修験道』（岩田書院、二〇一三年）
『富士吉田市歴史民俗博物館研究紀要』第一集（富士吉田市教育委員会、二〇一五年）
『富士山―信仰と芸術―』（静岡県立美術館・山梨県立博物館、二〇一五年）
鈴木雅史『富士山頂上の歴史』（エース出版、二〇一五年）
『史跡富士山　大宮・村山口登拝道調査報告書』（富士宮市教育委員会、二〇一六年）
大高康正「富士参詣曼荼羅にみる富士登拝と参詣路」（『国史学』二二一号、二〇一七年）
『富士山巡礼路調査報告書　須走口登山道』（静岡県富士山世界遺産センター、二〇一八年）
『鈴川の富士塚』（富士市教育委員会、二〇一八年）
『富士吉田市歴史民俗博物館研究紀要』第二集（富士吉田市教育委員会、二〇一九年）
ふじのくに地球環境史ミュージアム・静岡県富士山世界遺産センター編『環境考古学と富士山』第三号（雄山閣、二〇一九年）
『古地図で楽しむ富士山』（風媒社、二〇二〇年）
『富士山巡礼路調査報告書　大宮・村山口登山道』（静岡県富士山世界遺産センター、二〇二一年）
静岡県富士山世界遺産センター編『富士山学』第一号（雄山閣、二〇二一年）
鈴木正崇「修験道の近代―日本型ファシズムと修験道研究―」（『神道の近代 アクチュアリティを問う』、勉誠出版、二〇二三年）

役行者と富士山

鈴木正崇（慶應義塾大学名誉教授・文化人類学者）

日本の山岳信仰の特徴は、山での修行を独自に体系化した修験道が展開したことである。修験道の成立は、鎌倉時代中期以降で、役行者が開祖として祀られ、多くの山々に役行者の開山伝承が伝わる。役行者は富士山と縁が深い。その伝承の跡をたどってみたい。

修験道とは山での修行を通して霊力（験）を獲得する行法で、「山岳を仏法や神仙思想で意味付け、山の力を身体化する体系的実践」である。密教の影響を強く受け、即身成仏や擬死再生を目的とした。富士山では南麓の村山が修験道の拠点であった。『本朝世紀』久安五年（一一四九）の条には駿河国の末代（まつだい）上人が富士山に登拝して大日堂を建立し、上人は登頂数百回に及び、書写した一切経を山頂に埋経したと記す。村山では興法寺で末代上人を開祖大棟梁権現として祀り、村山修験道は鎌倉時代から明治の神仏分離を経て昭和初期まで長く続いてきた。

『続日本紀』は、役君小角（えんのきみのおづぬ）は葛木山（かづらきのやま）に住んで呪術を駆使して名を馳せていたが、文武三年（六九九）に韓国連広足（からくにのむらじひろたり）の讒言（ざんげん）で伊豆島に流されたと記す。平安時代初期の『日本霊異記』によれば、役優婆塞（えんのうばそく）は葛木山で修行し孔雀の呪法を駆使して鬼神を自由自在に使った。葛木山と金峯山との間に橋を掛けよと鬼神は命じられ嘆き悲しんだ。葛木山の一言主神（ひとことぬしのかみ）は「役優婆塞は天皇を倒そうとしている」と訴え、天皇は勅令を発して捕縛を命じたがたやすく捉えられない。代わりに母を捉えたので役優婆塞は現れて伊豆大島に流された。

伊豆大島では役優婆塞は、昼は天皇の命令に従って島にいたが、夜は富士の高嶺に飛んで修行したという。
都良香の「富士山記」（九世紀末）は、山頂の火口の様相を記し、役居士がその頂きに登ったと記す。役行者の伝承はその後も増殖していく。『扶桑略記』（一〇九四）では役優婆塞は伊豆大島に流されたが、夜になると富士山に飛んで修行をしていた。一言主神が託宣して役優婆塞を斬罪にせよと言った。朝廷は託宣を信じて勅使を伊豆大島に派遣した。勅使が刀を抜いて斬ろうとしたが、行者は逆らわずに勅使の前に膝まずいて、刀を借りたいと申し出た。行者は受け取った刀を左右の肩・顔・背に三度触れさせて、刀身を舌で舐めまわして使者に返し、「早く斬れ」といった。使者が受け取った刀の上下を見ると文章が現れていて紙に写し取ってよく見ると、「富士明神」の表文（ひょうぶん）であった。勅使は怖れ驚いて都に帰り天皇の裁下を待った。天皇は「行者は凡夫でなく、尊い大賢聖」として死刑を免じた。その後、行者は恨みを籠めて、呪力で一言主神を縛り上げ、呪縛は永遠に解けないという。役行者伝承は、『本朝神仙伝』『今昔物語集』『水鏡』『大峯縁起』『源平盛衰記』『私聚百因縁集』『元亨釈書』など平安時代から鎌倉時代の書物に書かれて増殖し、富士山飛来の伝承も受け継がれていった。役優婆塞は尊称されて「役行者」と呼ばれ、役行者像も作られるようになった。

役行者像が制作されたのは平安時代末期の一二世紀初頭と思われる。金峯山山上にて康和五年（一一〇三）に「役行者御影供（みえく）」が始まり、役行者像が造立されたと推定されている。これ以後、役行者の造像は全国的に広がっていった。現存最古の役行者像は、山梨県甲府市右左口（うばぐち）の円楽寺蔵で、胎内に延慶二年（一三〇九）五月修理の墨書銘が残り一二世紀末頃の作とされる。凄まじい忿怒相で、口を大きく開け、眉目を吊り上げる。円楽寺は役行者が大宝元年（七〇一）に開基し、ここから富士山へ登ったと伝える。『甲斐国志』は、役行者像は円楽寺兼帯の富士山吉田口二合目の行者堂に安置と記す。夏の登拝期には、道者は役行者を拝んでから富士山に登った。二合目には、文武三年（六九九）藤原義忠公奉斎と伝える富士山最古の社、冨士御室浅間神社（一六一二年再建）が祀られ、女人結界でもあった。神社は一九七四年に山麓の勝山の里宮に移転し旧社地は本宮とする。一四世紀には役行者は浅間信仰と結合して富士山北麓に浸透した。須山の人々には、役行者の従者、前鬼後鬼の子孫だとする伝承も残る。しかし、富士修験の開祖は末代上人という伝承は根強い。

鈴木正崇／昭和二四年、東京都生まれ。慶應義塾大学名誉教授。文学博士。専攻は文化人類学・宗教学・民俗学。日本山岳修験学会会長。

三章　富士山を詠む

渡部泰明（国文学研究資料館館長）

一　はじめに

誰もが知るように、富士山は日本の文学に大きな影響を及ぼした。詩歌・文章だけに限っても、容易には数えられぬほど素材となってきた。それはそうだろう。霊峰たる富士の威容は、唯一無二といってよく、現在を生きる私たちも、その美しさに打たれるほかない。美に敏感な古来の日本人が、素晴らしさを称え続けたのも当然だ。誰しもそう思う。しかし、富士はただ賛嘆される一方だっただろうか。完璧とさえ言いうる美しさに、ひたすら感動する表現ばかりが生み出されただろうか。もちろん頌歌（しょうか）の対象だったことを否定するつもりは微塵もないが、それだけでは済ませられないものがある、と思わざるをえない。

例えば、和歌の正典といってよい、最初の勅撰和歌集『古今和歌集』に次のような歌がある。

富士の嶺（ね）のならぬ思ひに燃えばもえ神だに消（け）たぬむなし煙を（雑躰・誹諧歌・一〇二八）

紀乳母（きのめのと）

富士山のように、成就しない恋に燃えるなら燃えるがよい。神でさえ消すことのできない空しい煙を上げて。うるさく言い寄る男を袖にする歌なのであろう。「ならぬ思ひ」（「火」を掛ける）やら「むなし煙」やら、霊峰富士山に言寄せていながら、いささか軽々しくはないだろうか。いや、聖なる存在をないがしろにするからこそ、滑稽・卑俗を旨とする「誹諧歌（はいかいか）」らしさがあるのだ、と反論されるかもしれない。けれども、作者紀乳母は、誹諧歌を詠もうとして詠んだわけではなかろう。「誹諧歌」とは、正統的ではない和歌をそれでも包摂しようとして『古今和歌集』の撰者が苦心して編み出した分類である。紀乳母という歌人が、富士山をこういう物言いの中で用いている事実は変わらない。そう、富士山をめぐる文学表現には、どこか座りの悪いところがある。褒めたたえていることは間違いないのだが、それに終始することを拒むような力学も同時に働いている。和歌の中に詠まれた富士山を中心に、そのことを考えてみたい。

二　天地のあわいに見える『万葉集』の富士山

富士山を詠んだ代表的な歌といってよい、『万葉集』の山部赤人(やまべのあかひと)の長歌とその反歌を取り上げよう。

山部宿祢赤人が富士の山を望む歌一首 幷せて短歌

天地の　分かれし時ゆ　神さびて　高く貴き　駿河なる　富士の高嶺を　天の原　振り放け見れば
渡る日の　影も隠らひ　照る月の　光も見えず　白雲も　い行きはばかり　時じくそ　雪は降りけ
る　語り継ぎ　言ひ継ぎ行かむ　富士の高嶺は（巻三・三一七）

反歌

田子の浦ゆ打ち出でて見ればま白にそ富士の高嶺に雪は降りける（同・三一八）

題詞に「富士の山を望む歌」とあるのだから、実際に富士山を見て詠んだことになる。ただし赤人は、眼前の富士を遠く遡り、始原の時代から歌い起こす。天地開闢(かいびゃく)の始めより、高々と貴くいます駿河の富士の高峰、と。そしてその聳(そび)え立つ天空をはるかに仰ぎ見る。空間的にも時間的にも、現実を越えた神の世界のものとして表している。それを受けて、「渡る日の　影も隠らひ　照る月の　光も見えず　白雲も　い行きはばかり　時じくそ　雪は降りける」と、富士山の霊妙な姿が四句の対句仕立てで語られる。「太陽も月も隠され、雲も行くことをはばかり、いつも雪が降った」と、日月雲雪の四つの天体現象に事寄せるのである。長歌一首の山場である。

まず考えてみたいのは、最後四つ目の「時じくそ　雪は降りける」である。「時じく」は時季におかまいなく、つまりいつも、の意である。「雪は降りける」は、雪が降っていると訳されることが多い。「ける」は過去の助動詞「けり」の連体形（係助詞「そ」の結び）だから、「た」と訳すのが普通だが、ここは降った結果として積もっていることを表すと解されている。季節はずれの雪を冠している様子を指すのだろう。しかしそれには疑問がある。「けり」の訳としてやはり不自然さを免れないことだ。「時節構わず雪が降った」と言葉に即して理解した場合との距離が大きい。たとえば、この「時じくそ　雪は降りける」という言葉づかいは、同じ『万葉集』の

み吉野の耳我の嶺に　時なくそ　雪は降りける　間なくそ　雨は降りける　その雪の　時なきがごと　その雨の　間なきがごとく　隈もおちず　思ひつつぞ来し　その山道を（巻一・二六・天武天

皇）

の傍線部によく似ている。富士と吉野の違いはあれ、同じ神聖な山の形容である。「時なく」は絶え間なくの意である。さらにこの歌には「或る本の歌」として異伝が記されている。

み吉野の耳我の山に　時じくそ　雪は降るといふ　間なくそ　雨は降るといふ　その雪の　時じきがごと　その雨の　間なきがごとく　隈もおちず　思ひつつぞ来し　その山道を（巻一・二六）

と、当該の二句のうち、「ける」が「といふ」となっている。異伝であるのだから、意味も異なっていることが予想されるが、まったく隔絶している、と断定することもできまい。

また、「ける」で閉じる「渡る日の…」以下の八句は、先ほども述べたように、日月雲雪の描写で並列の関係にある。助動詞「ける」は、形式的にいえば、「降り」だけではなくそれぞれの句を受け止めると見てよいだろう。極端な訳を承知で付すと、空を渡る太陽の光は隠れた、輝く月の光も見えなかった、白雲も通り過ぎることを差し控えたという具合になる。過去の事実を今伝えようとしている、伝承における語りの文体に似たものと理解することができる。

もう一つ考慮しておきたいのは、この四句が漢詩文の表現に由来する事実である。高松寿夫氏によれば、漢詩文の語句の翻案ともいえるようだ。氏によれば、謝霊雲「昼夜蔽日月、冬夏共霜雪」など、あるいは雪に限れば、「冬夏有雪」など所々に見られるという。現実に見た感動を、そのまま言葉にしたのではない。日、月、雲、雪と並ぶこの表現は、あくまで修辞的なものだろう。中国西方の伝説上の仙界、崑崙を表す表現に拠っているという指摘もある。いずれにしても富士山の途方もない崇高さを強調したいのであって、現実の視覚に囚われる必要はない。感動があったことは全く否定しないが、文化的先進国の詞、すなわち漢語の力を借りることで実現できた、新しい日本語表現なのだ。

つまり、「時じくそ　雪は降りける」は、その前の三句、とくに日月が山に隠れたとする初めの二つと同様、ありえないことが起こる場所だったのだよ、と伝えようとしていると考えてはどうか、と思う。実際に雪を被る富士山を眼前にしていなくても、構わないと思う。「昔男ありけり」の「けり」に近い、事実を伝承しようとする語なのだと思う。「いつも雪が降ったものだよ」と、自分の経験をもとにして都人に紹介しているのではなかろうか。そう考えると、直後の「語り継ぎ　言ひ継ぎ行かむ」へのつながりも、滑らかになろう。私たちは、「富士の山を望む」という題詞と、鮮やかな印象を与える反歌の存在から、今、富士山を見ている、と思いがちである。少なくとも長歌は、実際に眼前にあると限定しなくても、その斬新な表現を十分に味わえるのだった。では、反歌の方なら実際に見ているはずだ、と決めつけてよいだろうか。

田子の浦ゆ打ち出でて見ればま白にそ富士の高嶺に雪は降りける

「田子の浦ゆ」は、澤瀉久孝氏の周到な考証以来、一般に田子の浦を通って、(富士山の見える所に)出て見ると、の意に解されている。当時の「田子の浦」とされた地域からは、富士山があまり見えないことが大きな理由となっている。それに対して「田子の浦ゆ」は、やはり田子の浦から見ていることを表す、という解釈も存する(土橋寛)。今はこの解釈に従っておく。もちろん見えたか、見えなかったかはわからない。都人にとっては、少なくとも「富士山が見えた」という構えをとることが大切なのである。それが事実かどうか確かめることは困難なのだから。田子の浦から出て見てみると、真っ白に雪を頂いた富士の高峰が見えたんだよ、と伝えられた都人は、たしかに感銘を受けたことだろう。

「田子の浦ゆ」の反歌では、現実に見ていることが強調されている。その点で長歌とはギャップがある。ちぐはぐといえばちぐはぐだ。おそらく反歌は長歌と、相補い合う関係にあるのだろう。神話的な語りだけでは、現実離れしてしまいかねない。最後の「雪は降りける」が現実の発見へと着地させようとしているが、これだけでは足りない、と見たのだろう。神話的な風景が眼前にあるというスタンスが大事なのだ。つまり現実に見ているという構えに趣旨があるので、本当に見えているのか、そのことに過度に拘泥しなくてもよい、と考える。もちろん、だからといって見えていない、虚構だと主張するわけではない。現実の側だけに偏らせて捉えるのも、虚構に閉じ込めてしまうのも疑問である。富士は、神話と現実の、仙境と俗世の、天と地の間にあるものなのだろう。

仙界は平俗なる世界からは見えない。見えるならそれは仙界とはいえない。現実と地続きの風景だ。

しかし富士は仙界としか思えない威容を誇っている。おそらく富士はその向こうにある聖なる世界への媒介なのであろう。富士を通して、人々は時空を超えた世界をありありと幻視するのだ。
次に、赤人歌の直後に位置する長歌および反歌二首を取り上げよう。

富士の山を詠む歌一首 幷せて短歌

なまよみの　甲斐の国　うち寄する　駿河の国と　こちごちの　国のみ中ゆ　出で立てる　富士の高嶺は　天雲も　い行きはばかり　飛ぶ鳥も　飛びも上らず　燃ゆる火を　雪もて消ち　降る雪を　火もて消ちつつ　言ひも得ず　名付けも知らず　奇しくも　います神かも　石化(せ)の海と　名付けてあるも　その山の　堤(つつ)める海そ　富士川と　人の渡るも　その山の　水の激(たき)ちそ　日本(ひのもと)の　大和の国の　鎮(しつ)めとも　います神かも　宝とも　なれる山かも　駿河なる　富士の高嶺は　見れど飽かぬかも　（巻三・三一九）

反歌

富士の嶺に降り置く雪は六月のもちに消ぬればその夜降りけり（同・三二〇）
富士の嶺を高み恐(かしこ)み天雲もい行きはばかりたなびくものを（同・三二一）

右の一首、高橋連虫麻呂(たかはしのむらじむしまろ)が歌の中に出でたり。類を以てここに載せたり。

右の一首は高橋虫麻呂の歌の中に見える、と左注にあるが、これが直前の三二一番歌だけにかかるのか、三首すべてを指すのかで意見が分かれているが、今はさておく。赤人の長歌と比べると、互いの特徴がよくわかる。赤人が天地創造の起源から語り起こしたのに対し、こちらは、甲斐の国と駿河の国の真ん中からすっくと姿を現している、と地理的な説明から始まる。時間的な叙事に対して、空間的な叙事となっている。二国の真ん中にあることが、「こちごち」(あちらとこちら)といっそう強調されてもいる。そこでこう言い換えてもよかろう。富士山が「境界」の存在であることを際立たせている、と。長歌の最後では、「駿河なる」と赤人歌にもあった定型的な形容がなされているというのに。どちらにも属するということは、どちらにも属さないことであり、ひいては所属するという世俗的な関係に縛られないことでもある。それだけ現実離れした山であることが印象付けられるだろう。

どちらでもない、という境界性は、その後の「燃ゆる火を…」といういい方にもうかがえる。燃える火を雪で消し、降る雪を火で消す。さて、燃えているのか、降り積もっているのか。両方でもあり、どちらでもないのだろう。現実的には、噴煙も上がるし、雪も降り積もる、ということである。そう言ってしまえば、高い火山だからと理由付けして、済んでしまいそうだ。あたかも矛盾に満ちたものであるかのように述べることで、言語に絶した、霊妙不可思議さが際立ってくる。どちらでもあるからこそどこにも所属しない、境界的な場所となる。

たしかに富士は「神かも」と表現されている。この「かも」の「か」は疑問とも詠嘆とも解されているが、かりに詠嘆だったとしても、その結論に落ち着いているわけではない。続いて「宝」ともなった山か、とされてもいる。神に比定すれば十分にも思える。「宝」はやはり地上的な価値を想起させる言葉だろう。いや、宝といっても比喩に過ぎないというなら、「神」であることも比喩になってしまいかねない。富士山は単純に神として祀り上げられているわけではない。

その境界性をより明確にしたのが、反歌の第一首目、

富士の嶺に降り置く雪は六月のもちに消ぬればその夜降りけり（同・三二〇）

である。暑さの極まる六月の望月の日に雪が消え、その夜に初雪が降る。つまりは一年中雪が消えないことだが、それを、六月十五日という境目の日時を設定することで、誇張的に表現した。観念的だといわれることが多いが、そのような在地の伝承があったかとも推定されている。であるとすれば、「時じくそ　雪は降りける」に感じられる伝承性は、こちらの方ではより濃厚だといいうる。

三　人知れず燃える『古今和歌集』の富士山

（題しらず）　　（よみ人しらず）

人知れぬ思ひをつねにするがなる富士の山こそわが身なりけれ（古今集・恋一・五三四）

誰にも知られぬ思いを常にしている私は、常に燃えている駿河の国の富士の山にほかならない——

「よみ人しらず」の歌だけあって、謎めいたところが少なくない。「思ひ」の「ひ」には、「火」の掛詞である。では富士の火が「人知れぬ」とはどういうことだろう。片桐洋一『古今和歌集全評釈』は噴火活動を停止していた時期では、と推測している。だがわざわざ「つねに」としたうえで「火」を詠み込んでいるのだから、観念的な風景であれ、現実的なそれであれ、煙は立っているはずだろう。同じく『古今和歌集』恋一のよみ人しらず歌、

夏なれば宿にふすぶる蚊遣火（かやりび）のいつまでわが身下燃えをせむ（五〇〇）

が、蚊遣火の煙を、炎は見せないながらくすぶらせているように。たしかに仮名序には、「今は富士の煙も立たずなり」云々との文言があって、延喜五年（九〇五）の撰進当時は噴煙が上がっていなかったかもしれない。しかし、歌の中では立っていた。歌にのみぞ心を慰める、というのはそういうことだろう。「人知れず常に燃え続けている」のが和歌における富士山のイメージの根幹にあるに違いない。

『万葉集』で富士の煙はこう詠まれている。

我妹子（わぎもこ）に逢ふよしをなみ駿河なる富士の高嶺の燃えつつかあらむ（巻十一・二六九五・作者未詳）
妹（いも）が名も我が名も立たば惜しみこそ富士の高嶺の燃えつつ渡れ（同・二六九七・作者未詳）

或歌に曰く　君が名も我が名も立たば惜しみこそ富士の高嶺の燃えつつもをれ

二六九五番歌「我妹子に」は、いつまでも燃え続けるものと捉えている。富士の悠久さを終わりのない苦しみへと反転させている。それとともに、見えないもの、というニュアンスもある。稲岡耕二『萬葉集全注　巻第十一』では、「心の中で恋い焦がれていることを、富士の噴火になぞらえた歌」と注し、「燃えつつかあらむ」の訳も「心の中でもえつづけるのだろうか」とする。賛意を表したい。この場合の「心の中」は、「逢ふよしをなみ」に対応しているのだから、相手には伝えられないし、誰とも共有できないの意が込められているのだろう。孤高の富士の姿を、孤立感、孤独感にスライドさせているのであろう。

一方、二六九七番歌「妹が名も」は、噂になってしまうのが口惜しいから富士のように燃え続けていると歌う。前記稲岡注はこの歌の第五句に対しても「心の中でずっと燃えつづけているのだ」と、二六九五番と同趣旨で訳して統一感がある。際限のなさは「渡れ」の語でさらに強調され、しかも「名」に表したくないという言い方で、誰にも知られない、富士の火の性格はいよいよ明確になっている。果てのない孤独感を導く形象となっている。ここでは二人の名が立つこと、世間の噂になることを惜しむがゆえに、富士の高嶺のように燃える、と詠んでいることに注目したい。富士のような著名な高峰とすぐには結びつきがたい。富士の火は、目立たないものなのだろうか？　見えるのか、見えないのか。富士は遠くはるかに隔たり、容易にうかがい知ることができない。現実のコミュニケーションの中であげつらうことが困難なもの。その意味では、富士の火は、絶えることなく燃えつづけていることは確かながら、孤絶し、共有を拒否する存在なのだろう。本来目立つものなのだが、見えない。両義的なのである。

当面問題にしている『古今和歌集』の恋歌の、「人知れぬ」、けれども「つねに」燃えている「火」は、右の『万葉集』歌につながっている。激しく、かついつも燃えているが、誰にも知られない。この両義性を背負っている。

そうすると、「はじめに」で掲げた、

富士の嶺のならぬ思ひに燃えばもえ神だに消たぬむなし煙を（雑躰・誹諧歌・一〇二八）

の歌の表現のよって立つところも理解できそうだ。神にも制御できぬほど燃え立つ、激しい噴煙。なのにそれは成就することのない空しい煙だ、と切って捨てている。神の力すら及ばないものが、たった一つの恋の成就をも果たせない。明らかに辻褄が合わない。富士の噴煙は激しいが、現実的ではない。

言い換えれば、ここでも富士は境界的なのである。

四『伊勢物語』に見る富士山の境界性

富士山を語るとき欠かせないのが、『伊勢物語』第九段、いわゆる東下りの話群の中核を成している章段である。後世への影響は実に甚だしい。この第九段は、わが身を無用の者と感じた「昔男（むかしおとこ）」が、友人を誘って東国に下ったといういきさつが簡潔に語られた後、東海道の三つの国を舞台とする歌語りで構成されている。三河国八橋（やつはし）、駿河国宇津の山道と富士山、隅田川である。宇津の山道と富士山ではそれぞれ和歌が詠まれているので、和歌を中心にいえば四つの場面となる。

この四つの場はみな境界的な世界を表しており、「昔男」はそこで通過儀礼を体験することになる、と愚考している。どういうことか。まず富士山以外の三場面で確かめよう。

「昔男」たちはまず三河国の八橋に至る。その名の通り河が八方に通じ、数多く橋がかかった湿地帯で――尾瀬ヶ原のような場所を想像すればよいだろうか――、カキツバタが群生していた。川も橋も、高い境界性を持つ空間である。カキツバタも、沢（水辺）という境界に生える属性はもとより、「垣（かき）」「端（はた）」という境界的名称を含みこんでいる。男たちはここ八橋の地で、迷宮に入り込んでしまったのだ。境界とは、主体的に行動を起こして迷路を通り抜けなければならないもので、その先に何があるのか、杳（よう）としてわからない。恐れを克服し、危機を乗り越えて進まなければならない。それは成年式にも通じる通過儀礼である。その行動に推進力をもたらすのが、和歌であった。

から衣着つつなれにしつましあればはるばるきぬる旅をしぞ思ふ

精緻を究める工芸品のような見事な和歌を詠むことで、一行は心を一つにした。そしてひとまず過去と決別して前へ行く勇気を得るのである。

進んだあげく駿河国宇都の山にたどり着いた。現在でも「蔦(つた)の細道」の名を遺す、宇津ノ谷峠の辺りといわれている。古代東海道の難所である。「わが入らむとする道はいと暗う細きに、蔦・楓は茂り、もの心細く」と形容され、男は「なんとつらい目にあうことよ」と、想像もしなかった危機に遭遇したことを嘆く。峠という境界の場所で、やはり通過儀礼を受けるのである。

駿河なる宇津の山辺のうつつにも夢にも人に逢はぬなりけり

和歌の中でも、「昔男」は夢と現実の双方にわたる境界を歌う。どちらにおいても逢えないと苦境の極みを詠じることで、襲いかかる「うつつ」、苦しい現実の魔を払ったのであろう。

次に富士山を見ることになるが、先に最後の「すみだ川」の場面を見ておこう。

一行は、武蔵国と下総国の間にある大河、すみだ川に至りつく。夕暮れ迫る薄明の時間帯である。旅愁にかられる彼らに、渡し守は、早く舟に乗れとせかす。国境も川も渡し舟も夕暮れも、どれも境界を示す場所と時間である。明言されてはいないが、不安と不安定さに脅かされているに違いない。そこで昔男はこう詠む。

名にし負はばいざこと問はむ都鳥わが思ふ人はありやなしやと

「ありやなしや」つまり生きているのか、いないのかというのだ。意地悪な見方をすれば、大袈裟すぎるといえなくもない。自分たちの生命が危機にさらされているという意識が、言わしめた言葉なのだろう。それによって、際どい境界に浮遊する危うさから、自己を解放したのである。極まった命の危機から発せられる、文字通りの絶唱と呼んでよいと思う。

さて、このように第九段の諸場面が境界という視点から読めることを確認して、富士山に戻ろう。

時知らぬ山は富士の嶺いつとてか鹿の子まだらに雪の降るらむ

「五月のつごもり（月末）」に富士山を見晴るかすと、白い雪が点々と、まるで鹿の斑点のようにまだらに見えると歌っている。ニホンジカは、夏に白い斑点が現れ、冬になると消える。そこで、夏の盛りの五月にまだらに雪が残っている富士の姿にたとえた。もちろん、冬には真っ白になる富士は、鹿の体貌とは異なる。だからこそ、一時かぎりの類似が興趣を誘うのであろう。

「時知らぬ」は「時じくそ」の赤人歌の系譜にある。季節をわきまえないの意である。普通時を知らないと言ったら、常盤山を代表とする、四季の変化の乏しい常盤木の茂る山が予想されるだろう。ところが「鹿の子まだら」という意表を突く、やや俗に傾いた比喩が登場してきたせいで、「季節お構いなしの山といったら富士山だね」とでも現代語訳すべき諧謔性をはらむこととなった。
　さてこの「時しらぬ」の歌は、『百人一首』にも採られた、

　ちはやぶる神代（かみよ）も聞かず竜田川（たつたがわ）からくれなゐに水くくるとは（古今集・秋下・二九四）

とよく似た構成を持っている。一方は「時知らぬ」、一方は「神代も聞かず」と、ともに打消しの語を伴いながら、現実の規矩から解き放たれた状態を表し、次にはともに「富士の嶺」「竜田川」の歌枕が示される。ところが下句になると一転、「鹿の子まだらに雪の降る」「からくれなゐに水くくる」などと奇抜な見立てを、動詞とともに配置する。用語はおよそ異なるものの、構成上では酷似しているといってよい。いかにも在原業平（ありわらのなりひら）らしい歌なのであり、そう認められて、『新古今集』に「時しらぬ」の歌が、『百人一首』に「ちはやぶる」が、作者業平として太鼓判を押されているのだろう。何が言いたいかというと、竜田川の紅葉を見て——正確には、竜田川と紅葉の描かれた屏風の絵を見て——「神代」まで軽々と跳躍し、あまつさえそれでも不十分なものだと否定してみせる作者と、雪がまだらに残る聖地富士山から鹿の模様へと引き寄せる作者は、よく似た心性を宿しているということである。「神代」を軽んじるがごとき「ちはやぶる」歌の言い方とは落差もありそうだが、「鹿の子まだら」という卑俗に傾いた比喩を用いた「時しらぬ」も、諧謔を含みつつ富士の神聖性を相対化していると見れば、さほど大きな径庭（けいてい）はなかろう。時間的・空間的な神の世界から、現実味の濃い人間的な世界へと、

ユーモアも交えながら飄々と跳躍するのである。昔男にとって富士は境界的な存在であり、その境界を和歌によって飛び越えて見せたのである。

ところで、天界と人間界を、諧謔味を漂わせながらつなぐという点でいうなら、私たちは、ごく近い時代に成った、別の文学作品の富士山を知っている。『竹取物語』流布本の末尾である。「いづれの山か、天に近き」と下問し、駿河の国にあるという山が、この都にも、天にも近いと聞いた帝は、その頂でかぐや姫からもらった不死の薬を燃やせ、と命じる。だから「不死」もしくは「不尽」と書くのだなと読者に予想させながら、結局そのどちらでもなく、つわもの（士）たちを大勢連れて登ったから「ふじ（富士）」と名付けたのだ、と急転直下の落ちが付く。期待が唐突にはぐらかされ、笑いを誘われざるをえない。天にもっとも近い地上の山。つまり天界と地上界の境界に位置すると捉えているといってよいだろう。天界そのものでも、地上界そのものでもない。だから誤解を恐れずいえば、純粋に神聖な存在とは言い難い側面を持つ。いわば、天上界からはずれた部分をも持つ。あたかも一時的に地上に下されたかぐや姫のごとく。その部分を強調すると、聖なるものをもどく（真似する、悪口を言う）ことにもなる。俳諧、狂言が和歌、能のもどきであるように、そこには笑いの要素もおのずから含まれるだろう。

五　生と死のあわいになびく　西行（さいぎょう）自讃歌

『新古今和歌集』雑部に収められた、

東の方に修行し侍りけるに、富士の山を見てよめる　　西行法師
風になびく富士の煙の空に消えてゆくへも知らぬ我が思ひかな（新古今集・雑中・一六一五）

の一首は、西行の歌の中でもかなり著名なものに属する。詞書によれば、東国に修行の旅をしていた時、実際に富士山を見て詠んだ歌である。西行の家集のうち、『山家集』には見えず、『西行法師家集』に存する。前者には最晩年の歌はなく、後者にはそれがあると見られることから、この歌は、文治二年（一一八六）前後に再び奥州平泉まで旅した、西行六十九歳ごろの歌と推定される。

「風になびく」の歌には、大きく異なる二つの解釈が存する。一つは、煩悩からの脱却を見る説である。例えば、窪田空穂（うつぼ）の『完本新古今和歌集評釈』（以下、『完本評釈』）では、

出家としての西行の、最後に到達し得た境地を、象徴的に現わした歌である。…この歌の主意は、人間、生きているかぎり思いなきを得ない。思いとは煩悩の範囲のものである。しかし仏心を身につけ得ているものは、立ちどころにそれを処理して、無の状態になしうるというのである。

と注釈する。『新日本古典文学大系　新古今和歌集』（以下『新大系』）が、「上句は序というより下句の象徴で、無心に大空へ解き放たれた心がある」と注するのも、その系統にあると見てよいだろう。『完本評釈』も『新大系』も、「ゆくへも知らぬ」「思ひ」とは、煩悩のない理想状態だと捉える点で共通している。だが、「ゆくへも知らぬ」とは、本来どうなるかわからない未来への不安や悲しみを慨嘆する言葉であって、下句を理想的なものだと決めつけることには疑問が残る。そもそももっぱら仏教

的な境地を歌っている歌なら、釈教の部立ての方がふさわしい。これはあくまで雑歌である。

本居宣長（もとおりのりなが）は、『新古今集』の注釈書『新古今集美濃の家づと』の中で、「下句、思ひのゆくへしられぬにはあらず、上なる歌の、『いかになりゆく我身なるらん』と同意にて、身のゆくへもしらぬことを思ふ思ひなり」と、「心」が行方知らずなのではなく、「身」の行方がわからないことだとし、『新古今集』で二首前に置かれた、

鈴鹿山憂き世をよそにふり捨てていかになりゆくわが身なるらん（雑中・一六一三）

の「これからわが身はどうなっていくのか」と嘆じている下句に通じるものを看取している。『新古今集美濃の家づと』への批判を事とする石原正明『尾張の家苞（いえづと）』も、この点については、「かくの如し」と賛同している。「ゆくへも知らぬ」を重視すれば、そこに込められているのは、落着する場所がつかめない不安が主となる。一方「思ひ」の「煙」が消えていったという語のつながりに力点を置けば、たしかに雑念の払われた心境の比喩らしくも思われる。

まずは、「消えて」と「ゆくへ知らぬ」とが重なることで、ここに死のイメージが強く励起することを前提にしておこう。「風になびく」の一首は、死の匂いを芬々（ふんぷん）と燻（くゆ）らせ、それが抗いがたい魅力の発生源となっている。

「消えて」と「ゆくへも知らぬ」は、重なり合いながらも一部ずれていると考えてみたい。消えたら

行方がわからないのというだけでは、あまりに当然すぎて重複感がある。消えてゆくことと行方知らずとなることとは、必ずしも同義ではない。

旅から四年ほど経った文治六年（一一九〇）二月十六日に西行は入滅した。そのニュースは、時を隔てず都の歌人たちのもとに届けられた。「願はくは花の下にて春死なんその如月の望月のころ」（山家集・七七）と生前に願っていた通りの時季であることが、西行への尊崇をいやがうえにも高めた。例えば慈円（じえん）の『拾玉集』には、西行が詠んだ歌々を思って、寂蓮（じゃくれん）入道のもとに手紙を送ったといい、

君しるやそのきさらぎといひおきてことばにおへる人の後の世（五一五八）
風になびくふじのけぶりにたぐひにし人の行へは空にしられて（五一五九）
ちはやぶる神にたむくるもしほ草かきあつめつつみるぞかなしき（五一六〇）

の三首を示している。直後に自ら注して、「君知るや」については、西行が「願はくは花の下にてわれ死なんその如月の望月のころ」とあらかじめ詠んでいた通りに死んだことに、世人も感銘を受けたこと、また「風になびく」の歌は、これこそ私の代表作と自負する歌だと語ったことを思い出して詠んだものだ、と説明している。慈円は富士の煙とともに、空の向こうに去ったその人の行方はおのずとわかろうというものだ、と歌う。もちろん、行方とは西方浄土を指す。慈円は西行歌の「ゆくへも知らぬ」に答えを与えているのである。

新古今集撰者の一人寂蓮は、それに応じて、

いひおきし心もしるし円かなる位の山に澄める月影
たぐひなく富士の煙を思ひしに心もいかにむなしかるらん

と詠んでいる。二首目の最終句で「むなし」と詠んでいるのは、無常観ではなく、前の歌の「円かなる位の山に澄める月影」――西行の法号「円位」を隠し詠んでいる。つまり「澄める月影」は西行のこと――の「澄む」を参考にすると、「虚心」の「虚」の意なのであろう。慈円も寂蓮も、西行の「風になびく」の歌から、解脱の境地を受け取っている。おそらくほかの歌人たちもそう解したかと類推される。窪田空穂『完本評釈』の解釈もこのあたりに由来を持つに違いない。だがそれはあくまで後人の、往生を遂げたと思しい遁世歌人西行への憧憬に促された読みだ。一首が漂わせる死の匂いに魅惑された人の心のバイアスがかかっている。「ゆくへも知らぬ」という言葉に即する限り、帰着すべきところのわからない、自分の思いの在り方への心情吐露がそこに含まれていることは否定できない。
よく知られたことだが、西行はしばしば行方知れずになっていくわが心を歌っている。

ゆくへなく月に心の澄み澄みて果てはいかにかならんとすらん（山家集・三五三）

の歌などはその典型だが、ここでも、澄み切った心と行方知れぬ心がともに歌われている。理想への希望と死を思わせる不確定さへの憂慮の二者が共存しているといってよい。両極端にも思えるが、どちらにもこの世とは隔絶された世界への思いという共通点があり、まったく別物ではない。むしろ西行にとって、その二つの共存は、矛盾を冒してまで表現したいテーマだった。

ところで、西行と同じ時代を生きた藤原教長(ふじわらののりなが)には、次の歌がある。

内裏十五首会に、同じ心(述懐)を

数ならぬ身をうき雲は吹く風にゆくへも知らず消えぬべきかな(教長集・九〇九)

天承元年(一一三一)九月九日崇徳(すとく)天皇内裏十五首歌会「述懐」題での詠。不遇・沈淪を嘆くべき「述懐」題を与えられたのだから、下句「ゆくへも知らず消えぬべきかな」は、宿運つたなく消えゆく自らのはかない命を暗示していると見てよかろう。しかしまた一方で、教長の歌からは、「浮雲」――「憂き」を掛詞としている――が風に吹かれて消える、という文脈がたどれる。そこには憂いが雲散霧消する希望の響きがある。崇徳天皇の内裏歌会での詠なのだから、帝のお蔭で憂いが消えるという文脈はふさわしいといえそうだ。意図的にそういう脈略を組み込んだ歌と見てよいだろう。すなわち「消え」は死と希望の二つにまたがって用いられているのである。なかなかたくらみの深い歌である。この後ほどなく崇徳天皇に仕えた兵衛尉(ひょうえのじょう)佐藤義清(のりきよ)(西行)の記憶に残ったとしても不思議はない。矛盾する心情の表現にはたしかに西行の独自性が発揮されているが、もちろん参考にした作品は想像できるのである。

さて、ここで富士山の問題に戻ってみよう。西行の「風になびく」の歌において、また西行が影響を受けたかもしれない藤原教長の歌において、空に消えてゆく富士の煙は死と希望の二つの表現につながっていた。言い換えれば、その双方の媒介になっていた。目の前に聳(そび)えまた靡(なび)いているけれど、この世とは隔絶した見えざる世界にもつながる、現実世界と異世界とを架橋する存在である。西行という歌人は、此岸と彼岸の垣根を越える、あるいはその中間に立つことを本領とする歌人だが、自分の人生の総決算となる歌において、古来の富士山の境界性に新たな命を吹き込んだのだ。

「ゆくへも知らぬ」は、他者から見た視点である。どこへ行ったのか、いずこへ向かうのかわからないというのは、その対象を見ている立場の人間の心情である。本人が行方を知らないのではない。私は、私の思いがどこにたどり着くのか（おかしなことに自分でも、君たちと同じように）わからないのだ、と演じているのである。相手の視点に寄り添うごとくにして自分を語る。そして人を惹きこもうとする。そのように演じている西行に向かって、あなたの行方は私にはよくわかっています、西方浄土ですよねと慈円のように応えてほしいのだ。その他者の視点は現実の地平に即した視点といってよい。現実には行方もわからず消えたとしか見えない。なにせ彼は、高々と聳える境界を煙のごとく越え、現実の向こう側にいるのだから。

六『六百番歌合』 藤原家隆（いえたか）の「うへなき」思い

建久四、五年（一一九三、四）に行われた『六百番歌合（うたあわせ）』の富士の和歌を取り上げてみたい。西行が没して三、四年後のことである。この『六百番歌合』は、実際に人が集まって催されたものの中では和歌史上最大の歌合だといってよい。のみならず、この十数年後に成立した『新古今和歌集』の胎動を告げる、レベルの高い作品の達成と、完成度は未熟であっても、鋭い表現への意識とをもうかがわせる歌合だ。四季と恋だけから成るという一風変わった構成となっているが、その後半の「寄煙恋」題の中で、ともに富士を詠みこんだ二首が対決した番がある。

廿九番　（寄煙恋）

左勝　　女房

しのびかね心の空にたつ煙見せばや富士の峰にまがへて（九五七）

右　　家隆

富士の嶺の煙もなほぞたちのぼる上なきものは思ひなりけり（九五八）

右申して云はく、「心の空」、如何（いかが）。陳じて云はく、「心の空に出でん月をば」といふ歌、同心歟（か）。

右申して云はく、富士の煙にまがへて見せてはなにかかせむ、なほ富士の煙とこそは見えめ。

また恋の煙ともなくて、心に煙をたてむ事もいかが。左申して云はく、右歌宜しきに似たり。

判じて云はく、左歌、右方人の難条々侍れど、「見せばや富士の峰にまがへて」といへる姿詞こそ艶に侍れ。右歌も末の句など、姿優に侍るべし。但し、なほ左を以て勝ちと為す。

左方の「女房」の正体は、この歌合の主催者、藤原良経（よしつね）。両方の陣営の意見を踏まえて判定する判者は、斯界の第一人者、藤原俊成（としなり）。良経の歌は、思いに堪えかね、私の心の中にはその燃える火の煙が立っている。これを富士の峰に立つ煙に紛れさせて見せたいものだと歌う。これに対して、対抗する右方の論者は、「富士の煙に紛れたら、富士の煙としか見えないのだから意味がない」と非難した。なるほど、道理といえば道理かもしれない。「艶」という十八番の誉め言葉まで用いて俊成が称えたにもかかわらず、結局『新古今集』に入集しなかったのには、その辺りの理由があろうか。少なくとも「まがへて」が若干捉えにくい。ただし、作者良経としては、けっして心を見せることはできない、という前提のもとにこう歌っているのだろう。

見せられないというのは、二重の意味でである。噂になり、不幸な結果を招くから、というのが一つ。心の中に閉じ込めておくしかないのである。いま一つは、あまりに激しい思いで、この世に似ているものなどなく、しいていえば富士の煙に近いくらいなので、それに紛れさせるしかない。見えるけれども見えない。そういう濃密かつおぼろな情念の在り方を、俊成は「艶」だというのであろう。富士の煙は、正体不明で際限のない思いを表すのにふさわしいということである。

俊成が勝ちとした左歌は、約二百年後の『新千載和歌集』を待たなければ、勅撰集入集の栄誉は得られなかった。ところが負けた右歌の方は、この後まもなく『新古今和歌集』に撰ばれ、後鳥羽院の編集した『時代不同歌合』にも撰入された。藤原定家（さだいえ）と並ぶこの時代の有力歌人、藤原家隆の中でもよく知られた作の一つといってよいだろう。

富士の嶺の煙もなほぞたちのぼる上なきものは思ひなりけり（新古今集・恋二・一一三二）

思えば富士山の頂の煙も、やはり立ち昇っているではないか。この上もないものがあるとすれば、それは私の恋心だったのだ。富士山でさえもっと上があるではないか。この上もないものがあるとすれば、それは私の恋心だったのだ。取りようによってはずいぶん傲慢にも思われる。富士の火よりも燃え盛り、噴煙よりももうもうと立ちこめている、と富士を越える自分を誇っているようで。窪田空穂『完本評釈』はそのような解釈に批判的で、「上三句は、「上なきもの」の譬喩（ひゆ）である」という。わが恋心は、富士の煙と同様にこの上もないものだ、とするわけである。しかし言葉に即して理解する限り、富士以上の、というニュアンスが生じるのは避けられず、窪田注には従えない。たとえば寂然の『唯心房集（ゆいしんぼう）』に、

（無常の心をよめるうた）
仮りの世にたとへて見れば稲妻の光もなほぞのどけかりける（一四八）

とある。無常なこの世をたとえようとすると、一瞬の稲光でもやはりのどかすぎる。「〜もなほぞ」は、「〜」に当たる言葉を、当面の対象よりも程度の低いもの、劣るものとして表現するのが普通である。「〜でさえも」の意に近い。富士の煙でさえ比べ物にならないわが思いだと解すべきである。

では、窪田注のように「譬喩」と捉えるのはお門違いか。必ずしもそう言い切れない。すでに多くの例を見たように、富士の峰の煙は燃える思いのたとえとなってきた。家隆の歌だって、立ち昇る煙に、抑えがたい心の様相を連想しない方が不自然だろう。ここには、微妙に食い違う、二つのよく似た文脈がある。わずかに意味の異なる両者が重なりながらズレていくような、錯覚を誘うものがある。富士の煙は立ち昇っている。最高峰の火口から天に届かんほどに上へ上へと。これだけで十分に「上なき」形象である。つまり、窪田空穂のいうとおり、わが思いの比喩にもなっている。ただそれなら、富士の煙のようにこの上ないものだ、といっても良かったはずである。けれどそうは歌わなかった。

その比喩の限界がすぐさま暴露されたのだ。たしかに理屈の上では、富士と同じなら無上のものとはいえない。昇っている？　それなら最上のはずはないのではないですか、などという、あたかも男の求愛の言葉尻をとらえる女歌の手口で、甘やかさを伴う否定の言葉が続く。私の思いこそ、最高なのだと。恋歌としての訴求力は高いが、結果的に富士は最上のものからは撤退を迫られかねない。かといって、思いの煙が無限に上昇し続けるなら、富士はそれと地上をつなぐ媒介としての地位を保持し続けるだろう。無限なものに付き従う存在もまた無限だ。富士はここでもやはり永遠の存在でもあるのだ。

この『六百番歌合』の番の良経・家隆の二首は、ともに富士の煙を自分の思いの側に引き寄せて、至高のものというには躊躇されるニュアンスを持っていた。富士山は、遠くからも見える孤高の威容を誇っている。だからこそ、理想郷を示すものとなる。だがそれなら、天や神仙の世界が不可視であるように、けっして目には見えないはずだ。見えるものはこの世の物体にすぎない。可視的だが不可視の性格をも有する。富士は、見える世界と見えない世界とを、至上の理想世界と現実世界とをつなぎとめる両義的な、境界的な存在である。藤原家隆もその性格を見込んで歌を詠み上げ、たちまち勅撰集入集の栄誉を得たのであった。左方の良経の歌も、恋心を紛れさえ、見えるようで見えないと詠んでいるわけなのだから、やはり富士の煙の境界性は生かされているのだと思う。

七　おわりに

富士山を詠んだ、古代から中世のとば口までの和歌をたどってきた。代表的な作品を取り上げ、その表現のニュアンスを汲み取るよう努めたこともあり、ごく一部の歌しか扱えなかった。いうまでもなくこれ以降も、和歌をはじめとした韻文はもちろん、あらゆるジャンルの散文にも用例は事欠かない。むしろそれなりの量的規模を持つ作品・作品集で、富士山にまったく触れないものの方が少ないかもしれない。ただしそれは、たんに富士山が傑出した美しさを持つからだけではない。完璧な、誰が見ても美しいものは、かえって自由な想像力の足枷となる。しかし富士は時代を通じて輝きを放ち続けた。想像力を刺激し続けた。とりあえず古代の和歌の論拠を示したにとどまるが、歌人たちを表現へと駆り立てた理由として、富士山が、天界と地上界との、理想と現実との、境界として捉えられていたことを考えた。富士は、見えるものと見えないもののあわいに屹立して、表現者を魅惑する。

【参考文献】

澤瀉久孝『萬葉古径　一』（全國書房、一九四七年）
窪田空穂『完本新古今和歌集評釈　上巻』（東京堂出版、一九六四年）
久保田淳『新古今歌人の研究』（東京大学出版会、一九七三年）
松野陽一『藤原俊成の研究』（笠間書院、一九七三年）
土橋寛『万葉開眼　上』（日本放送出版協会、一九七八年）
高松寿夫「〈不尽山〉の発見―赤人・虫麻呂歌をめぐって―」（『国文学研究』一〇三集、一九九一年）
田中裕・赤瀬信吾『新日本古典文学大系　新古今和歌集』（岩波書店、一九九二年）
小島憲之・木下正俊・東野治之『新編日本古典文学全集　萬葉集①』（小学館、一九九四年）
稲岡耕二『萬葉集全注　巻第十一』（有斐閣、一九九八年）
片桐洋一『古今和歌集全評釈　下』（講談社、一九九八年）
久保田淳・山口明穂　『新日本古典文学大系　六百番歌合』（岩波書店、一九九八年）
田口尚幸「赤人三一七―三一八番歌の表現方法――富士讃歌に見る長―反歌の補完的関係」（『愛知教育大学大学院国語研究』一五、二〇〇七年）

石川一・山本一『和歌文学大系 拾玉集（下）』（明治書院、二〇一一年）

コラム

〜私と富士山〜

日本平から眺める四季折々の富士

鈴木与平（鈴与株式会社代表取締役会長）

静岡で生まれ育った私にとって、富士山はいつも当たり前のように黙って近くにあった。それは山肌が目前にぐうっと迫ってくる迫力のある富士山ではなく、山頂から両側になだらかな裾野を広げ、右斜面にちょこっと飛び出した宝永山をアクセントにした穏やかで優しい富士の姿であった。

小学生の頃に海水浴に行くポンポン船から見た夏の富士山、遠足で日本平の満開の桜の枝越しに眺めた富士山、駿府城内にあった学校の校舎から見えた富士山、海外出張で疲れた帰りの朝方、ほのぼのと開けかかった飛行機の窓の遠くに「おかえり」と雲の上にちょこんと顔を出していた富士山、それぞれの時のそれぞれの季節の富士山の想い出が自分の人生と懐かしく重なる。

そして私にとってやさしく、当たり前だったはずの富士山が、ある日心に迷いが生じてふと眺めると、雪のアルプスやヒマラヤの山々の自然の荘厳さや気高さをもって厳しく自分の心に迫ってくる時もあった。

富士山は四季によってその顔が変わり、富士山を眺めるのにいつの季節が一番良いのか聞かれることも多い。

よく「春になって暖かくなったら静岡に富士山を見に行きますよ」と声をかけていただくが、「春」は空気が湿り気を帯びそれが霞となって折角の富士山を隠してしまいご覧いただけないこともよくある。

静岡で本当に美しい富士山を堪能していただける季節は「冬」ではないかと私は思っている。

一二月からお正月にかけて空気は澄んでくるがまだまだ暖かく、時には船に乗って洋上から雪のついた富士山を楽しんでいただいても、寒さを感じることは少ない。

また、真冬の満月の夜中、キンキンに空気が冷たく凍り、すべてが透き通った日本平の山頂では、月の光が辺り一面に満ち富士山を照らし出す。富士はその身にまとった雪が月に反射してあふれんばかりの光が辺り一面に降り注ぎ、駿河の海全体をキラキラと輝かせ、後ろには富士に連なる愛鷹山、伊豆の山々が黒々と海に浮かびあがり、港と遠くの街の無数のライトも月の光が覆いつくして、一面の広大な景色がまるで小さな光の箱庭のように見える時がある。

地元の私たちでもその見事さに息を呑むのであるが、巡り合える機会は少ない。

日本平は清水港の後ろにある、山と言うよりもなだらかな丘陵地帯であるが、この山頂から眺める四季折々の富士の姿は日本一と言われる。

富士山を中心に伊豆の山々と眼下に雄大に広がる駿河湾の自然美が、清水港と臨海工場という人工の構造物、そして出入りする船舶の動きと不思議なくらい調和して、いわば富士の自然美と清水港の人工美のコラボレーションが生み出される。この美しい景観を人は「日本一」と褒めてくださるのではないかと私は密かに思っている。

鈴木与平／昭和一六年、静岡県生まれ。鈴与株式会社代表取締役会長。株式会社フジドリームエアラインズ代表取締役会長。

四章　富士山を描く

松島 仁

一　富士山絵画の前史―平安・鎌倉時代

聖なる火山―富士。白雪に覆われ優雅に稜線を垂下させるその麗しい姿は、古来文学や絵画、工藝として頌えられてきた。

本章では富士山をモティーフとする絵画作品に着目し、それらが東アジア山水画とは文脈を異にする独立した絵画ジャンルとして確立されていった歴史について概観しつつ、〝富士山〟が文化史的な規範性を獲得していった過程を確認していきたい。

ジャンルとしての和歌が確立された平安時代には、やまと絵屏風に描かれた名所や景物を詠じた〝屏風歌〟も隆盛をみる。平安京に都したこの時代には、吉野山や龍田川など畿内の名所が主流であり、はるか東に位置する富士山は辺境にある他者的な存在と位置づけられた。そのため家永三郎氏の名著『上代倭繪全史』によれば、文献中に確認できる富士を描いた平安時代の絵画は、『続千載和歌集』春上「能宣朝臣集」所収の「くれの春ふじの山近き所に人の家侍り」という描写内容を説明した詞書が添えられる「草ふかみまだきつけたる蚊遣火とみゆるはふしの煙なりけり」を絵画化した藤原伊尹邸の屏風絵の例が伝わるのみである。もっとも田家を伴う春景の富士という、後述する江戸狩野派による作品群にも通じる図様がすでに成立していること、富士山を詠んだ長短十一の歌を載せる『万葉集』以来和歌のモティーフとして詠まれ、『古今和歌集』仮名序にも「富士の煙によそへて人を恋ひ…今は富士の山も煙立たずなり」と述べられ歌枕として定着していることから、主流ではないものの「能宣朝臣集」の屏風歌以外にも富士山を描いた屏風絵は存在したと考えられる。

平安時代には和歌と絵画、書が一体となった屏風や障子が入内や算賀などの盛儀に際し制作され、主宰者の権勢を荘厳した。屏風歌や障子歌には、延長二年(九二四)藤原忠平室源順子五十賀屏風和歌や、永観元年(九八三)藤原為光家障子和歌、正暦元年(九九〇)頃の藤原道兼粟田山荘障子和歌の場合など名所を詠じ描くものも多かったが、そこに富士山の名前を見出すことはできない。

これに対し建永二年(一二〇七)に創建された後鳥羽院の御願寺最勝四天王院の御所を飾った障子絵には、畿内を中心に諸国の名所が描かれ、後鳥羽院以下、藤原定家や藤原家隆、慈円など当時を代表する計十人の歌人が各図に添える和歌を詠進した。最勝四天王院の障子に描かれた名所は、春日野、吉野山、三輪山、龍田山、初瀬山、難波浦、住吉浜、蘆屋里、布引滝、生田社、和歌浦、吹上浜、交野、水無瀬川、須磨浦、明石浦、飾磨市、松浦山、因幡山、高砂、野中清水、天橋立、宇治川、大井川、鳥羽、伏見里、泉里、小塩山、逢坂関、志賀浦、鈴鹿山、二見浦、大淀浦、鳴海浦、浜名橋、宇津山、更級里、清見関、富士山、武蔵野、白河関、阿武隈川、安達原、宮城野、安積沼、塩竈浦の四六ヶ所であり、吉野や龍田、須磨、明石ほか王朝和歌の中で常套化した畿内の名所とともに、富士山や武蔵野、奥州の白河関、さらに肥前の松浦山など東西の辺境をも包含した名所がえらばれていることが特筆される。最勝四天王院御所に展開される名所群は、「治天の主後鳥羽院が統治する日本全体の縮図」(久保田淳『後鳥羽院』)でもあった。とりわけ源頼朝の富士巻狩りの記憶が新しい富士山は、鎌倉に興った武家政権を想起させる名所であった。後鳥羽院は和歌と絵画という自身が掌握する文化力により富士山、すなわち東国の武家たちをしたがえ、自らの王権を貫徹しようとしたのだろう。この後、後鳥羽院は鎌倉との対立を鮮明にし、最勝四天王院も関東調伏の場として転用されていく。

最勝四天王院における富士山は夏の景に配され、四時雪をいただく「時知らぬ山」を詠じた『伊勢物語』第九段を典拠としている。〝東下り〟のまなざしである。権力者による〝東下り〟と富士山という構図は、足利義満と義教による富士遊覧、さらに小田原征伐の際の豊臣秀吉による富士見として反復される。東国支配の象徴として富士山は、地政学的にも文化史的にも重要性を高めていくのである。

一方、平安時代、名所絵として主流の地位を獲得しえなかった富士山は、聖徳太子絵伝や伊勢物語絵などにモティーフを提供する。

聖徳太子絵伝は『聖徳太子伝暦』を絵画化したもので、かつて法隆寺絵殿の障子を飾った延久元年（一〇六九）秦致貞（はたのちてい）筆の作品（東京国立博物館蔵）が現存最古の例である。ここには二七歳の折、甲斐国から献ぜられた黒駒に乗り富士山の頂にのぼった太子が描かれる。旧法隆寺絵殿本中の富士山は、天に向かって屹立する奇怪な形状で描写されており、倭絵というよりも唐絵のスタイルによることが想像される。このことは都良香（みやこのよしか）『富士山記』に「神仙之所遊萃也」と記された辺境にある異界としての当時の富士山観とも響きあう。

『伊勢物語』では、在原業平（ありわらのなりひら）の東下りを叙述する第九段において富士山が登場するが、鎌倉時代の和泉市立久保惣記念美術館本では、鹿の子まだらの「時知らぬ山」富士山を振り返る業平一行を描写した場面が描かれる。久保惣記念美術館本で展開された構図は、以後脈々と描き継がれ、〝東下り〟の図像として定型化していく。

このほか鎌倉時代には「一遍聖絵」（清浄光寺蔵）や「遊行上人縁起絵」諸本にも富士山が登場する。ただこれらはあくまでも物語・縁起中のエピソードとしての富士山であり、単独の絵画主題としての富士山が現れるまでには、しばらく待たなければならない。

二 富士山絵画の黎明―室町・桃山時代

室町時代、五山禅院や足利将軍周辺で中国文化が愛好されるようになると、唐物としての水墨画が輸入され、さらには周文など日本人の画僧によっても水墨山水画が制作されるようになる。こうした中、富士山は、水墨山水画の主要モティーフとなっていく。単独の絵画主題としての富士山図の黎明である。仲安真康筆「富嶽図」（根津美術館蔵／図4-1）では、〝宋元画〟に由来する中国風の環境設定に平安・鎌倉時代以来やまと絵の中で伝統的に描き継がれてきた三峯型の富士山がパッチワークされる。

和漢を綯い交ぜにした富士山というイメージは、名所和歌の枠組みを借りつつ制作された五山僧たちの詩文とも響きあう。

三保松原と清見寺を右左に配した伝雪舟（一四二〇～一五〇六）筆・詹仲和賛「富士三保清見寺図」（永青文庫蔵／図4-2）は、雪舟が明に渡った折に皇帝の命により制作し、寧波の文人詹仲和の賛を得た後、日本に持ち帰ったという伝承をもつ。ここにおいても富士山は、〝中華〟という権威に支えられ、中国水墨画とのアナロジーにおいて語られる。以上のように富士山をモティーフとした室町時

代中期に遡る水墨山水の多くが〝宋元画〟風の環境設定に伝統的な三峯型の富士山を置くことは、和漢で互換可能な名所富士山の性格をよく示す。

一方、〈和〉の領域に属する富士山をめぐる文化的営為としては、永享四年（一四三二）九月の足利義教（よしのり）による富士遊覧が特筆される。富士見のため駿河へ下った義教は、諸大名や公卿、歌僧を供奉させている。富士御覧の亭から夜通し富士を仰いだ義教は、「我ならず今朝の駿河の富士の嶺に綿帽子ともなれぬ雲かな」と自身を富士山に擬している。供奉の者たちも、細川持賢（もちかた）が詠んだ「あきらけき君が時代を白雪も光ぞふらし富士の高嶺に」のように、義教の君徳を富士の高嶺になぞらえるような和歌を進上している。〝東下り〟を行った義教は、富士山を仰ぎ自身を富士山と一体化させることで、

図 4-1　仲安真康筆　富嶽図
根津美術館蔵

自らの統治に正統性を与えているのである。

室町時代には、やまと絵においても富士山は単独の画題を構成する。この時代に制作された大画面のやまと絵屏風の中には、「富士三保松原図屏風」（静岡県立美術館蔵）のような作例も確認できる。桃山から江戸時代はじめにかけ、やまと絵屏風に画題を提供した作品としては、「武蔵野図」諸本も挙げられる。同作は「武蔵野は月の入るべき山もなし草より出でて草にこそ入れ」歌に淵源をもつもので、芒（すすき）の中に浮き沈む月とともに富士山を描写した〝工藝的〟な画趣の作例である。

『兼見卿記』天正一二年（一五八四）一一月二日条には、富士山図屏風にまつわる記事が録される。

「自（細川）幽斎書状到来云、今度禁裏江御屏風進上之、出来也、可一覧欤之由云、即可罷出之由返事了、後刻出京、幽斎旅宿へ罷向、（里村）紹巴所へ行也、即紹巴所へ罷向、進上之御屏風立置之、一双、片方者富士山、雲デイ、片方者橋立也、此絵之事、内々祠〔伺〕申之調之云々、無比類事也、今日以藤中納言（高倉永相）進上之云々」

公家で神道家の吉田兼見（かねみ）は、細川幽斎（ゆうさい）（藤孝（ふじたか）／一五三四〜一六一〇）からこのたび正親町（おうぎまち）天皇へ進上する屏風が完成したので見に来ないかとの誘いを受け、屏風を預けてある里村紹巴（じょうは）のところへ出向き実見している。屏風は富士山と天橋立（あまのはしだて）を一双にしたもので、高倉永相（ながすけ）を通して同日禁中へ献上された。『兼見卿記』同日条には、続いて「仙洞御普請初、上下罷上…」とあるため、屏風進上もこれと関係しているのだろう。正親町天皇の譲位に備え、羽柴秀吉により仙洞御所の建設がはじめられたのである（一一月二一日秀吉は従三位・権大納言に叙任され、公卿となっている）。この折の建物が改

図4-2　伝雪舟筆・詹仲和賛 富士三保清見寺図 永青文庫蔵

築・移築されたものが現在の南禅寺本坊大方丈で、狩野永徳（一五四三〜九〇）一門による障壁画がいまも残る。細川幽斎は、天正二年（一五七四）に古今伝授を受けた歌人でもある。

里村紹巴は幽斎と知己の深い連歌師で、永禄一〇年（一五六七）には富士一見のため駿河に下向し、『紹巴富士見道記』を残している。このたびは幽斎と絵師の取次役だったのだろうか。絵師については、仙洞御所障壁画制作を統括した永徳率いる狩野家を想定してみても良いかもしれない。

なお泉万里氏（『富士山―信仰と芸術』展図録解説）により永徳次男で探幽の父でもある孝信（一五七一〜一六一八）周辺の筆に擬された「富士三保松原・天橋立図屏風」（個人蔵／図4-3）が現存し、同図から進上屏風のおおよそを想像できる。同作の向かって右隻は、右方に松樹の連なる天橋立、左方に智恩寺（文殊堂）を描き、基本的な構図は「厳島・天橋立図屏風」（サントリー美術館・南蛮文化館蔵）の右隻と通う。一方、左隻は右方に三保松原を配し、左方には上端に富士山、その前に門をうがち竹垣に囲まれた清見寺を描く。描写内容の詳細は大きく異なるが、三保松原、富士山、清見寺を右から左へ連ねる基本的な構図原理は、前述した伝雪舟筆「富士三保清見寺図」とも共通する。

同屏風の進上について、幽斎自身は「禁中へ富士の山絵に書たる御屏風たてまつりしとき」とし、天皇を富士になぞらえつつ「久かたの空につもれる白雪や明行ふしの高根らるらむ」の和歌を残している。

「幽斎飯国云々、後刻聞之、今度御屏風之義（二脱カ）付、御製二首富士、橋立、御短冊被下之云々、忝次第也」

『兼見卿記』天正一二年一一月四日条が伝えるように、正親町天皇も幽斎へ御製二首をしたためた短冊を下賜している。

以上、『兼見卿記』の記事からは、以下の二点が指摘できる。

まず第一に、富士山と天橋立が一双とされていること。桃山から江戸時代初期にかけては、厳島（いつくしま）と天橋立など異なる名所や霊場を左右隻に描き分けた屏風が作られたが、ここでは幽斎の領国丹後を代表する名所天橋立に富士山が組み合わされている。

「丹後入国のとき橋立みにまかりて
そのかみに契りそめつる神代までかけてそ思ふ天の橋立
いにしへに契りし神の二柱いまも朽せぬあまのはしたて」（『衆妙集』）

天正八年八月、丹後に入部した幽斎は、さっそく天橋立を訪れ、和歌を残している。この行為の背

景には幽斎の風雅のみならず、支配の象徴としての名所詠という、古代の〝国見〟に遡るポリティカルな意図も読みとるべきだろう。禁中進上の屏風では、幽斎の丹後支配を象徴する天橋立に、天皇を寓意した富士山が配されているのである。

そしてもう一つ指摘しておきたいのが、かかる屏風の献上が「無比類事也」とされていることである。

天橋立と富士山を対にした屏風の制作をめぐっては、幽斎の意向が反映されたであろうし、すでに富士山を一見していた里村紹巴も関与していたはずである。完成した自慢の屏風を「一覧」させたく、幽斎は親しい吉田兼見を誘い、屏風を前にした兼見は、「無比類事也」と感嘆しているのである。

記事からは禁裏への富士山図の献上が、前例のないものであったことが想像される。久方ぶりの仙洞御所着工という朝廷の一大盛事に際し、古今伝授相伝者である細川幽斎から正親町天皇へ進上された屏風は、画題としての富士山

図4-3　富士三保松原・天橋立図屛風　個人蔵

の規範化にとって画期をなしたはずである。

屛風進上の翌天正一三年には、羽柴秀吉は宇都宮や結城、佐竹氏ら東国の領主たちに「富士山一見」の書状を送付して小田原の北条家を牽制し、天正一八年には小田原征伐が行われる。

「猶行〳〵て駿府につきぬ。ふしを始てみ侍てなか〳〵にかすまぬふしの高ねかな

府中に逗留の中に

あまのはら明かたしらむ雲間よりかすみにあまるふしの雪かな」（『東国陣道記』）

秀吉側の将として参陣した幽斎は、この折にはじめて富士山と対面し和歌を詠むが、幽斎の言を門人の烏丸光広（からすまるみつひろ）が筆録した『耳底記』によれば、詠歌に際しては古歌の用例を調べるなど相当の準備が行われたという。

幽斎は「豊臣秀吉清見寺遊覧記」（清見寺蔵）の筆者としても伝えられる。同記によれば秀吉は、小田原征伐の往復に清見寺に立ち寄り、三保の松、田子の浦の月、富

士の根の雪を嘆賞し、「名にしおふ田子のうら波立うねり又もきてみむふしのしら雪」の和歌を残している。秀吉は足利義教の室町殿行幸を踏まえ聚楽第（じゅらくてい）行幸を行っているが、この折の富士見も義教の富士遊覧を意識したものかも知れない。

以上のように室町から桃山時代になると、富士山は単独の主題として絵画を彩るようになり、文化史的な規範性を高めていく。

三 定型の創生と絵画ジャンルとしての富士山―狩野派富士山図の展開

富士山図が絵画ジャンルとして確立されるのが江戸時代。将軍の都が江戸に置かれたこの時代、晴れた日ならば遠望することがかなう富士山は、江戸に住む人々にとって身近な絵画主題となっていく。絵画ジャンルとして確立されるためには、定型的な構図の成立が必要条件となる。洛中洛外図における第一定型や第二定型、源氏物語絵における各帖ごとの場面選定のように、江戸時代はじめには富士山図についても定型が生み出される。

富士山図における定型を編み出したのは、徳川将軍家の技能官僚たる狩野探幽（たんゆう）（一六〇二～一六七四）であったが、それが伝雪舟筆「富士三保清見寺図」（永青文庫蔵）の構図を踏襲していることとは、すでに山下善也氏が指摘する通りである。

永青文庫本は、江戸時代はじめにはすでに〝古典〟と認識されており、狩野探幽や狩野常信（つねのぶ）（一六三六～一七一三）が縮図に留めているほか、狩野安信（やすのぶ）（一六一四～一六八五）や古信（ひさのぶ）（一六九六

図4-4　狩野伊川院栄信　富士三保清見寺図　静岡県富士山世界遺産センター蔵

〜一七三一）は原本にほぼ近いサイズにより同本を忠実に模している。近衛家熙の言行を筆録した『槐記』享保一一年（一七二六）四月二一日条には、家熙が狩野常信に永青文庫本を直模させたものを観賞用に表装した旨が記される。

永青文庫本については、模本のレヴェルを超えた翻案的作品の存在も注目される。

木挽町狩野家当主として江戸時代後期の狩野派を牽引した狩野伊川院栄信（一七七五〜一八二八）は、遠州流八世家元の小堀宗中（正優）賛の個人蔵本、江戸後期の茶道界で指導的役割を担った松平不昧（治郷）の賛をもつ島根県立石見美術館本、賛者不明の静岡県富士山世界遺産センター蔵本（図4-4）など、永青文庫本に依拠しつつそれを自由に翻案した〝本歌取り〟的な作品をいくつか残している。前述した狩野安信や古信の作品が絵画部分のみならず賛の部分についても中国明代の文人である詹仲和の書体を忠実に模倣

図 4-5　狩野探幽筆　富士山図　寛文 7 年（1667）　静岡県立美術館蔵

していたのに対し、茶人により着賛された石見美術館本や個人蔵本では、賛の書体は唐様を離れ行送りも自由であり、とりわけ松平不昧による賛は定家様で表されるなど、茶掛けとしての性格に応じ和様化への傾斜は著しい。さらに石見美術館本やセンター本では、探幽が編み出した江戸狩野派の定型にしたがい富士山の稜線がなだらかなカーヴを描いて表されるなど、モティーフの形態や構図が再構成され、原本にみられた〝漢画臭〟や古様さは払拭される。伊川院はまた、永青文庫本に描写されたモティーフを縦長構図に再配置した「富士三保清見寺図」（大英博物館蔵）も描いている。

以上のように伝雪舟筆「富士三保清見寺図」（永青文庫蔵）は、江戸時代を通じ狩野家の画家たちによりカノン化されるとともに、翻案が加えられつつ描き継がれた。

一方、狩野探幽は、富士山・三保松原・清見寺からなる永青文庫本のモティーフ構成を基本構図としつつ富士山図の新しい定型を編み出す。寛文七年（一六六七）制作の

図 4-6　狩野探幽筆　富士山図　寛文 10 年（1670）　静岡県立美術館蔵

「富士山図」（静岡県立美術館蔵／図４‐５）に代表される一連の作品である。

最も新しい定型を編み出すに当たり探幽は、必ずしも雪舟画の絵画様式を踏襲しない。例えば寛文七年静岡美本は、淡彩中心で筆線よりは墨面を生かした淡泊な画趣の作品である。富士山は淡墨による外隈を生かした三峯型で柔らかく表される。その他の諸モティーフはラフで軽妙な筆致を基本としながらも、たとえば三保松原では、それぞれの松樹は微妙な墨の諧調を生かし粗密描き分けられ、駿河湾にたちこめる濃密な夕霧が表現されるなど細心の注意が払われる。画面左下隅の清見寺周辺の景では、フリーハンドによる軽妙自在な筆法によりながらも、墨の濃淡や淡彩を活かし筆線と墨面を織り交ぜながら細密かつ的確に描写される。

寛文七年静岡県美本の以上のような画風は、同じく探幽の筆による「三夕図」（フリーア美術館蔵）などとも通い、「新やまと絵」と通称される瀟洒（しょうしゃ）で淡雅な様式に依っていることがわかる。

探幽が編み出した定型は、富士・三保・清見寺からなる構図から派生し、さまざまな形式をとる。巾が約一七〇㎝を超える巨大な横幅である鎌倉国宝館本（寛文六年〈一六六六〉）は、右方に広がる水景に五艘の帆船、左方に墨面を生かした柔らかな土坡を表し松樹と紅葉を配した上、富士山を描く。鎌倉国宝館本は、富士山・三保松原・清見寺という永青文庫本にもとづく構図を〝一般名詞化〟し和歌的な季感を添えたものであり、紅葉映える中、秋の田や仮庵、せせらぎにかかる橋、山路を急ぐ旅人など、より説明的なモティーフを付加すると寛文十年静岡県立美術館本（図4-6）のような構図に発展する。季節感を示すモティーフを点在させつつ田家を配する構図は、第一節に述べた藤原伊尹邸の屛風絵などにも通じるが、ここでは新やまと絵様式で描かれていることも含め、探幽富士山図の歌絵的側面をほのめかす。

寛文十年静岡県立美術館本は、同年に制作された倣古画「学古図帖」（個人蔵／図4-7）・「倣古名画巻」（個人蔵）掉尾を飾る富士山図、さらに構図や季節を反転すると狩野常信筆「富士山図」（致道博物館蔵）と図様を一致させ、江戸狩野派による富士山図定型の派生形として機能していく。

探幽が編み出した富士山図は、探幽自身により描かれた倣古画のいくつかにおいて「自家様（流）」―狩野家の様式と位置づけられるとともに、後世代の狩野派絵師によっても継承される。

狩野探幽・安信歿後の江戸狩野派第二世代を牽引した狩野常信の筆になる「秋景富士三保清見寺図」（静岡県富士山世界遺産センター蔵／図4-8）は、構図の基本は〈富士三保清見寺〉の定型にしたがいながら、最前景に田家を置き全体に秋の景趣を漂わせるなど折衷的な構図をとる。近年近衛家煕（一六六七〜一七三六）筆であることが判明した「雲よりもうへにみえたる富士のねのゆきはなにとて降はしめけむ」の歌賛を伴う同図は、和歌的情趣が濃厚な作例であり、探幽画において詳細に描かれた〝固有名詞〟としての清見寺は、秋景の中のもの寂びた山寺として〝一般名詞化〟する。

江戸時代後期になると、木挽町狩野家当主で奥絵師筆頭の狩野伊川院栄信が探幽以来の祖法を護りながら、鮮やかな彩色を盛り込んだ新機軸を打ち出す。画壇の頂点に君臨した栄信は、当時〝規範〟と仰がれていた「渡唐富士」こと「富士三保清見寺図」（永青文庫蔵）の翻案的作品も少なからず手がけたことは前に述べた。

栄信のライヴァルと目された表絵師の狩野素川彰信（あきのぶ）（一七六五〜一八二六）は、江戸琳派（りんぱ）や浮世絵、文人画など他派から養分を摂取した〝ハイブリッド〟な画風で一世を風靡する。「富士越龍・菖蒲夏雨・撫子秋風図」（個人蔵／図4-26）の左右幅は、酒井抱一筆「夏秋草図屏風」（東京国立博物館蔵）を連想させる。

栄信の嫡男で江戸城障壁画を主導した狩野晴川院養信（おさのぶ）（一七九六〜一八四六）は、父の新機軸をさらに展開させる。江戸湾越しに遠望した富士山を鮮やかに描きつつ品川御殿山における花見の殷賑を再現した「花見遊楽図屏風」（京都国立博物館蔵）は、江戸時代中期以降日本に新しく移入された西洋由来の透視遠近法や空気遠近法的表現をともなう情趣豊かなパノラマである。一方、「大和名所図屏風」（静岡県富士山世界遺産センター蔵／図4-9）は、第一節にみた平安時代の障子和歌中の名所絵

図 4-7　狩野探幽筆　学古図帖　寛文 10 年（1670）　個人蔵

図 4-8　狩野常信筆　近衛家熙賛　秋景富士三保清見寺図　元禄 12 年（1699）
静岡県富士山世界遺産センター蔵

さながら富士山や住吉、松島、厳島、天橋立、近江名所など地理的に連続しない名所を六曲一双にちりばめ、古絵巻にみられるようなすやり霞を棚引かせる。こうした復古主義的なベクトルは、「源氏物語 子の日図屏風」（遠山記念館蔵）をはじめとする彼の一連の源氏絵とも呼応しつつ、同時代の思潮や美意識にも感応する。

栄信から養信へと受け継がれた新傾向は、末弟の狩野永悳立信（一八一四〜一八九一）ら明治期にも活躍した狩野家の画家たちを橋渡し役としつつ〝近代日本画〟を準備する。

以上のように江戸狩野派の富士山図は、江戸時代の画壇にメインストリームを形成していくのである。

四 江戸城の富士山

「駿府御滞座。城櫓にのぼらせ給ひ。富岳を御覧じ給ふ。昨日は雲多くして富士見えざりしをもて。けふまで御滞座とぞ聞えし…」

『大猷院殿御実紀』寛永一一年（一六三四）六月二七日条は、三代将軍徳川家光による富士見について記録する。

寛永九年父である大御所秀忠が没した後、親政を開始した家光は、寛永一一年の夏、三〇万七〇〇〇人余の軍勢を率い上洛を挙行する。それは絶対的な権力を掌握した将軍家光を披露する一大ページェントでもあった。

図4-9　大和名所図屏風　静岡県富士山世界遺産センター蔵

そうした旅の途次、家光は崇敬する祖父家康―東照大権現ゆかりの駿府城において富士見を行う。旧暦の六月は富士山の姿が見えにくい季節であるが、家光はあえて日程を変更してまで富士山の姿を実見することに固執するのである。

権力者、とりわけ武家政権の長と富士山をめぐる関係としては、まず源頼朝による富士巻狩りが挙げられ、さらに足利義満・義教の富士遊覧、織田信長が甲斐武田家攻略の帰途に催した華々しい富士見、豊臣秀吉が関東の諸将らに送った「富士山一見計画」の書状と小田原征伐の途次に行った富士見がつづく。

こうした為政者たちによる富士見の系譜を考慮するとき、徳川家光が富士山の姿をみることに拘泥した理由も明らかになるだろう。直接的な軍事経験をもたない家光にとって、上洛は天下人の必要条件としての武威を示すデモンストレーションであり、そこで富士見をし富士山と一体化することは、源頼朝から室町殿に至る源氏将軍の正統に自らを重ね合わせる行為でもあった。もっとも足利将軍や豊臣秀吉が〝東下り〟の中で富士山を仰いだのに対し、家光は西上する途上で富士見を行った。その意味で寛永一一年（一六三四）徳川家光の富士見は、富士山をめぐる文化史上の転回点としても位置づけうる。

六曲一双の大画面に徳川家光治世下の江戸のパノラマを展開させつつ家光自身の事績もちりばめた「江戸図屛風」（国立歴史民俗博物館蔵）には、将軍権威の象徴としての巨大な江戸城を護持するかのように富士山が描かれるが、現実の江戸城内にも富士山を望むための建物が築かれた。いまも残る富士見櫓である。富士見櫓こそは、富士山と一体化する徳川将軍の身体を象徴する建築であった。

富士山は江戸城内の襖も彩った。狩野晴川院養信一門が描いた江戸城障壁画の小下絵群（東京国立博物館蔵／図4-10）によれば、江戸城内では弘化二年（一八四五）度再建本丸御殿と天保一〇年（一八三九）度再建西の丸御殿の中奥（奥）休息の間上段床に富士山が描かれた。障壁画制作にあたっては、文政八年（一八二五）の障壁画張替えの際に狩野伊川院栄信・晴川院養信父子が描いた伺下絵がそのまま採用された。本丸御殿中奥は将軍の日常生活の場である。うち休息之間は将軍が多くの時間を費やす部屋で、上段の間は将軍の起居、下段の間は通常の政務を執り行う部屋であった。

上段の間では、西に面する床に駿河湾に臨む富士山が大観的に描かれ、左右には清見寺や三保松原も配される。南側に続く腰障子や長押上の壁には、八橋や蔦の細道、宇津の山など『伊勢物語』第九段ゆかりの名所が描写される。

図 4-10　江戸城障壁画等障壁画下絵　本丸御殿中奥休息の間上段
Image: TNM Image Archives

床の向かい側、下段の間との間仕切りとなる東面の襖と長押上壁には、金沢八景と江ノ島、稲村ヶ崎からなる雄大な海の景が繰り広げられる。

江戸時代、江ノ島越しの富士山は定型の一つとなっていくが、休息の間上段では西面の床と東面の襖で富士山と江ノ島の位置関係が三次元的に再現される。北面の襖には調布玉川と武蔵野が広がり、長押上の小壁には鶴岡八幡の社殿群や由比ヶ浜が遠景として描かれる。北面には源頼朝と武蔵野——徳川将軍とその都江戸にとっての〝古層〟が描写され、西面へと続くのである。

下段の間では、上段の間との間仕切りとなる西面の襖と長押上の壁に龍田川と三輪山が描かれるほか、春日野や春日社、東大寺、猿沢池など南都の景観、さらに吉野山や井手玉川などの名所が配される。休息の間では、両室の外側に当たり廊下に面する入側にも障壁画が設けられ、明石浦や淡路島、住吉社、交野、布引滝、さらに勿来関（なこそのせき）、名取川、塩竈社（しおがましゃ）、松島など諸国の名所が描かれる。東西の名所を網羅した休息の間は、日本を統べる〝王〟にふさわしい空間であり、渡邉裕美子氏も指摘するように後鳥羽院の最勝四天王院障子絵の系譜上にたつものであった。もっとも最勝四天王院の富士山があくまでも〝東下り〟のまなざしでみられる存在だったのに対し、江戸城の富士山は将軍の身体と一体化する権力装置としての役割を担う。

休息の間では、上段の間に海景を主とした東国の名所、下段の間に山景を主とした畿内の名所が描かれ、上下二室で対照的な景観が展開されるが、そこでは吉野や龍田など王朝世界の歌枕と徳川将軍のための新しいランドマークとしての富士山、藤原氏の氏神春日社と源頼朝ゆかりの鶴岡八幡とが主客逆転する。

休息の間に広がるのは、江戸を都とする王のため新しく再編された名所であり、名所の主として中心に君臨するのが富士山であった。

五　海を越えた富士山―幕末期外交の中で

将軍権威の象徴としての富士山は、幕末期外交の中でも活躍する。

嘉永六年（一八五三）マシュー・ペリー率いる米国東インド艦隊が浦賀に来航。安政五年（一八五八）六月には日米修好通商条約が締結され、徳川日本は欧米列強が主導する国際ネットワークの渦中に身を投じていく。

国家間で外交を行う際には、互いの関係を円滑にするツールとしてディプロマティック・ギフツ（外交的贈答品）が交わされるが、日本から諸外国に遣わされた贈答品には狩野家や住吉・板谷家の御絵師たちが筆を揮った掛幅画も含まれた。

こうしたなか、エステル・ボエール氏や三浦篤氏、鈴木廣之氏、日高薫氏、髙岸輝氏ら日仏共同の調査団により、文久二年（一八六二）の第一次遣欧使節に託しフランス皇帝ナポレオン三世へ贈られた掛幅画十幅が、フォンテーヌブロー宮殿で確認された。

第一次遣欧使節は英国、フランス、オランダ、プロイセン、ロシア、ポルトガルの計六ヶ国に派遣されたが、各国へは十幅ずつ、合計六〇幅の掛幅が贈答された。鈴木廣之氏が検証するように、この折の外交的贈答品調進の過程は、幕末期の外交史料集『続通信全覧』（外務省外交史料館蔵）に記録され、掛幅画制作の詳細についても知ることができる。

贈答された掛幅群の中には富士山図（狩野永悳立信筆「富士春景図」〈図4-11〉）も含まれているが、これは「…富士山之儀ハ万国一般ニ仰望仕居候名山之儀ニ付、是又亜国之振合を以各国へも一幅ツヽ御遣し相成候方可然奉存候…」（『続通信全覧』）という、各一〇幅のうち富士山図を必ず一幅ずつ含めよという幕府側の指示を踏まえたものである。

フォンテーヌブロー宮殿本の富士山図は、第三節にみた狩野探幽筆「富士山図」（静岡県立美術館蔵・寛文一〇年本）や狩野常信筆「富士山図」（致道博物館蔵）を縦長に再構成したような構図をとり、江戸狩野派富士山図の定型にのっとっていることがわかる。

高岸輝氏が指摘するように、フォンテーヌブロー宮殿本には、〝中華皇帝〟徽宗の「桃鳩図」にならった狩野春川友信（一八四三〜一九一二）筆「紅葉に青鳩図」や、〝皇帝の絵画〟として認識されていた南宋の宮廷画家夏珪の山水図にもとづく狩野董川中信（一八一一〜一八七一）筆「山水図」も含まれる。フォンテーヌブロー宮殿本ではこのほか、室町殿周辺で享受された孫君沢画に範をおいた狩野玉圓永信筆「雪景山水図」、王者の富貴と豪奢を示す伝徐熙「玉堂富貴」（台北故宮博物院蔵）に近い狩野勝玉昭信（一八四〇〜一八九一）筆「牡丹に錦鶏鳥図」といったテーマも選ばれ、東アジアの伝統的な為政者としての徳川将軍のイメージが顕在化されるとともに、狩野勝玉昭信「桜に滝図」や住吉内記弘貫（一七九三〜一八六三）筆「立田紅葉図」のような王朝和歌にもとづいたやまと絵も含まれる。掛幅群は各画題ごとに和漢の別が明確に区別され、全体で春夏秋冬が揃った四季を構成するなど、時間と空間が完結した宇宙観が示され、東アジアに普遍的な徳川将軍の権力と権威が対外的に表象されるのである。とりわけ江戸城障壁画にも描かれ将軍の身体と一体化する権力装置となった富士山図には、徳川将軍そして将軍の統治する日本を寓意する〝肖像〟的役割が期待されたのであろう。

富士山図を含むフォンテーヌブロー宮殿本一〇幅の画題構成法は、狩野探幽筆「学古図帖」（個人蔵）や「倣古名画巻」（個人蔵）のような一連の倣古図、すなわち北宋皇帝徽宗筆の「白鷹図」（鹿苑寺蔵）や「桃鳩図」（個人蔵）にならった図を冒頭に置きつつ徳川将軍の御絵師であった狩野探幽様式の富士山を巻末に配し、中華皇帝に淵源する東アジアの文化伝統が集大成され帰結する場とした作品群とも通いあう。

図4-12　狩野董川中信筆　富士飛鶴図　安政6年（1859）　静岡県富士山世界遺産センター蔵

図4-11　狩野永悳立信筆　富士春景図　文久元年(1861)　フォンテーヌブロー宮殿蔵

なおエルミタージュ美術館にも、第一次遣欧使節に託しロシア皇帝アレクサンドル二世に贈られた一〇幅の掛幅群が存在することが山田久美子氏らによりすでに指摘され、ドイツ・ランゲン財団に所蔵される「四季山水花鳥図」四幅もプロイセン国王ヴィルヘルム一世への贈答品であることが判明した（拙稿「万延元年のディプロマティック・ギフト」）。このほか英国のヴィクトリア女王へ贈られた一〇幅のうち四幅が屏風として改変され、ウィンザー城に所蔵されていることも、エステル・ボエール氏、ロジーナ・バックランド氏、レイチェル・ピート氏らヨーロッパ側の研究グループにより確認されている。

これら遣欧使節持参の掛幅群は、金蒔絵による軸先と金襴による裂地を備え、破格の豪華さを示しているが、同様の表装は静岡県富士山世界遺産センター所蔵の狩野董川中信筆「富士飛鶴図」（図4-12）にも確認できる。極彩色金泥引による富士山世界遺産センター本は、遣欧使節持参の富士山図諸本とも絵画様式および落款の書式を通わせるものの、構図については江戸城本丸御殿中奥休息之間上段床の〈富士三保松原〉を縦長に置き換えたような形式をとり一致しない。

ここで再び留意すべきなのが、先般米国へもたらした掛幅に倣いヨーロッパ六ヶ国へ一幅ずつ富士山図を遣わすべしという前引史料中の指示書である。遣欧使節持参の掛幅は、先般米国へ贈った折の前例を踏襲せよというのである。米国へ贈った折の前例とは、万延元年（一八六〇）遣米使節が持参した掛幅画一〇幅である。

万延元年遣米使節は前々年に締結された日米修好通商条約の批准書交換のため、一四代将軍徳川家茂から米国第一五代大統領ジェイムズ・ブキャナンのもとへ派遣された外交使節団で、横浜港を出航し米国海軍の艦艇ポーハタン号（咸臨丸が随行）で太平洋を横断した。一行には小栗忠順のほか、勝海舟、ジョン万次郎、福沢諭吉など、日本の近代化をになった人物が名前を揃える。

使節団一行はホノルル、サンフランシスコ、パナマを経て、万延元年閏三月二五日（新暦五月一五日）にワシントンへ到着している。ワシントンでは閏三月二八日に大統領へ謁見した後、閏三月二九日（新暦五月一九日）には滞在先のウィラードホテルにおいて贈答品を披露し、目録を渡している。

万延元年遣米使節が携えた掛幅画については、現在のところ贈答品が収められたスミソニアン協会において確認されていないが、先に引いた『続通信全覧』（外務省外交史料館蔵）には、贈答品の製作過程についても詳細に記録され、掛幅画制作の経緯のほか、各図の画題や様式、担当絵師、表装の材質・図案などを知ることができる。

同史料によれば静岡県富士山世界遺産センターの「富士飛鶴図」は、史料中の「御掛物　彩色泥引冨士三保一幅　狩野董川」という記載と作者・画題・様式を一致させ、表装裂についても史料にある「一御掛物表具地金襴…上下紺地竪枠ニ花の丸／中萌黄地金花鳥／一文字白地小宝」と材質・図案を通わせる。史料中には「黒塗蒔絵」による軸先のデザインも図示されるが、それは「富士飛鶴図」と完全に符合する。このほか「富士飛鶴図」は、掛緒を通す鐶の材質や形態、各部の法量に至るまで史料中の記述と寸分違わず、「狩野式部卿法眼藤原中信筆」という官職名や本姓を伴う謹直な款記も、近い時期にオランダ国王ウィレム三世へ蒸気船贈答に対する返礼として遣わされた金屏風と様式・書体を同じくする。以上のような史料との照合から「富士飛鶴図」は、万延元年遣米使節に託し徳川将軍から米国大統領に遣わされた外交的贈答品にほかならず、一六〇年余の時を経て歴史のターニング・ポイントをになった富士山絵画が再発見されるに至ったのである。

海を越えた富士山。それは徳川将軍の〝肖像〟であり、共同体としての〝日本〟を可視化するアイコンでもあった。富士山は日本を代表する絵画ジャンルとしての地位を名実ともに獲得するのである。

六　百花繚乱の江戸画壇と富士山絵画の爛熟

一七世紀、寛文年間頃までに独立した絵画ジャンルとしての地位を確立された富士山は、江戸時代後期に至ると富士講による登山の隆盛とも共鳴しつつ、諸画題の中でも卓越した地位を築く。

浮世絵版画において富士山は、役者や遊女と並ぶ一大ジャンルを形成し、葛飾北斎（一七六〇～一八四九）画『冨嶽三十六景』（天保二～五年〈一八三一～一八三四〉刊）のような画期的な揃物(そろいもの)が板行される。『冨嶽三十六景』は歌川広重（一七九七～一八五八）画『冨士三十六景』（安政六年〈一八五九〉刊）など後続する錦絵にとって重要な先例となるとともに、明治期には欧米へもたらされ彼の地の藝術家たちを刺激する。

北斎が活躍した一八世紀後半から一九世紀前半は、一一代将軍徳川家斉(いえなり)の治世にあたるが、この時代はのどかな〝太平の眠り〟の中、将軍の都たる江戸の文化が成熟を極めた時代であった。とりわけ絵画の分野は、北斎のほか司馬江漢(しばこうかん)（一七四七～一八一八）や谷文晁(ぶんちょう)（一七六三～一八四〇）、酒井抱一（一七六一〜一八二八）、鍬形蕙斎（一七六四〜一八二四）、そして伊川院栄信や素川彰信ら狩野家の名手たちが角逐し百花繚乱の様相を呈したが、彼らがこぞってとり上げ、自身の画技を駆使して新機軸を狙った画題が富士山であった。

とりわけ「写山楼」と号した谷文晁は、富士山の画家としても人気を集めた。

文晁の富士山図としては、彼自身の実見を根拠とする〝真景〟的作品がまず挙げられる。主君松平定信の命により各地に赴き風景を写した文晁は、「公余探勝図巻」（寛政五年〈一七九三〉・東京国立博物館蔵）や「相州名勝図帖」（寛政九年〈一七九七〉・東京国立博物館蔵）、「東海道勝景図巻」（永青文庫蔵）中の富士山図、「富嶽図屏風」（上野記念館蔵）のような実景にもとづく富士山を手掛ける。文晁は実際に富士登山を行った小泉檀山（斐／一七七〇〜一八五四）の原図にもとづき、登山の過程を再現した「富士山中真景全図」（静岡県富士山世界遺産センター／図4-13）も残している。同図は寛政七年（一七九五）に将軍徳川家斉の上覧に供したようで、冒頭には家斉自身による「妙技」の評語が書される。

一方、文晁の画業後半期には、オーバーハングする三峯型による定型化した富士山が現れる。定型化した富士山は、「隅田川両岸図」（群馬県立近代美術館蔵〈戸方庵井上コレクション〉／図4-16）のように特定の景観の中に配されるかたわら、「富士越龍・三保松原・東下り図」（個人蔵）のような当時人気を集めた吉祥主題として描かれる場合もあった。

自作の手控えとして記録された「文晁先生自画縮図」（東京都立中央図書館蔵）からは、文晁の富士

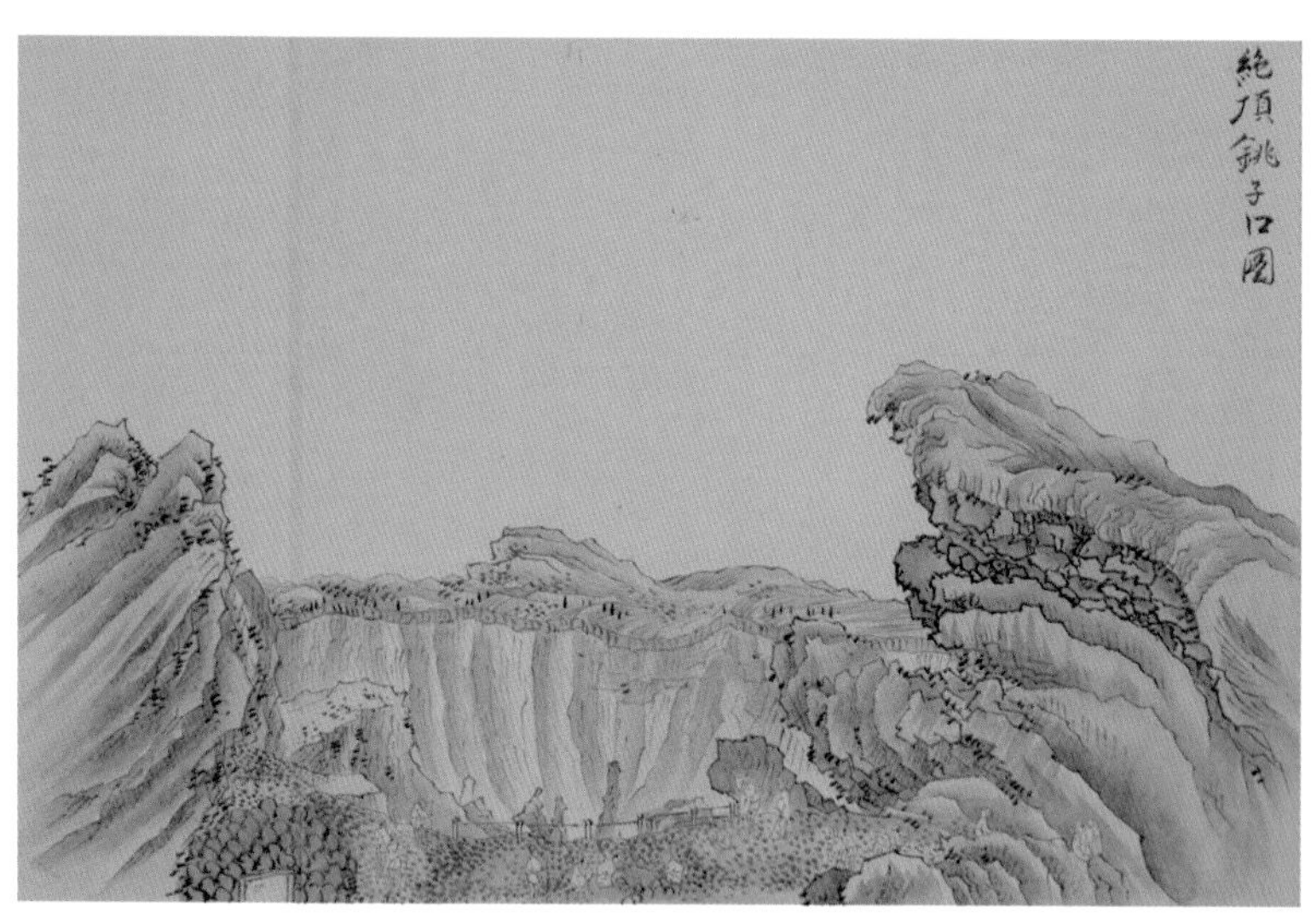

図 4-13　谷文晁筆　富士山中真景全図　寛政 7 年（1795）部分
静岡県富士山世界遺産センター蔵

山図が貴賤都鄙を越え多くの需要を得ていたことがわかる。

「此頃のはやりもの、画師は文晁、詩は（菊池）五山、料理八百善・きんぱろう（金波楼）、わたしゃひら清（平清）がよいわいな」

天保期に藝妓（げいぎ）の間で流行した小唄からも、文晁の時代の寵児ぶりが彷彿されるが、「写山楼」ブランドの富士山こそは、いかにも〝江戸前〟な、粋で洒落たイメージとして喝采を浴びたのだろう。

文晁の富士山図は海を越えて享受されることもあった。

事実上最後の朝鮮通信使となった文化八年（純祖一一年／一八一一）度は、将軍家斉の襲封を祝賀する目的であったものの、諸事情により延期が繰り返された上、江戸への来聘が叶わず対馬での略礼となった。通信使には図画署画員の李義養（一七六八～？）も随行し、多くの画跡を日本へ伝えた。中でも注目されるのが、谷文晁に倣ったと款される三点の山水図である。倣谷文晁山水図を詳細に検証した朴晟希氏は、李義養の倣谷文晁画について対馬藩の関与を指摘している。

倣谷文晁山水図の中には、「富士に蓬莱山図」（釜山博物館蔵）も含まれる。同図は、文晁や李義養もその流れに立つ南宗画様式により描写された蓬莱山の背後に、文晁様式による白雪をたたえた富士山が聳える様を据える。ここでは南宗画様式の山塊という十八～十九世紀東アジア絵画史の共通言語を介し、朝鮮王朝と徳川日本を代表する画家が富士山を素材に海峡を隔てた〝唱和〟を行っているのである。

谷文晁による富士山は、遠くヨーロッパの地へももたらされた。

オランダ東インド会社の医師として来日したフィリップ・フランツ・フォン・シーボルトは、おびただしい数量の日本の文物を伴い帰国し、その大部分は現在ライデン国立民族学博物館に収められている。

この中にはマーティ・フォラー氏により葛飾北斎筆に比定された「日本橋図」や、掛川藩の絵師で富士山画を善くした中村轍外（てつがい）の作品が確認できる。轍外の作はシーボルト自身による地誌『Ｎｉｐｐｏｎ』の挿図にも転用されている。『Ｎｉｐｐｏｎ』の中には富士山山頂の火口部分をクローズアップした挿図（図４‐14）も含まれるが、近年谷文晁筆によるその原図（図４‐15）がライデン国立民族学博物館に所蔵されていることが同館研究員のダン・コック氏により確認された。同氏も指摘するように両図の法量はほぼ同一であり、文晁の下図をトレースして挿図となる銅版画の原図が作成されたことが想像される。もっとも原図中の山頂付近の石室が、銅版画ではノイシュヴァンシュタイン城を彷彿させるような峻嶮な山上にたつ城として表現されるなど、文晁の原図には転写・複製―イメージの〝翻訳〟の過程で、シーボルトも同時代の空気を共有したドイツ・ロマン主義的な再解釈が施される。

爛熟期の江戸画壇を主導した文晁の富士山図は、多くが江戸からのまなざしにより描かれていることも特筆される。

「富士図」〈三溪園蔵〈山口八十八コレクション〉〉は、永代橋と佃島を組み合わせるが、この構図は江戸名所の景として定型化する。

落款の書体から文政年間の作と想定される前述「隅田川両岸図」〈群馬県立近代美術館蔵〈戸方庵井上コレクション〉／図4‐16〉は、隅田川とその両岸を俯瞰した大幅である。同作の向かって左の東岸には、文晁定型のオーバーハングする白妙の富士山が大きく配されたうえ、待乳山や今戸橋、石浜神明社、真崎稲荷などの名所が点綴される。西岸には木々茂る筑波山のもと、梅若塚や向島の百花園が描写される。

同作では中心となる隅田川がやや濃目の群青により表されるなか、その沿岸域に集められたモティーフは略筆によりラフに描かれ、群青や緑青がときに滲みも生かしつつ面的に塗られる。それらモティーフには胡粉や金泥が薄らと重ねられ、柔らかい空気の中、幽かな光が反照する。モティーフ

図 4-14　フィリップ・フランツ・フォン・シーボルト　Nippon 挿図（富士山火口図）
九州大学附属図書館蔵

図 4-15　谷文晁筆　富士山頂図　Creditline : Collectie Ph.F.B. von Siebold

図 4-16　谷文晁筆　隅田川両岸図　群馬県立近代美術館　戸方庵井上コレクション蔵

の描写密度は、隅田川から遠ざかるにつれて疎らになり草々たる筆致になるとともに、賦彩も軽くなり、やがては画面の多くを占める茫漠たる霞の中に融解していく。微光の中に湧現した、夢のような風景である。

井田太郎氏によれば、富士・筑波両峰の組み合せは、新興都市江戸の文化のなかで成熟しつつ本作に結実するとともに、ここで提示された型は、百花園文化圏を介在させつつ池田孤邨（一八〇三～一八六八）筆・酒井抱一賛「隅田川遠望図」（東京都江戸東京博物館蔵）など、同時代の文化界に共有されるという。

このほか金地と銀地の二曲屏風一双に両峰を描き分け、動静大小を対比させた鈴木其一（一七九五～一八五八）筆「富士に千鳥・筑波に白鷺図」（個人蔵）のように、〈富士筑波〉は実景描写から逸脱し図案化・記号化されることもあった。

谷文晁の雅友で、鈴木其一や池田孤邨の師であった酒井抱一による画帖『絵手鑑』（静嘉堂文庫美術館蔵／図4

図4-17　酒井抱一筆　絵手鑑　富士山図／筑波山図　（公財）静嘉堂／DNPartcom

-17）は、青・赤・白を基調とした明快な色面構成により富士と旭日のみをクローズアップした斬新な一図を載せる。井田太郎氏も指摘するように同図は水墨風の「筑波山図」と連続しており、「富士に千鳥・筑波に白鷺図」と同様〈富士筑波〉の対比が意図される。

酒井抱一には、装飾性とデザイン性にとんだ「武蔵野図屏風」を、抒情性あふれる自身の画風で再解釈し、当代に翻案した「武蔵野富士図」（公益財団法人徳川記念財団蔵／図4-18）のような大作も知られる。このほか抱一と文晁が合作した「武蔵野図」（個人蔵）も伝わる。〈武蔵野〉こそは江戸の〝古層〟を形成する王朝和歌以来の名所であり、江戸の知識人たちにとって自身のアイデンティティの基底をなすイメージでもあった。

〈武蔵野〉は富士山やその周辺、源頼朝ゆかりの鎌倉の景とともに、江戸城本丸の中奥休息之間上段にモティーフを提供し、江戸に本拠を置く〝王〟徳川将軍

図 4-18　酒井抱一筆　武蔵野富士図　公益財団法人徳川記念財団蔵

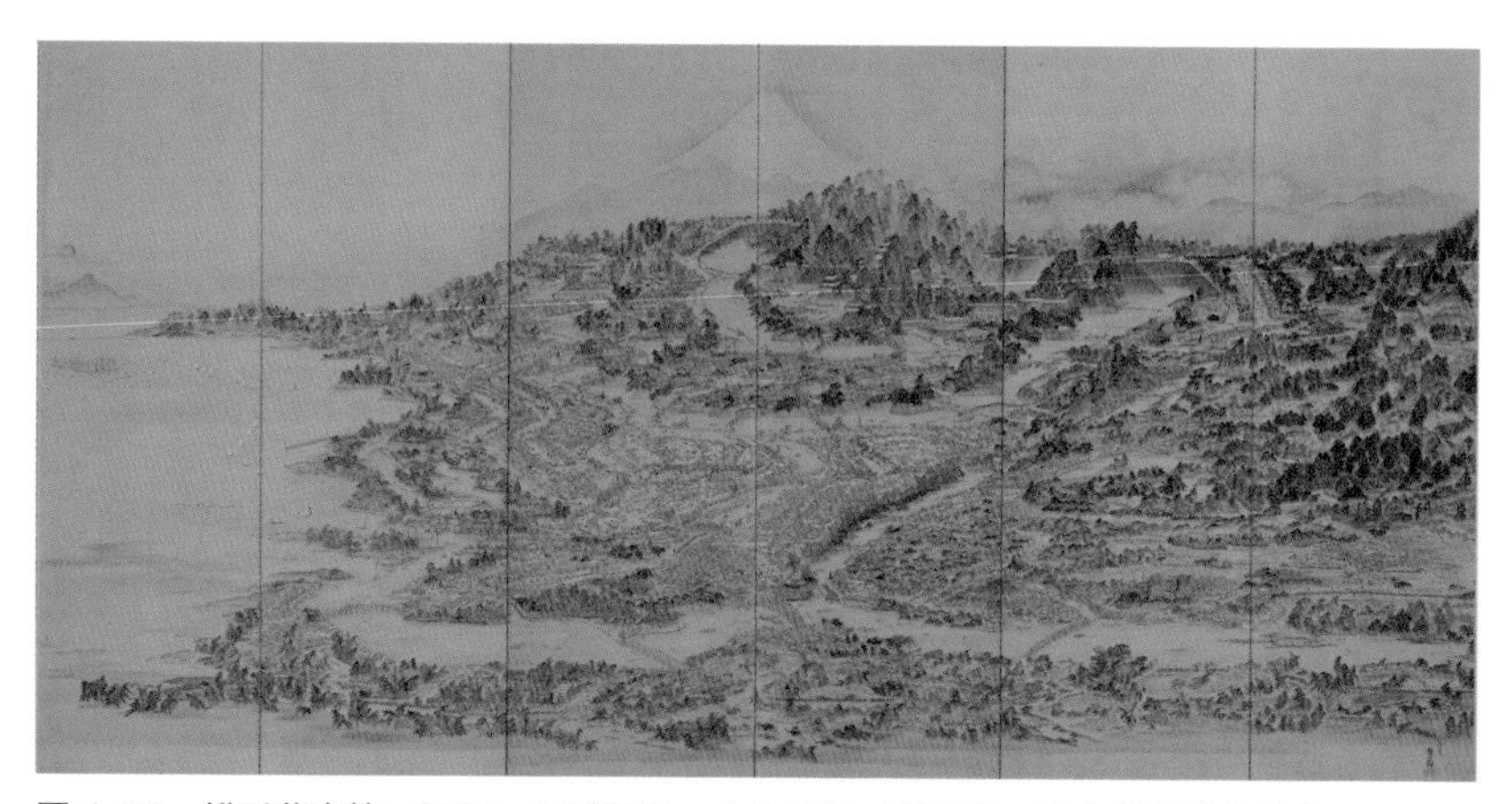

図 4-19　鍬形蕙斎筆　江戸一目図屏風　文化 6 年（1809）　津山郷土博物館蔵

の御威光を補完している。

北斎のライヴァルとも目された鍬形蕙斎による「江戸一目図屏風」（津山郷土博物館蔵／図4-19）は、巨大都市に成熟した江戸の殷賑を一隻のうちに封印した鳥瞰図であるが、井田太郎氏は同図のうちに〈武蔵野〉のイメージが重ねられた可能性を指摘する。同作では画面中央上方に配された江戸城御殿群の背後に、白雪をいただいた富士山が江戸城と江戸―徳川将軍とその都を覆う天蓋のごとく大きく描写される。文化六年（一八〇九）制作の「江戸一目図屏風」は、享和二年（一八〇二）刊の錦絵「江戸名所之絵」を再構成した作であり、そこには注文主である津山松平家の意向も反映されていたであろう。「江戸一目図屏風」が描かれた当時、結城秀康に連なる親藩の名門津山松平家の当主康孝（やすたか）（斉孝（なりたか）／一七八八～一八三八）は、家格と石高の上昇を企図し、文化一四年には将軍徳川家斉の一五男を養嗣子として迎える。同作は自身や自家も連なる将軍とその周辺によるセルフイメージも投影されていたのかも知れない。

文化二年（一八〇五）頃の「熙代勝覧（きだいしょうらん）」（ベルリン東洋美術館蔵

図 4-20　熈代勝覧（部分）　文化２年（1805）頃
credit: Staatliche Museen zu Berlin, Museum für Asiatische Kunst / Jürgen LiepeCC BY-SA 4.0

／図４‐20）は、将軍家斉の正しい治世のもと太平を謳歌する江戸の町の繁栄を描いた画巻であり、「江戸一目図屛風」とも気脈を通わせるが、同作においても日本橋の賑わいを写した巻末のクライマックスにおいて、そこから遠望できる江戸城と富士山を象徴的に描写する。

日本橋からは江戸城と富士山を望むことができ、三者の組み合せは定型化していく。葛飾北斎の筆に帰されるシーボルト請来の「日本橋図」（ライデン国立民族学博物館蔵）は、西洋画法を駆使して日本橋からの眺望を表した作だが、同構図は後に『富嶽三十六景』「江戸日本橋」（図４‐21）として再生される。「江戸日本橋」では、透視遠近法がより強調されるとともに、消失点としての江戸城と富士山がさらに拡大され強調される。

歌川広重画『名所江戸百景』（安政三～五年〈一八五六～五八〉刊）は、作者自身の遺作であるとともに、江戸絵画史の掉尾を飾る〝白鳥の歌〟ともいえる揃物である。本シリーズ中の「日本橋雪晴」（図４‐22）では、俯瞰構図により近景の日本橋が捉えられ、その背景に江戸城と富士山が配される。すやり霞により隔てられ

図4-21　葛飾北斎画　『冨嶽三十六景』　江戸日本橋　天保2～5年（1831～1834）刊　メトロポリタン美術館蔵　Metropolitan Museum of Art

正面性を強調しつつ配された江戸城と富士山は、さながら礼拝対象のようである。大久保純一氏が検証するように「日本橋雪晴」にみられる構図は、明和五年（一七六八）刊行の鈴木春信『絵本春の友』や『絵本続江戸土産』に遡る〈日本橋〉構図の伝統をくみながら、幕臣出身の広重作品の中で特に定型化される。こうしたなか、すやり霞を結界として前景の雑踏と後景の静謐の対比をより鮮明にする『名所江戸百景』「日本橋雪晴」では、富士山と江戸城の聖性は一層強調される。

以上のように、浮世絵版画を中心とした民間のメディアにおいても、富士山と一体化する江戸城―徳川将軍というイメージは慣用化していく。

久住真也氏もいうように江戸時代末期には、それまでのヴェールに覆われた〈権威の将軍〉

から政治を主導する〈国事の将軍〉への権力構造の転換があり、それに伴い『御上洛東海道』や『末広五十三次』のような一四代将軍徳川家茂上洛をテーマとする揃物が出板された。

文久三年（一八六三）家茂は、先に述べた三代家光以来将軍としては二二九年ぶりの上洛を行う。家茂の上洛をめぐっては、文久三年の上洛に取材した『末広五十三次』と慶応元年（一八六五）の第二次長州征討のための上洛にもとづく通称『御上洛東海道』という大規模な揃物が出板され、三枚続も少なからず板行された。

三代歌川豊国（一七八六〜一八六五）以下、歌川派絵師一六名が筆をとった『御上洛東海道』では、歌川芳盛（一八三〇〜一八八五）が描く「府中」において、家康ゆかりの駿府城そして金扇馬標が富士山に重ねられる。家康が陣中に掲げた馬標として名高い金扇は、東照大権現やその武威を継承する将軍の御威光の源泉でもあり、長州征討にも用いられた。同図もすやり霞で聖俗を結界した上、聖域となる上方に将軍の城郭と富士山を配する、『名所江戸百景』「日本橋雪晴」のような定型化した〈日本橋〉の構図を応用す

図 4-22　歌川広重画　『名所江戸百景』日本橋雪晴　安政３〜５年（1856〜1858）刊
メトロポリタン美術館蔵
Metropolitan Museum of Art

る。

『末広五十三次』は、家茂率いる第二次長州征討の行列を東海道各宿の景にクローズアップした揃物で、歌川貞秀（一八〇七〜一八七九？）、二代歌川広重、二代歌川国貞（一八二三〜一八八〇）、歌川芳盛（一八三〇〜一八八五）、二代歌川国輝（一八三〇〜一八七四）、落合芳幾（一八三三〜一九〇四）、豊原国周（一八三五〜一九〇〇）、月岡芳年（一八三九〜一八九二）ら幕末明治期に活躍する歌川派絵師八名の共作になる。『末広五十三次』の冒頭を飾る二代国貞画「日本橋」では、橋を渡る行列の背景に江戸城と富士山が配され、三羽の鶴が飛び交う。古来瑞鳥であった鶴は、前述したように三代家光治世下の寛永一四年（一六三七）江戸城二の丸東照社建築予定地への飛来にみられるように東照大権現の化身とされた。江戸城・富士山・鶴の取り合わせは、家茂上洛錦絵諸本で繰り返されるとともに、後の明治天皇東幸錦絵にも継承される。

上記『御上洛東海道』や『末広五十三次』は、初代歌川広重の保永堂版『東海道五拾三次』を一大画期とする東海道物の系譜の上に立つ。日本橋を起点に諸街道が整備され、東西の往来がより頻繁になった江戸時代後期には、実際に目にした風景をときに形而にしたがい、ときに心象に応じて再現した真景図が描かれるようになる。それら真景図のうちいくつかは、再生産の過程で定型化するとともに、浮世絵版画にも取り入れられ流布、〝商品化〟し、人々の景観認識を規定していく。

江ノ島越しに富士山を遠望した〈相州七里ヶ浜〉の構図や、浮島ヶ原を前景としつつ愛鷹山の山影から巨大な姿を顕わす富士山を描いた〈東海道原〉の構図（図4-23、4-24）などは、真景図として

図 4-23　丹羽嘉言筆　神洲奇観図　明和 7 年（1770）　名古屋市博物館蔵

図 4-24　歌川広重画　『東海道五拾三次之内』 原　天保 11 年（1840）
メトロポリタン美術館蔵　Metropolitan Museum of Art

図 4-25　狩野伊川院栄信・狩野融川寛信・狩野探信守道筆　富士越龍・須磨・明石図
成田山新勝寺蔵

描かれた構図が定型化し、後に浮世絵版画にも採用された例である。

これら〝真景〟としての富士山については、江戸からの旅人の視点で描かれていることが指摘できる。〈相州七里ヶ浜〉は東から江ノ島と富士山を遠望している構図であり、〈東海道原〉は原～柏原（現静岡県沼津市・富士市）周辺を東から西に進む過程で徐々に姿を露わにする富士山を描いた構図である。その意味において〝真景〟の文脈で描かれた富士山も、江戸からのまなざしによるものととらえていいだろう。

同時代の江戸画壇では、富士山を越える龍を表した〈富士越龍〉のテーマも盛行する。吉祥画題として読み替えられた〈富士越龍〉は、狩野派御絵師から谷文晁、酒井抱一、葛飾北斎に至る諸家により幅広く手がけられるが、狩野伊川院栄信・狩野融川寛信（ひろのぶ）（一七七八

図 4-26　狩野素川彰信筆　富士越龍・菖蒲夏雨・撫子秋風図　個人蔵

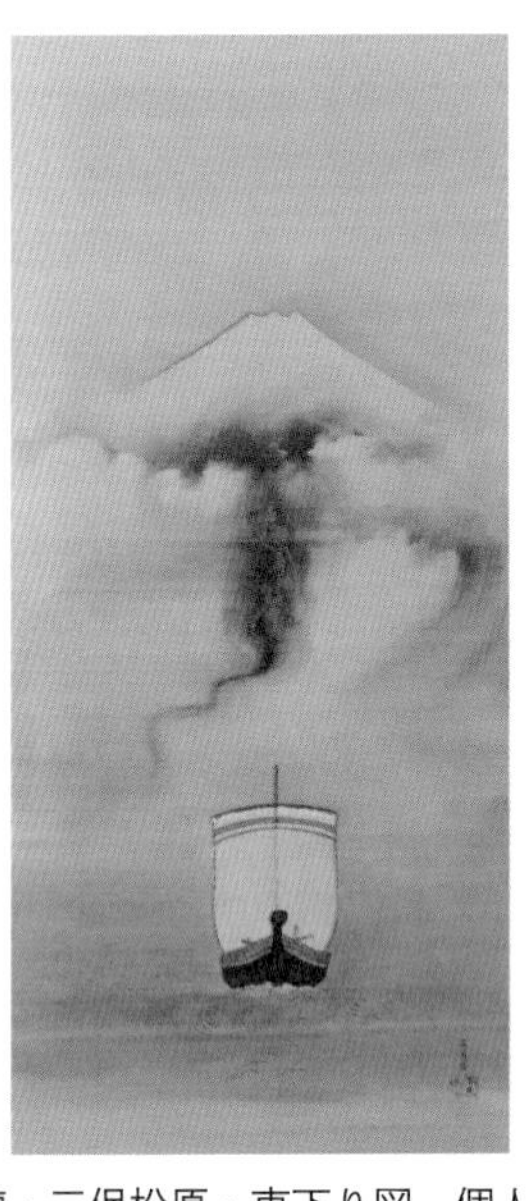

図4-27　谷文晁筆　富士越龍・三保松原・東下り図　個人蔵

〜一八一五）・狩野探信守道（もりみち）（一七八五〜一八三六）筆「富士越龍・須磨・明石図」（成田山新勝寺蔵／図4‐25）や狩野素川彰信筆「富士越龍・菖蒲夏雨・撫子秋風図」（個人蔵／図4‐26）、谷文晁筆「富士越龍・三保松原・東下り図」（個人蔵／図4‐27）のように三幅対の中幅としてえらばれていることは、同画題が一般化し主要な地位を獲得している証左でもある。

〈富士越龍〉は、数えで九〇歳を迎えた葛飾北斎が逝去三ヶ月前に手がけた絶筆でもあった（北斎館蔵）。立身出世や長寿にも通じる吉祥画題である〈富士越龍〉は、江戸において成長をとげた画題だったのである。

七　富士山絵画と〝東下り〟的文化史観の克服

以上本章では、富士山絵画が独立したジャンルとしての地位を獲得し、やがて諸画題中で特別な位置を占めていく過程を概観してきた。

考察をとおして指摘できるのは、〝東下り〟の途上においてあくまでもみられる存在であった富士山、辺境に立つ他者に過ぎなかった名所が、江戸に都した王たる徳川将軍、さらには京都中心の文化システムを超克し、独自の規範や伝統を構築しえた江戸の人々にとって、自らを重ねあわせるべきアイデンティティの基層へと変容していったことである。

一方、絵画ジャンルとして確立された富士山は、ときに実景描写を離れ、図案や記号そしてアイコンとして形象(かたち)を純化させる。ここにいたり富士山は、東アジア山水画の文脈とは異なった道を歩みはじめる。

富士山絵画の歴史は〝東下り〟的文化史観克服の道のりであり、江戸時代における富士山絵画の規範化は文化史上の地殻変動そのものでもあった。

【参考文献】
〔書籍・論文／著者名五十音順〕
家永三郎『上代倭絵全史』(高桐書院、一九四六年)
井田太郎「富士筑波という型の成立と展開」(『國華』第一三一五号、國華社、二〇〇五年)

井田太郎「鍬形蕙斎「江戸一目図屏風」の基底」（『国文学研究』第一五三・一五四合併号、早稲田大学国文学会、二〇〇八年）
井田太郎『酒井抱一　俳諧と絵画の織りなす抒情』（岩波書店、二〇一九年）
伊藤紫織「真景図を写す―武元登々庵をめぐる画家 大西圭斎と大原東野―」（『尚美学園大学芸術情報研究』第二六号、尚美学園大学芸術情報学部、二〇一七年）
浦木賢治「江戸狩野派の明治初期の動静について」（『埼玉県立歴史と民俗の博物館紀要』第九号、二〇一五年）
河添房江「北山の光源氏―王権と原像としての太子」（『国語と国文学』第六七巻第九号、一九九〇年）
大久保純一『広重と浮世絵風景画』（東京大学出版会、二〇〇七年）
大谷俊太「富士詠 素描―近世堂上和歌の視点から―」（『南山国文論集』第一七号、南山大学国語学国文学会、一九九三年）
小川剛生『武士はなぜ歌を詠むか―鎌倉将軍から戦国大名まで』（角川学芸出版、二〇〇八年）
小川剛生「細川幽斎―人と時代」（森正人・鈴木元編『細川幽斎―戦塵の中の学芸』、笠間書院、二〇一〇年）
小沢弘・小林忠『『熈代勝覧』の日本橋』（小学館、二〇〇六年）
上垣外憲一『富士山―聖と美の山』（中央公論新社、二〇〇九年）

門脇むつみ『巨匠狩野探幽の誕生　江戸初期、将軍も天皇も愛した画家の才能と境遇』（朝日新聞出版、二〇一四年）
鬼原俊枝『幽微の探究 狩野探幽論』（大阪大学出版会、一九九八年）
久住真也『幕末の将軍』（講談社、二〇〇九年）
久住真也『王政復古　天皇と将軍の明治維新』（講談社、二〇一八年）
久保田淳『富士山の文学』（文藝春秋社、二〇〇四年）
河野元昭『狩野探幽』（至文堂、一九八二年）
国際日本文化研究センター海外日本美術調査プロジェクト編『エルミタージュ美術館所蔵日本美術品図録』（国際日本文化研究センター、一九九三年）
齋藤慎一『戦国時代の終焉　「北条の夢」と秀吉の天下統一』（中央公論新社、二〇〇五年）
榊原悟『狩野探幽　御用絵師の肖像』（臨川書店、二〇一四年）
榊原悟『美の架け橋　異国に遣わされた屏風たち』（ぺりかん社、二〇〇二年）
タイモン・スクリーチ（森下正昭訳）『江戸の大普請　徳川都市計画の詩学』（講談社、二〇〇七年）
佐藤道信『明治国家と近代美術―美の政治学―』（吉川弘文館、一九九九年）
塩谷純「図版解説　ウィーン美術史美術館所蔵画帖」（『美術研究』第三七九号、東京文化財研究所、二〇〇三年）
武田恒夫『狩野探幽』（集英社、一九七八年）

ロナルド・トビ『「鎖国」という外交』（小学館、二〇〇八年）
東京国立博物館編『調査研究報告書　江戸城本丸等障壁画絵様』図版篇（東京国立博物館、一九八八年）
奈倉哲三『錦絵解析　天皇が東京にやって来た！』（東京堂出版、二〇一九年）
成瀬不二雄『富士山の絵画史』（中央公論美術出版、二〇〇五年）
野呂田純一『幕末・明治の美意識と美術政策』（宮帯出版社、二〇一五年）
橋本雄「皇帝へのあこがれ―足利義教期の室町殿行幸にみる」（『アジア遊学』第一二二号、二〇〇九年）
畑靖紀「室町時代の南宋院体画に対する認識をめぐって―足利将軍家の夏珪と梁楷の画巻を中心に―」（『美術史』第一五六冊、二〇〇四年）
福岡万里子・日高薫・澤田和人「スミソニアン研究機構所蔵の幕末日本関係コレクション」（『国立歴史民俗博物館研究紀要』第二二八集、国立歴史民俗博物館、二〇二一年）
藤岡通夫『京都御所』（彰国社、一九五六年）
Estelle Baouer ed., ŒUVRES JAPONAISES DU CHÂTEAU DE FONTAINEBLEAU ART ET DIPLOMATIE, Éditions Faton, Dijon, 2021（鈴木廣之「幕末外交のなかの美術工芸品：フォンテーヌブロー宮の江戸絵画を中心に」、三浦篤「1860年代の日仏外交とジャポニスム」、高岸輝「王者の絵画と御用絵師1000年の終焉―将軍徳川家茂から皇帝ナポレオン3世に贈られた10幅の絵画をめぐって―」）
松島仁『徳川将軍権力と狩野派絵画　徳川王権の樹立と王朝絵画の創生』（ブリュッケ、二〇一一年）
松島仁『権力の肖像　狩野派絵画と天下人』（ブリュッケ、二〇一八年）
松島仁「狩野常信の富士山」（静岡県富士山世界遺産センター編『富士山学』第二号、雄山閣、二〇二二年）
松島仁「徳川から明治へ―近世・近代日本の心性に屹立する富士山―」（佐野みどり先生古稀記念論集刊行会編『造形のポエティカ―日本美術史を巡る新たな地平』、青簡社、二〇二一年）
松島仁「文化的規範としての〝富士山〟の成立」（『富士山学』第二号、雄山閣、二〇二二年）
松島仁「万延元年のディプロマティック・ギフト―狩野董川中信筆「富士飛鶴図」の制作と意義―」（『國華』第一五二九号、國華社、二〇二三年）
三宅秀和「細川家伝来「雪舟富士絵」再見」（『聚美』第二九号、聚美社、二〇一八年）
山下善也「静岡県蔵　狩野山雪筆「富士三保松原図屛風」六曲一双について―表現内容を中心に―」（『古美術』第七一号、三彩社、一九八四年）
山下善也「狩野山雪筆「富士三保松原図屛風」―図様の源流と革新性について―」第二号（『静岡県立美術館紀要』第二号、静岡県立美術館、一九八四年）
山下善也「探幽筆富士山図における学習と工夫」（『美術史』第一三六冊、美術史学会、一九九四年）

山下善也「江戸時代における伝雪舟筆《富士三保清見寺図》の受容と変容」（静岡県立美術館編『細川コレクション・日本画の精華』展図録、細川コレクション・日本画の精華展実行委員会、一九九二年）
山田久美子『狩野友信　最後の奥絵師、幕末・明治を生きる』（水声社、二〇二一年）
Lippit, Yukio, Painting of the Realm: The Kano House of Painters in 17th-Century Japan, University of Washington Press, 2013.
渡邉裕美子『最勝四天王院障子和歌全釈』（風間書房、二〇〇七年）
渡邉裕美子『歌が権力の象徴になるとき　屏風歌・障子歌の世界』（角川学芸出版、二〇一一年）

〈展覧会図録〉
『江戸城障壁画の下絵―大広間・松の廊下から大奥まで―』（東京国立博物館、一九八八年）
『日本の心　富士の美』展（ＮＨＫ名古屋放送局、一九九八年）
『ランゲン夫妻の眼　初公開欧州随一の日本美術コレクション』展（朝日新聞社、一九九九～二〇〇〇年）
宮内庁三の丸尚蔵館編『富士―山を写し、山を想う―』（宮内庁、二〇〇八年）
『富士山の絵画』展（福士雄也氏各作品解説、静岡県立美術館、二〇一三年）
『世界遺産登録記念　富士山―信仰と芸術―』展（泉万理「富士三保松原・天橋立図屏風」作品

解説、静岡県立美術館・山梨県立博物館、二〇一五年）
野田麻美編『幕末狩野派展』（静岡県立美術館、二〇一八年）
松島仁・庄司美樹編『富士山絵画の正統―十九世紀狩野派の旗手　伊川院栄信と晴川院養信―』（シリーズ江戸文化のなかの富士山1、静岡県富士山世界遺産センター、二〇一八年）
松島仁・庄司美樹編『谷文晁×富士山　山を写した時代の寵児』（シリーズ江戸文化のなかの富士山2、静岡県富士山世界遺産センター、二〇一九年）
松島仁・庄司美樹編『ハイブリッド狩野派　狩野素川彰信とその時代』（シリーズ江戸文化のなかの富士山3、静岡県富士山世界遺産センター、二〇二〇年）
松島仁・庄司美樹編『家康＋富士山　新発見「富士三保清見寺図屏風」をめぐる一考察』（シリーズ江戸文化のなかの富士山4、静岡県富士山世界遺産センター、二〇二一年）
松島仁・庄司美樹編『士たちの富士山　頂へのあこがれ』（シリーズ江戸文化のなかの富士山5、静岡県富士山世界遺産センター、二〇二二年）
松島仁・庄司美樹編『富士山　藝術の源泉』（シリーズ江戸文化のなかの富士山5、静岡県富士山世界遺産センター、二〇二四年）

コラム

〜私と富士山〜

絵師・文晁(ぶんちょう)と日本一の山

河野元昭（東京大学名誉教授・美術史学者）

田子の浦ゆうち出でて見れば真白にぞ不尽の高嶺に雪は降りける

富士山――あこがれて止まない山だが、まだ登ったことはない。若いころは槍ヶ岳をはじめいくつか高い山にも登り、その思い出を『小島烏水全集』の月報に書いたことがある。しかし富士山には、登ってみようと思わなかった。はじめに掲げたのは、あまりにも有名な万葉家人・山部赤人(やまべのあかひと)の絶唱だが、赤人にならってただ眺めていたかったのかもしれない。

かつて至文堂から「日本の美術」という月刊誌が出ていた。求められて、その一冊『谷文晁』を担当したことがある。文晁といえば富士の画家として有名だが、そのときはこれに言及する余裕がなかった。ただ執筆直前に逢着した「夏景富士図」が興味深い作品だったので、載せることにした。「富士山上の水を以て墨に和し之(これ)を画(えが)く」という款記があったからである。

しかも天保十年（一八三九）九月八日の年記があり、「七十七翁」という朱文方印が捺されている。文晁は宝暦十三年（一七六三）九月九日の生まれだから、みずからの喜寿をことほいで誕生日の前日に描いたことになる。富士山の水こそ、この祝儀にふさわしかったのだ。

その後サントリー美術館で、生誕二五〇年を記念する「谷文晁展」が開催され、「谷文晁――この絵師、何者!? 人気者――」というエッセーをカタログに寄稿した。文晁と富士山の密接な関係もチョット触れたが、十分に書ききれなかった。文晁の家から一軒おいた隣に住んでいた中島（小島）一鳳という画家の愉快なエピソードに、紙数を費やしてしまったからである。

ところが令和二年（二〇二〇）、それも富士山にふさわしく正月の五日に、静岡県富士山世界遺産センターで「富士絵師文晁」と題する講演をさせていただくことになった。ちょうどこのセンターで開かれていた「谷文晁×富士山　山を写した時代の寵児」という特別展に合わせた記念講演である。また名誉なことに、このカタログにも同じ内容の拙論を書かせてもらった。以下がその結論である。

文晁の家の二階からは、霊峰富士が仰がれた。それを誇って「写山楼」と名づけたのである。日本一高くそびえる富士は、日本文化の中でもひときわ高くそびえる重要なモチーフとして機能し、また日本そのものの象徴となってきたからである。しかしこの「写山楼」には、文晁の野望ともいってよい、とてつもなく大きな希望が込められていたとみるべきである。それは富士山と同じく、日本一の画家になることであった。すぐれた画家になるとともに、社会的にも高く評価されることを意味した。

両者は分かちがたく結びついていた。すぐれた作品を描けば、おのずと社会的評価も上がり、社会的評価が高まれば、またみごとな作品ができるといった、楽観的な芸術観だったといってもよいであろう。それだけ画家としての矜持や自負、プライドが高かったのである。

令和五年新春、世界遺産富士山登録十周年を記念し、静岡県富士山世界遺産センターは東京美術倶楽部で特別企画「富士山　芸術の源泉」を開催した。ふたたび講演を依頼された私は、狩野探幽の「富士山図」（静岡県立美術館蔵）から葛飾北斎の「富嶽三十六景」シリーズまで、大好きな富士図十点を選んで「江戸絵画史の富士山図　饒舌館長ベストテン」と銘打ち、百花繚乱たる江戸絵画の素晴らしさを語り、オマージュを捧げることにしたのである。

　ここに静岡県富士山世界遺産センターが所蔵する、文晁の「富士山図」を加えたことは改めていうまでもない。文晁の父・谷麓谷（ろっこく）の賛は、マイ戯訳とともに配布資料に組み入れ、評価高まる江戸漢詩も一緒に味わってもらうことにした。

一夜天功聞古今／名山高矣太湖深／今図岳様臨澄水／定是游山共慰心

（神の一夜の創造は　世に知れわたる昔から／そびえる富士と　麓なる　大きく深き湖よ!!／今　山容を描かんと　墨　山頂の水で磨（す）りゃ／登山の思い出よみがえり　きっと心も和むだろう）

　筆を措（お）くにあたり、私が監修した『美　JAPAN　富士山』（四季出版　二〇〇五年）に寄せられた、バイオリニスト・佐藤陽子さんの序文「わたしの結論」から最後の一節を引用させてもらうことにしよう。

世界中に美しい山は数えきれないほどある。そして、どの山もふたつと同じかたちはない。しかし、富士山ほど特徴のある山はどこにもない。これが私の結論になった。

——**河野元昭**／昭和一八年、東京都生まれ。出光美術館理事。東京大学名誉教授。秋田県立近代美術館名誉館長。——

五章　富士山の恵みを活かす

小林 淳　井上卓哉

一　富士山の地下水と湧水

富士山は噴火を繰り返しながら巨大な山体へと成長してきた。その過程で大量の溶岩や岩屑（岩塊や土石など）が谷を厚く埋め立てたり、上空高く放出された火山灰などが地表を広く埋積したりすることで、私たちの祖先は多大な災禍を被ってきた。しかし、それは富士山の長い生い立ちから見ればごく一瞬の出来事であり、それ以外の長い時間、富士山は穏やかな姿を私たちに見せてくれ、かつ多くの恵みをもたらしてくれた。

火山がもたらしてくれる恵みとして、その巨大な山容が挙げられる。また、溶岩流や火山灰などの地層といった噴火が生み出した珍しい造形物のほか、これらが地面を厚く覆って作り出した広大な土地もある（図5-1～5-4）。それら以外にも火山噴出物の特性を反映した恵みもあり、火山灰に含まれる成分が長い期間をかけて生み出した肥沃な土壌や、空隙の多い溶岩と密に締まった火山灰が繰り返し堆積した地層によって蓄えられる豊富な地下水（図5-5、5-6）がある。その他にも、温泉、地熱、鉱物資源など私たちは多くの恵みを火山から享受している。また、こうした恵みを願う、あるいは恵みに感謝する祭礼が、富士山麓の季節のうつろいを伝える風物詩として各地で実施されている。

本章では、これら火山からもたらされる恵みのうち、麓に暮らす私たちにとって最も身近な存在である地下水・湧水を取り上げる。これらの科学的特徴について述べた上で、これらを資源として活かした産業として全国的にも知られ、古くからその水を利用している養鱒業と製紙業を取り上げる。それらの歴史を振り返り、山麓に住む人々が富士山からの恵みをどのように活用してきたのかを紹介す

図 5-1　宝永火口の岩脈群（十二薬師）

図 5-2　景ヶ島渓谷（屏風岩）の柱状節理

図 5-3　火山灰が幾重にも堆積した地層が見られる「富士山グランドキャニオン」

図 5-4　広大な大地が拡がる朝霧高原

図 5-5　白糸の滝の下流側左岸の崖面全体から滴り落ちる富士山の地下水

図 5-6　陣場の滝で湧き出る富士山の地下水

る。最後に、富士山の地下水の特性を活かした地下水利用の取り組みについても紹介する。

⑴地下水の流れ

富士山には年間二五〇〇㎜の雨が降るだけでなく、その山頂部は少なくとも三～四ヶ月は雪に覆われる。地下に浸み込んだ地下水は長い時間をかけて移動し、湧水となって地表に湧出することから、富士山の山体は、大量の水を蓄えながら安定的な放水を可能とする巨大な「貯水タンク」と表現される。その量は富士山全体で一日当たり約四七二万㎥と推定されている。湧水のもととなる地下水の多くは、標高一一〇〇～二七〇〇m以上に浸透した天水を起源としており、富士山の地表に沿って地下を流れ下った後、それが断ち切られる深い谷や急斜面のほか、広大な裾野から海岸沿いの低地へと変わる傾斜変化部で湧水となって湧き出る。さらに流れ下った地下水は富士五湖や駿河湾の底から湧出していることが確認されている。地下水の流れは地形だけでなく地質によっても左右される。特に古富士火山の泥流堆積物などは水を通しにくいため、上方や側方から浸み込んでくる地下水はこの層を避けて流れるようになる。古い地層が分布するところの周囲で湧水が分布することからも地質によって左右されているのが分かる（図5-7）。

富士山頂の銀明水や湧玉池（わくたまいけ）（富士宮市）、三島湧水群（三島市・清水町）の湧水は、同じ同位体比傾向を示すことから、これらの水の起源はほぼ同じといわれており、富士山の山頂から山麓は地下水でつながっているともいえる。富士山の地下水が湧水となるまでの時間は、富士山の体積とその空隙率

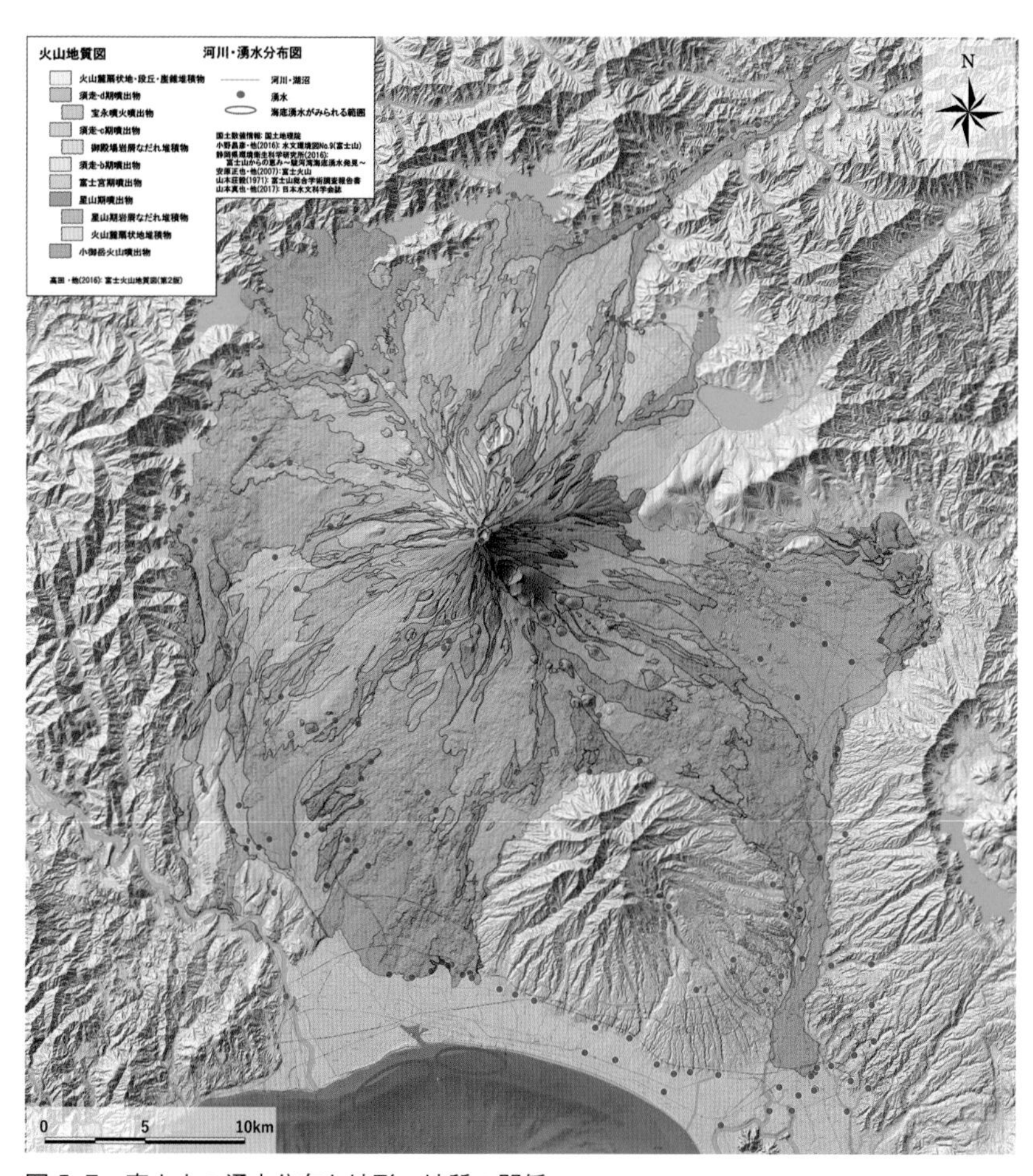

図 5-7　富士山の湧水分布と地形・地質の関係

並びにそこに供給される水の量の関係から概算するとおよそ一〇〇年分の水を蓄え得るとされている。一方、トリチウムなどの年代測定から得られる地下水の年代を用いると、富士山の山体内では数年～四〇年程度で地下水が循環しているといっていい。古富士火山の堆積物中では六〇年以上の年代が得られるものもある。これらの結果から、富士山の地下水は、さまざまな経路をさまざまな年月を経ながら流れ下り、そしてそれらが合わさり湧水となって富士山麓に現れていると、その湧出までのプロセスを理解することができる。

②湧水の温度・成分の特徴

富士山の山体に浸み込んだ水は日射や地温の影響を受けずに降雨時の気温（地下浸透時の水温）を保ったまま地下を流れる。したがって、湧水の温度はその水が降った場所の標高を反映しているといっていい。富士山麓の湧水では猪之頭の湧水が最も水温が低い（年間を通じておよそ一〇℃）ことから、最も標高の高い場所で浸み込んだ水が湧き出している湧水地点だといえる。

湧水の成分に着目すると、カルシウムが最も多く、カリウム、マグネシウムといった富士山の溶岩から浸みだしたミネラルを適度に含む。また、温泉のような臭みの素となる成分も含まれず、水道水のような残留塩素も含まれない。これらの特徴から、富士山の湧水の大きな特徴として「キンと冷たく、混じりっけのない、きれいで美味しい水」と評価できるのではないか。ただし、数年にわたり湧水を定期的に分析してみると、海水由来の風送塩に関連する塩化物イオンのほか、人為活動に由来す

図 5-8　湧水が滴り落ちる白糸の滝に近接して流れる芝川と音止の滝

る硫酸イオンや硝酸イオンが季節により、ごくわずかではあるが、都市域で検出されることが分かった。

ところで、白糸の滝では崖面全体から糸を垂らすように滴り落ちる水が印象的だが（図5-5）、この水はどこからきたのだろうか？ 現地の解説看板によると、この水は富士山の高所に浸み込んだ地下水で、この地にまで流れてきて湧き出たことを紹介している。実際にこの水を分析してみると、至近を流れる芝川（図5-8）の水とは全く成分が異なり、ミネラルを適度に含む富士山の山体内を流れてきた地下水と同じ特徴を有していた。

二　富士山の湧水を活かした産業

(1) 養鱒業

全国の自治体では、さまざまな動植物がそれぞれの地域の特徴を示すシンボルとして制定されている。木や花、鳥などが代表的なものだが、水産業が盛んな自治体では、魚をシンボルとする場所もある。富士山麓に位置する富士宮市もその一例で、平成二一年にニジマスが市の魚として制定されている。その制定の理由は、富士山の湧水を巧みに利用した富士宮市におけるニジマスの生産量が、長らく全国一位を占めてきたということにある。ここでは、富士山の湧水の巧みな利用の事例のひとつとして、富士宮市のニジマス生産(養鱒業)の歴史をたどってみたい。

北米原産の食用魚であるニジマスが日本に初めて輸入されたのは明治一〇年(一八七七)のことで、アメリカのカリフォルニア水産委員会から日本へと卵一万粒が寄贈された。これを当時の内務省勧農局の関沢明清氏が自宅の井戸水を利用して孵化させ、その一部が滋賀県の醒井養鱒場の前身となる養魚場へもたらされたという(加藤舜郎、一九五五)。ニジマスは成長が早く、マスの種類の中では連年の産卵が可能であるという特徴を持つことから、明治四〇年(一九〇七)頃からその輸入が本格化し、官営の山形県の月山養鱒場、前述の醒井養鱒場などで養殖に関する研究が進められ、それらの地域の周辺に民間の小規模な養鱒場が設置されていった。

大正時代末期には、政府が水産業の振興・食糧の増産を目的に、「水産増殖奨励規則」を発布したことで養鱒に対する関心が高まり、徐々に各地で孵化場や養殖場が整備された。その中で、昭和六年(一九三一)に富士山麓の猪之頭の豊富な湧水が注目され、当時の農林省から静岡県に対して県営養鱒場の設置の働きかけがあり、翌年には醒井養鱒場の主任技術者であった古川武一が県の担当者として抜擢された。猪之頭の人々の積極的な協力や寄付などにより、養鱒場設置のための用地が確保され、諸設備の建設工事、稚魚の収容などを経て、昭和一一年(一九三六)に富士養鱒場の竣工式が挙行さ

図 5-9　富士養鱒場のワシントン水車

れた。以来、同施設はこの地域の養鱒の研究・指導の拠点として活動を続けることとなる（静岡県水産試験場富士養鱒場、一九九三）（図5-9）。

富士養鱒場が開かれた同時期の昭和九年（一九三四）には、静岡県内初の民間の養鱒場が、猪之頭と同様に富士山の豊富な湧水が見られる富士宮市淀師の地に創業された。この養鱒場を創業したのは、カナダのバンクーバーで医院を経営していた野尻睦男氏であり、氏が諸般の事情で日本へ戻った際に、カナダで魅了されたニジマスの養殖に適した場所として淀師を選んだとされる（波房克典、一九九九）。その後、淀師では昭和一七年（一九四二）の尾中養鱒場の創業を経て、昭和二〇年代から四〇年代にかけて、いくつもの民間の養鱒場が創業されている（図5-10）。それとともに、豊富な湧水が見られる猪之頭や白糸、大中里においても民間の養鱒場が見られるようになるが、その動きに大きな役割を果たしたのが、養鱒の先進地である山形から移住してきた人々であった。

そのルーツの一つである、昭和二七年(一九五二)創業の柴崎養鱒場(淀師)(図5-11)は、戦前から山形県東根で養鱒業に携わっていた柴崎遲(すすむ)氏が、知人を訪ねて静岡を訪れた際に富士山麓の豊富な湧水に魅了され、単身移住して創業されたものだという(柴崎養鱒場三代目の平林馨氏からの聞き取りによる)。さらに、猪之頭養鱒場(猪之頭)は、前述の柴崎遲氏の推薦により富士養鱒場の技術者として山形から移住した土田貢氏が昭和三一年(一九五六)に創業したものであり、昭和

図 5-10　淀師周辺の養鱒場　国土地理院撮影の航空写真〈1961 年撮影〉

図 5-11　柴崎養鱒場の作業

三二年（一九五七）創業の土田養鱒場（大中里）の創業者土田俊夫氏と、同じ年に創業された武田養鱒場（大中里）の創業者武田金十郎氏も柴崎暹氏と山形時代からの縁があったという。また、昭和三三年（一九五八）創業の渡辺養鱒場は、柴崎暹氏の妹の配偶者である渡辺国夫氏によって開かれ、昭和四三年（一九六八）には渡辺国夫氏の姉の配偶者である奥山五郎氏が精進川で奥山養鱒場を始めている。

このように、山形から移住し、養鱒場を開いた柴崎暹氏との縁をもとに、何人もの人々が富士山麓へと移住し、この地域における養鱒場の発展を支えていくことになる。その中には、もともと養鱒業に関わっていなかった人々もいるが、先に創業した人々のもとで修行し、独立していくという、ある種の徒弟制度が構築されていたのである。

では、この地域で養鱒場に携わった人々が、富士山麓の湧水のどのような点に魅力を感じたのだろうか。以下では、昭和五一年（一九七六）に日本配合飼料の子会社として淀師で創業した日配養魚株式会社で、長く場長として活躍した田山卓男氏からの聞き取りをもとに、湧水と養鱒業との関わりについて記しておきたい。

養鱒において河川水を用いる場合、季節の変化や災害等により水量・水温・水質の変動があることから、魚を育てるという点においては困難を伴うという。一方、湧水に関しては、ポンプアップを行うことで、一定の水量を確保することが可能であり、また水温も年間通してほぼ一定に保たれているという特徴がある。淀師の湧水であれば年間を通して一四℃±〇・五℃となる。ニジマスは、その生

図 5-12　土田養鱒場での甘露煮加工

態として受精から孵化までの積算温度が三〇〇℃であることから、淀師におけるニジマスは受精から約三週間で孵化することになる。そして、その次の週に再び採卵・受精を行うサイクル、つまり約一ヶ月ごとに採卵・受精の作業を行うことが可能となる。さらに、国内向けの主要な出荷サイズである塩焼きサイズ（一二〇g～一六〇g）まで成長する期間が約一年間であることから、一ヶ月ごとの採卵・受精の際に翌年の需要を見ながら、計画的に生産することが叶うという利点があり、養鱒業にとっては、理想的な環境が存在しているといえる。

ただし、昭和四六年（一九七一）のニクソンショックにより、アメリカ向けの輸出が激減し、国内需要が中心となるといったことや、海に面した静岡県では内水面で生産される魚の嗜好があまり高くないなどの課題もあり、養鱒業は何度目かの盛衰を経て現在へと至っている。そうした中でも、富士山麓の恵まれた環境のもとで、養鱒業に携わる人々は、生産性の向上、加工品の開発（図5-12）、プレミアムブランド「富士山の湧水が育てた大々鱒紅富士」の生産などに取り組み、国内のニジマス生産のトップを走り続けているのである。

②製紙業

平成一六年以降、毎年日本で最も多くの紙を作り、出荷してきた市町村は、愛媛県の四国中央市であることはよく知られている。令和三年度の「経済センサス―活動調査」内の「パルプ・紙・紙加工品製造業」の製造品出荷額等（二〇二〇年実績）においても、四国中央市が一位（五〇〇二億七五四七万円）となっているが、二位には富士市（四六七六億八七七万円）、七位には富士宮市（八二一億九七一五万円）が挙げられており、両市の出荷額を合わせると、四国中央市の数値を大きく超えることとなる。つまり、地域で見ると、日本で最も多く紙を生産する場所のひとつが富士山麓であると指摘できよう。

富士山麓における製紙の歴史を辿ると、そのルーツは江戸時代中期以降の和紙の生産に求めることができる。文政一〇年（一八二七）に成立した経済書である佐藤信淵（のぶひろ）の『経済要録』には、「近来甲斐・駿河両州の民、紙を漉くときは、土地を豊饒する者なることを知り、夥く楮樹と三叉木を作り、競て奉書・杉原・半紙・半切等を漉き出す、其中半紙及び半切は大に世上に用られ、今は年々四五萬づゝの金を致せり、故に右二州の富貴せしこと五十年以前に三倍せり」とあり、甲斐と駿河が当時の和紙の新興生産地となりつつあった状況が記されている。

特に、駿河の半紙及び半切は、大規模消費地である江戸において「駿河半紙」あるいは「駿河もの」との名前で重宝されており、その大部分は、安倍川・藁科川の上流部、興津川流域に加えて、上井出周辺から流水が現れる潤井川、猪之頭湧水群を起点とする芝川、そして芝川が流れ込む富士川という三つの水系が開けた富士山麓(富士郡)において生産されていた(後藤清吉郎、一九五四)。

この富士山麓における和紙生産において、大きな役割を果たした人物が、白糸の滝にほど近い原村(現在の富士宮市原)の渡辺兵左衛門定賢である。一八世紀末の天明年間の頃、定賢が狩猟で富士山麓を巡っていた際に変わった樹木を発見し、その繊維が緻密であることから紙を作ったところ、非常に良質な紙ができたという。主人から農閑期の仕事としてこの木を使った紙づくりを許された定賢は、枝の形状から三椏と命名したこの木の栽培と製紙を近隣の村々へ広めた。すると、年々和紙の生産量が向上し、販路を広げた江戸でもその品質が評判になったという(図5-13)。

富士山麓において、紙の生産が盛んになった背景には、質の良い三椏が発見されたということや、定賢のような熱心な勧業家がいたということもあるが、紙づくりに必要な多量の水を富士山麓の豊富な水資源で賄うことができたということも大きな要因といえよう。

明治時代に入ると、宿場制度の廃止に伴い、富士山麓の主要な現金獲得手段の一つであった東海道の伝馬役や加宿、助郷といった仕事が失われ、新たな産業の模索が図られた。時を同じくして国家的な殖産興業も推進され、三椏は紙の原料、特に紙幣の原料として栽培されるようになる。こうした背景から、湧水に恵まれた富士山麓の各地では、駿河半紙の技術をベースにした、手漉き和紙の工房が設けられていった（図5-14）。

その先駆けとなったのが、明治一二年（一八七九）に、伝法村（現在の富士市伝法）の栢森貞助（かやもりていすけ）が、豊富な湧水を集めて流れる和田川沿いに作った鈎玄社（こうげんしゃ）である。従来の家内工業的な和紙生産ではなく、大量生産を目指して工場的な生産方法や化学薬品の導入などを試みた点において、この地域の製紙工場経営の第一歩であるとされている。

この鈎玄社の活動に続いて、ガマと呼ばれる湧水地（現在の富士市今泉）の周辺において、内田平四郎による富士郡三椏組合と製紙研究所の設立、芦川万次郎による製紙伝習所の設立を通して、生産

図5-13　三椏栽培記念碑

図5-14　大日本物産図会
（富士山かぐや姫ミュージアム蔵）

図 5-15　富士製紙会社マシン建屋西側遠景

ラインの一部が機械化されていくなど、手漉和紙による製紙業が一つの産業として富士山麓に定着していくことになる。

同時期は、洋紙の需要が増大していく時期でもあった。明治二三年(一八九〇)には東京で設立された富士製紙会社が、潤井川の豊富な水を工場の動力源に利用することができる入山瀬(現在の富士市入山瀬)に工場(富士製紙会社第一工場)を建設し、富士山麓において近代的な洋紙生産を始めた(図5-15)。従来の洋紙の原料がワラやボロが主体であったのに対して、富士製紙第一工場では、富士山麓のモミ・ツガ・トウヒ・シラベなどの木材を原料として利用することで、洋紙需要の拡大に対応できたため、大きな発展を遂げ、手漉き和紙から近代製紙へのシフトが図られた。

さらに、富士製紙会社がこの地域に工場を設置したことで、この地域に大きな雇用が生まれた。

さらに、そこで技術を習得した技術者が独立し、新たな製紙工場を次々に設けることで、富士山麓は紙のまちとして形作られていった。そして、大正三年（一九一四）に勃発した第一次世界大戦により海外からの輸入がストップしたことで、国内の製紙業界は空前の好景気となった。この好景気を背景に、各製紙工場の間で紙を抄く速さを競い合うなどして製紙技術が大きく向上したが、そのおかげで、この地域の製紙会社の多くが、好景気の反動としての不況を乗り越えることが可能になったとも指摘されている。

第二次世界大戦中は、製紙工場の多くが軍需工場として転用されたほか、製紙が不要な産業とされて操業が停止させられたものの、富士山麓の市街地は戦火の影響が少なかったため、戦後にはいち早い製紙業の復興が可能となった。その後、戦後の出版ブームや高度経済成長期の中で、昭和三六年（一九六一）の田子の浦港の開港、昭和三九年（一九六四）の東駿河湾工業整備特別地域の指定などを受け、この地域の製紙業は飛躍的に発展した。

一方で、この時期は大量生産・大量流通・大量消費によって、公害や自然破壊などの環境悪化が急激に進んだ時代でもある。富士山麓においても例外ではなく、製紙会社が河川に排出した製紙カスが田子の浦港に大量に堆積し、ヘドロ化したことは全国的にも大きく取り上げられ、昭和四六年（一九七一）に公開された特撮映画「ゴジラ対ヘドラ」の題材にもなった。田子の浦港周辺は、このヘドロによって水質汚染、悪臭、さらには大気汚染も発生し、発生地である富士市は、「公害のデパート」と呼ばれた時期があった（図5-16）。

図 5-16　田子浦港のヘドロ公害

富士市では、こうした公害を解決するために、昭和四二年（一九六七）、市議会に公害対策特別委員会、行政に富士市公害対策庁内連絡会議を設置し、昭和四三年（一九六八）から二年かけて、市内の多くの工場と公害防止協定を結んでいる。また、昭和四六年（一九七一）には、国よりも先に、富士市の大気汚染による健康被害の救済に関する条例を制定するなど、被害者の保護にも取り組んだ。

こうした取り組みとともに、各企業では大気汚染の原因物質である硫黄を含まない高品質の燃料を使用するほか、排出ガス中の硫黄分を除去する施設を設けることで、大気中の二酸化硫黄濃度の減少が図られた。

また、田子の浦港のヘドロの原因となった製紙工場からの排水に対しては、根本的な解決を目指し、各製紙工場から田子の浦港へと直接つながっている岳南排水路への排出規制や費用負担が設けられた。加えて、静岡県と富士市、製紙業界の間で、田子の浦港を埋めたヘドロを浚渫（しゅんせつ）し、富士川の東岸に投棄する案も合意された。巨額の費用をかけて港からヘドロが取り除かれることで、昭和五〇年代には、公害問題は一応の解決をみた。

現在の田子の浦港は、富士山麓の産業を支える重要なインフラとして多くの船が行き交っている。また、「田子の浦しらす」の水揚げ地として多くの人々が集まる場となり、富士山からの恵みを享受する場の一つとなっている。しかしながら、人間活動によりその恵みは容易く失われてしまうということも、公害の歴史から学ぶ必要があるのかもしれない。

三 富士山の地下水利用のこれから

富士山の湧水が麓を潤す様子は、多様な自然環境と一体となって、富士山の美しく穏やかな景観を創出してきた。また、湧水は、動植物の生息環境を維持し、生態系を支える重要な役割を果たすだけでなく、山麓に住む人々の生活用水や農業用水としても利用され、私たちの暮らしと地域の文化や産業を育んできた。

一方で、高度経済成長期における水資源の過剰な利用は、湧水の枯渇（こかつ）や井戸の塩水化のほか、汚染物質の流出など、さまざまな環境破壊を引き起こす結果となった。このような経緯を受け、これからの地下水利用に当たっては、地下水資源を毀損（きそん）することなく、その中で使われずに眠っている資源を見出し、それを有効に活用することが重要といえよう。

その例の一つとして、東日本大震災の被災地では、日々の生活で使われていた湧水や井戸水が、非常時の人々の生活を支えたことが挙げられる。また、現在の生活では電化製品が欠かせないものであり、中でも携帯電話は情報を得る（情報を発信する）ための基礎的なツールとなっている。そのため、停電が長期に及ぶおそれがある場合でも安定的に充電できる環境が必要であり、これを可能にする「湧水を利用したマイクロ発電技術」が着目されている。

富士山麓の各所では、湧水を利用した小水力発電事業が古くから行われてきた。中でも富士宮市には、豊富な湧水を源とする芝川や潤井川から引かれた用水路が発達し、ここに流れる豊富な流水を利用した発電所が多数ある（図5-17）。その箇所数と最大発電出力の合計はともに日本一とされ、発電

図 5-17　家康公用水発電所

規模が小さいながらも年間通して利用できる。その他にも、年間を通じて水温が低くその変化が小さいといった、湧水の特性を活かした冷暖房システムの開発と普及を静岡県は進めている。

このように私たちは豊富な地下水から非常に大きな恩恵を受けている。一方で、富士山麓では、夏季から秋季にかけての大雨がその後の長期に及ぶ異常湧水を引き起こすことがあり、まれに、住宅地などが浸水被害を受けることで知られる。これも富士山の湧水が豊富な故に引き起こされる災禍といえる。

【図版出典】

図5-1、5-2、5-3／小山真人撮影
図5-4／静岡県観光協会提供
図5-8／鈴木雄介撮影
図5-15／王子エフテックス株式会社提供

【参考文献】

佐藤信淵著・滝本誠一校『経済要録』(岩波書店、一九二八年)
後藤清吉郎『紙譜帖』(美術出版社、一九五四年)
加藤舜郎『日本のニジマスと冷凍』(一九五五年)
静岡県水産試験場『富士養鱒場40年のあゆみ』(一九七四年)
静岡県水産試験場富士養鱒場『富士養鱒場六十年のあゆみ』(一九九三年)
波房克典『静岡県富士宮市における養鱒業の変遷』(一九九九年)
安原正也ほか「富士山の地下水とその涵養プロセスについて」(『富士火山』山梨県環境科学研究所、二〇〇七年)
小野昌彦ほか『水文環境図No.9「富士山」』(産総研・地質調査総合センター、二〇一六年)
土隆一「富士山の地質と地下水流動」(『地学雑誌』東京地学協会、二〇一七年)

戸崎裕貴、浅井和由「富士山の地下水年代」（『地学雑誌』東京地学協会、二〇一七年）
富士宮市「富士宮の自然と向き合った人々・近世〜現代：自然の活用と防災」（『富士宮の歴史 自然環境編』、二〇二三年）

コラム
~私と富士山~

研ぎすまされた好奇心の先に

秋道智彌（山梨県立富士山世界遺産センター所長）

我が家のある京都から新幹線で東京に向かう際、富士川を通過するあたりからほんの一分足らずの間、左側の車窓から富士山を見ることができる。雲におおわれその姿をのぞめないこともあるし、全貌を目の当たりにすることもある。独立峰で長いすそ野をもつ富士山はその姿も秀麗で、人目を惹く。だが、冠雪時期は別として、富士山は岩肌むきだしの山で緑濃い山容をもたない。

世界遺産登録一〇周年の二〇二三年六月を前にした五月末、拙著『霊峰の文化史』を上梓した（勉誠出版）。副題を「世界遺産・富士山と世界の山岳信仰」とした。その中で、ヒトはなぜ山に祈るのかについて考えた。本書ではふれてないが、ここでは富士山への想いを原体験からつづってみた。

思えば、五、六〇年前のことだが、富士山には二度だけ夏に登ったことがある。一度目は小学六年、二度目は中学三年の時で、御来光に祈りをささげることやお鉢巡りの意味も知らず、ただ富士山に登っただけの記憶しか残っていない。今ならしかられるだろうが、小学生の時には下山途中で拾った火山弾や安山岩を持ち帰った。今は散逸したが、その石を焼き印を押した金剛杖や絵日記とともに夏休みの宿題の成果として提出した。

富士山にかぎらず、登山の意義と動機は個人により、また文化的な背景や時代によっても異なるだろう。私は山歩きをする際、周囲の景観を楽しむとともに、足元の登山道に落ちている石や周囲の岩肌にたいへん興味をもってきた。

最近では、二〇二二年、静岡の南アルプスを歩いた。針葉樹の森を登ると、オオシラビソの木々に出くわした。東北のマタギはこの植物を神棚にそなえ、旅立ちのさいに枝を焚いてその香りを身につけ悪除けにしたという。たしかにいい香りがして、登山者をなぐさめてくれる。足元に岩石は多くなく、下草や倒木、頭上の高木だけが目に入る。

しかし、岩山ならば事情がちがう。富士山に登っても、下層は森林帯と草地だが、一五〇〇m以上の「焼け山」には安山岩や火山弾しかない。岩石に興味をもつようになったのはそのときの強烈な印象が関係するのかもしれない。中学校の山岳部時代、滋賀の比良山系の武奈ケ岳を登った時、巨大な花崗岩のすき間に水晶がないか探しまわったこともあった。比良山系は水晶の産地であるが、歩いていてたまたま小さな水晶に出くわしたからだ。

一〇年ほど前、中国のラサに行った折、海抜四五〇〇mの峠から下る途中でもトイレのため車を降りたついでに、道端の石を探しまわった。その時に拾った石はいまも家にある。

山で植物、昆虫などを採集する場合、道具立てが必要だが、単なる石拾いには袋さえあればよい。登山道は山の渓谷沿いにあることも多く、河原は大小多様な石がころがっている採集の穴場である。

この点で富士山は稀有な山塊である。斜面を流れる河川はなく、春先の雪代（ゆきしろ）（春先に起こる急激な雪崩）の谷があるくらいだ。富士山に降った降水や降雪は地下に浸透し、玄武岩層を通して山麓で地上に湧出する。

私が元所属した総合地球環境学研究所（京都市）では、山梨県の忍野村を中心とした地域で湧水の分析調査を進めてきた。湧水には興味があったが、石と違って水をもちかえるクセは幼少期から身についていなかった。水を容器に入れて運ぶ習性をもてなかったからだ。

このように、山に分け入るとき出会う「自然」の何がしかに興味をもつことは大切なことだ。信仰とか芸術を考える前に、研ぎすまされた好奇心を忘れるべきでない。むやみな開発行為や、保護された自然の改変はつつしむべきだ。しかし、自然の撮影ないし一部を持ち帰って、さらに分類・分析をすすめる自然史（誌）的な行為を推奨したい。鉱山を探す山師との違いは、採集物を営利目的にしない点で一線を画する。その先に信仰や芸術のヒントが初めて見えてくるはずだ。

秋道智彌／昭和二一年、京都府生まれ。山梨県立富士山世界遺産センター所長。総合地球環境学研究所名誉教授、国立民族学博物館名誉教授。

六章　外国人が見た富士山

遠山敦子

一　はじめに

日本の誇りとする富士山を、外国人は一体どのように見ていただろうか。歴史的には、外国人が富士山に出会い、しっかりとした記録を残し、あるいは書物が書かれたのは、一七世紀に入ってからである。それ以前にも、イエズス会の宣教師たちやその他の外国の人たちもいたと思われるが、彼らの多くは、九州に上陸して時の日本の政治の中心地・京都にいたるまでの旅程が中心であったと思われる。彼らは、それより東については、おそらく知識や関心もなく、また、訪れてみた事もなかったのではないか。

その後、江戸期に入り、長崎のオランダ商館長が江戸幕府まで参上して徳川将軍に拝謁するようになり、商館長やその館員が、毎年東海道を往来するようになって初めて富士山を見、その麓を通って旅をすることとなった。また、江戸期に一二回にわたって日本に訪れた朝鮮通信使は、道中で見た富士山を詠んだ詩を数多く残している。

本章では、来日した外国人のうち富士山についての記述を残した代表的な人々をとりあげ、それぞれの時代背景を若干織り交ぜながら、滞日した年代順に十名を紹介したい。

二　エンゲルベルト・ケンペル

最初に日本や富士山についての詳しい記録を著書として残したのは、長崎商館の医員であったドイツ人エンゲルベルト・ケンペル（一六五一～一七一六）であった。ケンペルは、若い日には、いくつもの大学で学ぶなど哲学、歴史、薬学、医学、地理学、博物学をはじめ諸学問と諸言語に通じた学究であった。また正直で誠実な、真理を愛する人物であったとも伝えられている。そのうえ若い頃から諸国を巡ることを好む希代の旅行家でもあった。その旅行先は、ヨーロッパ、ロシア、中東、アジアをはじめ各地に及び、しかも訪問先では、医師としてまた博識の学者としてどの地でも支配層に丁重に受け入れられて過ごした。鋭い洞察力の持ち主であり、極めて綿密にその社会の人々の暮らしや政治や経済などの実態を正確に把握したうえで、膨大な著述を残している。

日本には、一六九〇年から一六九二年までの約二年しか滞在していないが、その間の経験を書いた『日本の歴史と記述』は、一般に『日本誌』と呼ばれる長大で細密な著述である。その邦訳は多くの学者や翻訳者たちによってなされ、時の日本の政治家たちも部分的には熱心に参照した模様である。その後も近年まで、日本では多くの学者がケンペルの著作を翻訳し、あるいは研究を発表している。

図6-1　ケンペルが執筆した『日本誌』

ケンペルが富士山を間近に仰いだのは、安倍川、富士川、薩埵（さった）峠をこえて、吉原に出た時であった。そのときケンペルがどのように富士山を眺め、感じたのか、ケンペル『江戸参府旅行日記』（斉藤信訳）から引用してみる。

記述は詳細にわたり、まず、いかにも地理学者らしい観察の結果を次のように述べている。吉原についた時、

「われわれの全行程中で、今までたびたび述べた富士山は、この辺りから一番近いところにあった。そしてコンパスによると（ここでは五度東に傾いている）直線で六里の距離にある。けれども、その山に登ろうと思う者には、道が曲がっているので、麓ないしは裾野まで七里、それから往きの道を登って山頂に行くにはさらに六里がかかる。この山はテネリファ（カナリア諸島のテネリファ島にある標高三七一六mのPico de Teydeという山のこと）のように信じられないほどの高さがあり、周囲の山々は富士山に比べると、ただ低い丘のように見える。それゆえ富士山は旅行中、数里離れていても我々の道標となり、特に私の地図を作るにあたって一つの基準として役立った」

と、旅の途中で地図を作っていたことも明らかになる。そして、あとの文章では「人々は登るのに三日かかるが、下るにはたった三時間しかかからない。それは、下る場合にはアシとか藁で作った籠を利用し、腰の下にこれを結びつけて、夏ならば砂の、冬ならば雪の上をこれで滑り下りるためである」とまで科学者らしい叙述がある。

そのケンペルが、富士山をどのように観たのかは、次のように美しい言葉で讃えた文章で読むことができる。

「その姿は、円錐形で左右の形が等しく、堂々としていて、草や木は全く生えていないが、世界中

でもっとも美しい山というのは当然である。あえて言うならば、大抵の季節には白いマントを着ていて、次第に夏の暑さがつのるとたくさんの雪がとけるが、少なくとも一番高い山頂には、いつも雪が残っている。この山に登った人の報告によると、頂上にはくぼんだ丘のような場所があって、そこに水をたたえた深みがあり、昔ここから火炎が灰とともに吹きあげ、それで終いには円錐形ができた。山頂の風は決して止むことがなく、いつも吹いているので、アエオルス（風の神）に供物を捧げる信仰から登山するのであって、粉雪が本当の煙のように見える」

と、人々の話を正確に聞き取って、ここまで詳しく描写している。そして富士山についての記述の最後には、「日本の詩人や画家がこの山の美しさをいくらほめたたえ、うまく描いても、それで十分ということはない」と書いて締めくくっている。

ケンペルの非凡な才能は、長崎から江戸への参府の途中で通った大坂や京都について詳細な観察や体験記をはじめ、途中で出会ったあちこちの村や街についても、まことに行き届いた観察の結果を記している。富士山についても、短い旅でここまで記していることは、のちに、富士山に登り、あるいは富士山を見た多くの外国人たちが、ケンペルの本に似た表現を使って記述していることからも、その影響力の大きさが分かるのである。

歴代オランダ商館長たちが江戸参府を行い、平戸や長崎から江戸まで長い旅をして徳川将軍に貿易特権のお礼を言上したのは、一六三三年に始まり一七九〇年までの一五三回までは毎年続く。その後は回数が減ったが、一八五〇年までの間に合わせて一六六回に及んだという。商館長として、または随行として江戸参府を行った人々のうち、旅の途中で見たであろう富士山について記述し著作にもした者は、ケンペルの後には商館医のカール・ペーテル・ツンベルク（一七四三〜一八二八）が有名である。彼はスウェーデン人の博物学者であり、とくに日本の植物の調査を行い『日本植物誌』を残している。また、『江戸参府随行記』の中に富士山を讃えた文章を残しているが、ケンペルの書き残した表現を繰り返しているともみえるのは、興味深い。

ちなみに、隣国朝鮮との関係であるが、徳川の世が始まり、秀吉による朝鮮出兵が中止されて関係が修復してからは、原則として徳川将軍の代が変わるたびに、朝鮮通信使が朝鮮国王から派遣されて日本へやって来るようになった。朝鮮通信使は、江戸への旅の途中、駿府では、興津の清見寺に立ち寄り、宿泊と休憩を行った。清見寺には、その朝鮮通信使の残した膨大な書や漢詩が残っている。その中には、興津から見る富士山について言及した作品も残っている。

三　シーボルト

フィリップ・フランツ・フォン・シーボルト（一七九六〜一八六六）は、現ドイツのヴュルツブルク出身の医師で博物学者。彼はヴュルツブルク大学で医学を学ぶとともに植物学にも興味を抱くようになる。一八二〇年に大学を卒業し開業医を経たのち一八二二年にオランダのデン・ハーグに移ったシーボルトは、同年七月オランダ領東インド陸軍病院の外科少佐となり、九月にはロッテルダムから出航し、ケープタウンを経由しながら翌年三月にはバタヴィア近郊に到着し軍医として赴任するかたわら、東インド自然科学調査官も兼任する。同地でシーボルトは日本渡航の希望を述べ、六月末にバタヴィアを後にし、八月には長崎に到着する。

長崎出島において開業したシーボルトは、翌一八二四年には日本人に対して鳴滝塾を開き西洋医学を教授する。塾生には蛮社の獄に殉じた蘭学者高野長英(たかのちょうえい)や幕府の奥医師にもなる蘭学医伊東玄朴(げんぼく)らがいた。そのひとり二宮敬作(けいさく)は、後述するように富士山の測量を行うとともに、シーボルトと楠本滝(たき)の間に生まれた娘で日本最初の女医となる楠本イネを養育した。

一八二六年四月にはオランダ商館長の江戸参府に随伴し、その途中に日本の植物や気候について調査を実施した。一八二八年には弟子の二宮敬作を富士山頂に派遣し、気圧計を用いた測量を行わせ、標高三七九四・五mという測量結果を得ている。

図6-2　シーボルト（国立国会図書館デジタルコレクション）

同年シーボルトは帰国することになるが、彼の荷物を積んだ船が難破し、その漂着物の中に伊能忠敬(いのうただたか)が製作した禁制の日本地図が含まれていたことから問題視され、いわゆる「シーボルト事件」が起こる。その結果、シーボルトは日本国外追放処分を受け、日本再訪への途が一時閉ざされる。

一八三〇年にオランダへ帰国したシーボルト

は、おびただしい量の日本関係資料を招来し、それらはオランダ政府に買い上げられ、現在のライデン国立民族学博物館コレクションの基礎をなす。一方、オランダ政府の支援を受けつつ日本研究を進めた彼は、『Ｎｉｐｐｏｎ』全七巻を執筆・刊行する。同作の中では富士山も紹介され、頂上の噴火口を描いた挿図も含まれる。

前述のようにシーボルト事件による国外追放処分が解かれた一八五九年、シーボルトは再来日を果たし、幕府側の顧問をつとめて対外交渉に従事する。一八六二年には再び多くの収集品を携えて帰国の途につく。一八六四年には出身地のヴュルツブルクに戻り、同地やミュンヘンにおいて「日本博物館」を開いてコレクションを一般に公開したが、そのわずかのちの一八六六年一〇月に病を得て生涯を閉じる。

シーボルトが持ち帰った多くの日本関係資料の中には、絵画も含まれ、富士山を描いた作を見出すことができる。

とりわけ日本橋からの眺望を描いた水彩画は、当時ライデン国立民族学博物館のキュレイターであったマーティ・フォラー氏により葛飾北斎（ほくさい）の筆に比定され、話題となった。この作品については二〇二二年秋に静岡県富士山世界遺産センターの松島仁教授が調査を実施し、北斎の『冨嶽三十六景』「江戸日本橋」の構図へと展開していることが検証された。松島教授はライデン民族学博物館日本部門キュレイターのダン・コック氏により谷文晁（ぶんちょう）作に比定され、『Ｎｉｐｐｏｎ』挿図のもととなった富士山頂図についても精査を試みている。同教授によれば原画にある頂上付近の石室が

『Nippon』挿図では城郭風に改変されるなど、実際に富士登山をしていないシーボルトならではの誤謬もみられるという。

もっとも『Nippon』はのちの欧米における富士山観に対して影響を与え、シーボルトが日本滞在中の一八六〇年には、長男のアレクサンダーを公使館の通訳として仕官させていた初代駐日英国公使のラザフォード・オールコックが、同書に影響されてか、外国人としてはじめての富士山登頂を果たす。

シーボルト収集日本絵画の中には、掛川藩御用絵師で富士山画を善くした中村輶外による一連の富士山図も確認でき、その中には『Nippon』挿図として採用された図も含まれる。自然科学と人文科学の両面において富士山に興味を抱き、それをヨーロッパへ啓発したシーボルトは、世界遺産富士山を語るうえで看過できない人物であろう。

四　ラザフォード・オールコック

その後は、時代が幕末から明治に近くなり、各国から外交官の来日が相次いだが、その中で特記すべき人物は、ラザフォード・オールコック(一八〇九～一八九七)である。駐日英国公使であるオールコックは、日本に二度滞在し、その間の日本についての詳細な見聞記録は、のちに『大君の都』という大部の著書にまとめられている。わずか着任後一年余で、富士登山に及んだことは、その著書で詳しく触れている。そして、当時日本政府側から受けたさまざまな障害を乗り越えていかに実現されたか、綿密に記録されている。

政府の閣老たちが強硬に反対した理由の一つは「いやしくもイギリス公使の肩書きを有する者が、法的にではなくとも、慣習的に下層階級の人びとだけに限られている巡礼に出かけることは、ふさわしいことではない」であったという。おそらく、日本側は天下の富士山に外国人が初めて登ること、その途中で多くの庶民との接触があること、あるいは地方の実態を観察され、さらには西欧的な風俗習慣が広がることをはじめ、さまざまな危惧もあって、なかなか認めなかったものであろう。しかし、英国の外交官は日英修好条約によって、国内を自由に旅行する権利が保障されているので、最終的には決行が認められたのであった。

図 6-3　ラザフォード・オールコック
("The Englishman in China" より)

いったん登山が決まると、公使をはじめ大使館側の科学観察に当たる海軍大尉や植物学者などの参加者、その一行の護衛や目付のための日本側の役人や従者、そして大量の荷物を運搬するための人員が合わせて一〇〇名、馬三〇頭に及び、一大行列になって進んだ。道中では、村々に行列の通過の報が行き渡り、どこでも地元の領主から丁重な歓待を受けるとともに駆けつけた大勢の民衆からは大歓迎を受けた。そして領主たちが正装して礼を尽くして挨拶する様や宿舎の庭園、浴室、台所などの整備された様子を克明に書き綴っている。東海道の村々や宿場のある街々、酒匂(さかわ)川、小田原、箱根越え、三島など各地で出会ったことの描写も、面白い。箱根の並木道など植物への関心も深い。そしてところどころに、農民たちが聞かされていたような貧しさよりも、土地の土壌と気候に恵まれて満足そうで幸福であり、しかも、成文法による統治ではないのに秩序が守られているという、ひじょうに進歩した文明をもっていることは異常とも思われる、とさえ述べている。

吉原で東海道と別れ、富士山のふもとでの休息の間に台風が去り、天気に恵まれて登山が開始された。これは、一八六〇年九月一一日のことであった。草地のあとはうっそうとした森林となったが、八幡堂で馬と分かれてから、やがて森林がまばらになり、四時間後には周囲のいたるところに溶岩や火山岩のかすのある宿舎に日没前にはついた。雲は足下のはるか下を流れ、かなたには海まで続く丘陵と平地の広大なパノラマが広がっていた。「各休憩所を通過するごとにけわしさが増してくる」この登山の後半は非常に困難なものであったといい、ほとんど力尽きたと感じたとき、噴火口を見下ろすところに達した。『大君の都』には書かれていないが、オールコックの外交官としての業績を研究した佐野真由子『オールコックの江戸』によれば、その時オールコックらは山頂で「イギリス国旗を掲揚し、国旗に敬意を表するため、噴火口に向かって二一発のピストルを発射して礼砲に代えた。それから万歳三唱をし、イギリス国歌（God Save the Queen）を歌い、最後に富士山の雪で冷やしたシャンパンで乾杯した」と記載した『タイムズ』紙（一八六〇年一一月二九日）の記事を紹介している。

また、山頂では大尉が測量して長さ、幅、深さを測った。一七〇七年の宝永噴火にもふれており、今は死火山だと述べている。この頃はそう考えられていたからだ。頂上で二泊し、帰途は三時間でおりた。下山のときは、濃厚な霧がたちこめたが、これは雪になり、オールコックが江戸へ着いたときは、山頂は雪に覆われていたという。出発が遅れたが故に、気候的にはギリギリのタイミングとなり、無事登山を終えたのであった。

このオールコックは、幕末の日本という身の危険さえあった動乱の時代に大英帝国の外交官として、「知力、胆力、行動力、それに筆力までも併せもった、誠実で勇敢でまことに頼もしい外交官、一九世紀後半の日英・日欧関係史上のまさにキー・パーソンとなった人物である」と比較文学者の芳賀徹は高く評価している（遺作「外交官の文章」の第一章をオールコックにあてた）。そういう人物であればこそ、外国人最初の富士山登山者となりえたのであろう。

五 ハリー・パークス

サー・ハリー・スミス・パークス（一八二八〜一八八五）は、イギリスの外交官である。ラザフォード・オールコックを引き継いだ第二代の駐日英国公使で、幕末から明治時代初期にかけて一八年間公使を務めている。

パークスは、ウェスト・ミッドランズのブロックスウィッチで生まれた。一三歳の時にマカオへ赴き、翌年から後に初代香港総督となる英国全権ヘンリー・ポティンジャーの秘書・通訳のもとで働きはじめた。一五歳で広東のイギリス領事館に採用され、一六歳の時に廈門(アモイ)の領事館通訳となり、領事を務めていたラザフォード・オールコックのもとで仕事をするようになり、一八五四年には二六歳で廈門領事、一八六四年には上海領事となった。一八六五年にオールコックは英国政府から日本公使を解任されることになるが、その後任としてパークスは任命され、横浜に到着する。一八六六年、公使館を横浜から江戸の泉岳寺前に移転している。

パークスは一八六七年九月に夫人を伴い富士山に登っている。パークスによる富士登山は、英国隊としては一八六〇年のオールコック隊、一八六六年隊に続く三回目の登山であり、スイス隊、米国隊、オランダ隊もすでに富士登山を果たしていたので、外国隊の富士登山として六回目のものであった。野心に満ちあふれていたパークスは、この六回目の富士登山に特別な意味を与えるため、女人禁制(にょにんきんぜい)の霊山として山頂への女性の登頂を認めてこなかった富士山への公式登山に、女性である夫人を同行したのである。同行した夫人の名はファニー・ハナ・パークス。夫人によるこの富士登山は、記念すべき西洋人女性初の富士登山となった。

パークス隊は総勢一〇名で九月五日に江戸を

図 6-4　ハリー・パークス
("The life of Sir Harry Parkes" より)

出発して、一一日に登頂を果たしている。富士宮の表口から登山し、吉田口へ下山をしたこの行程は、「山を割る」として当時避けられていたものであった。パークス隊は一〇名であるが、幕末の世相を反映して、幕府の護衛や人足などが用意され、実際は一五〇名を超える大所帯であったとされている。この登山に同行した医師、ウィリアム・ウィルスの手紙がその様子を伝えているが、風雨と氷雪など厳しい環境の中で登山を行ったようである。

パークス隊の富士登山は、夫人を同行させたことによって、これまでの社会の慣習に大きなメスを入れることになった。女性による富士登頂や、「山を割る」行程をとったこと、関所への女人通行手形の撤廃などは、英国公使の公式登山という特権的な立場からのものではあったが、これまでの慣習を堂々と否定するものであった。

明治維新を迎える直前の、開かれていく世の中を迎える世相の中で、こうした前例が女人禁制の撤廃への序章として扱われていくことになる。

パークス夫人は、一八七八年一一月に日本を離れてロンドンへ帰国するが、一八七九年一一月に風邪をこじらせたことがもとになり亡くなった。パークスもすぐに帰国をしたが間に合わなかったようである。パークスは一八八三年七月に清国大使となって日本を離れていたが、一八八五年任地の北京(ペキン)においてマラリアのため五七歳で没している。

六 エドワード・クラーク

動乱の幕末を経て生まれた明治政府が目指したのは、「殖産興業」と「富国強兵」を推し進め、諸外国と対等に渡り合える力を持つ国家を作り上げることであった。そのためには、欧米の諸制度や科学技術を移入し、それを広く普及させることが急務とされた。そこで、明治初期の政府や各都道府県、民間の組織はこぞって欧米の知識人や技術者を招聘し、その知識や技術を貪欲に吸収していくこととなる。

日本からの要請により来日し、雇用された多くの人々は「お雇い外国人」とよばれ、日本の近代化に大きな貢献を果たしたが、その中で静岡、そして富士山に深く関わった人物のひとりがアメリカ合衆国の教育者、エドワード・ウォレン・クラーク（一八四九〜一九〇七）である。同時代に札幌農学校に赴任し、「少年よ大志を抱け」という言葉を残したことで知られるウィリアム・スミス・クラークと同じ姓を持つことから、「もう一人のクラーク」とも称された彼は、ラトガース・カレッジ（現ラトガース・ニュージャージー州立大学）で化学と生物学を学んでいた際に、数名の日本人留学生と出会い、日本に対する関心を抱いたとされる。そして、一八七一年、クラーク二二歳の時、ラトガース・カレッジの同級生であり、先に福井県に赴任していた親友のウィリアム・E・グリフィスから、静岡の学校への赴任を勧められ、それを受けて来日を果たすことになる。

彼が着任した静岡の学校とは、一八六八年に駿府藩（藩主は徳川家達）が設立した静岡学問所（設立時の名称は府中学問所）であった。明治時代に徳川家が江戸から静岡に移るに当たって、幕府の学問所で教鞭を執っていた一流の教師や学生、蔵書の一部がそのまま静岡学問所に引き継がれた。さらに、その門戸は広く開かれ、旧幕臣の子弟だけではなく、希望する者は誰でも学びを得ることができたという。後にクラークが着任し、洋学（物理・化学・数学・語学）も学ぶことができるようになり、静岡学門所は当時の日本の最高学府のひとつとされていた。

一八七二年の学制頒布に伴い、東京から移ってきた教師や学生が東京に引き上げたことにより、静岡学問所は廃止となるが、クラークはその機能を引き継いだ市立英学校賤機舎（しずはたしゃ）の教師として引き続き静岡に滞在し、一八七三年の八月と九月の二度、かねてより希望していた富士山への登山に挑んでいる。その際の登山の様子については、帰国後の一八七八年に青少年向けに出版された日本での滞在記『Life and Adventure in Japan』に詳しく述べられている。

図6-5　エドワード・ウォレン・クラーク（飯田耿子氏提供）

それによると、八月に実施された一度目の登山は、横浜に滞在していたアメリカ人宣教師ジェームス・ハミルトン・バラ牧師とともに、北側（須走口から挑んだものの、馬返しのあたりで風雨が強まったことで、やむなくそれ以上進むことを断念している。それでも富士山への登頂を諦めきれなかったクラークは、翌月九月一六日に再び富士山に向かって、案内人と一人の学生を伴って静岡を出発したのである。ただし、この時期の富士山はすでに登山のシーズンを終えていたことから、静岡出発から二四時間以内の登頂を目標として、かなりの強行軍の旅を強いられている。

クラーク自ら、「静岡から二四時間以内に登頂を目指すという離れ業は本当に達成された」(Clark 1923)と述べており、一七日の午後の早い時間には、登頂が果たされたと思われる。このように、あまり余裕のない登山であったのにも関わらず、道中の状況は非常に詳細に記されており、当時の富士山周辺の人々のくらしや、山中の習俗等について知ることができる貴重な記録となっている。

例えば、村山から中宮八幡堂の間は、アメリカ合衆国のニューイングランドを思わせるような草原が広がっており、そこには、草を刈って干しておいたものを麓の人々に運び下ろすことを生業としている人々が存在していたこと、同じ場所にはオオカミが頻繁に出没し、人々がそれを非常に怖れていたことなどが記される。

また、登山のシーズンが終わったといえども、森林限界を超えた場所には、山の神に奉納された祠があり、その祠の前には、使い古された草鞋(わらじ)が大量に積み上げられていたという。さらに、その場所には断食の修行中の老人がおり、彼は法螺貝を吹くことで山頂付近の天候を鎮めるための祈りを捧げていると記している。上記は一例に過ぎないが、彼の生き生きとした富士登山の描写は、アメリカ合衆国の青少年の冒険心を大いに刺激したことだろう。

さて、チャレンジングな富士登山の二ヶ月後、クラークは政府の要請により、静岡を離れて東京開成学校の化学教師となり、一八七五年にアメリカへと帰国する。その後、一八九一年（一八九四年とも）に再来日を果たすが、その目的は、クラークを静岡学問所へ招聘する際に大きな役割を果たした勝海舟（かいしゅう）と再会することにあり、後に勝の伝記である『Katz Awa, "the Bismarck of Japan";or, The story of a noble life』を記している。

晩年のクラークは、日露戦争の講和条約であるポーツマス条約の締結の際にも大きな役割を果たしたほか、フロリダに移住した際には、日本人家族を自らの土地に住まわせるなど、日本とアメリカの間の架け橋となっている（Sridhar 2020）。その背景には、滞在の大部分を過ごした静岡の印象、そして念願であった富士登山の思い出が、彼の中にあり続けたことは言うまでもないだろう。

七　エリザ・シドモア

アメリカ合衆国の首都、ワシントンＤＣ。リンカーン記念堂からジェファーソン記念碑に至るポトマック川沿いには、数多くの桜が植樹されており、毎年四月上旬には全米桜祭りが開催され、多くの人々が桜を楽しんでいる。この場所が全米一の桜の名所となった立役者のひとりに、アメリカの地理学者・ジャーナリスト・紀行作家のエリザ・ルアマー・シドモア（一八五六～一九二八）がいる。

アメリカ合衆国アイオワ州で生まれた彼女は、兄が日本をはじめとする東アジア地域の領事館で勤務していた関係で、一八八四年に初来日して、以降度々日本を訪れている。日本を訪れた際には、人力車に乗って各地を巡り、その旅先で見た明治中期の日本の姿を、一八九一年に発行された

『Jinrikisha Days in Japan』の中で詳細に取り上げている（一九〇二年まで改訂追記が行われている）。地理学者とジャーナリストの視点から記されたその紀行文は、日本を初めて旅する人だけではなく、日本に住む外国人も楽しめるように意図されたもので、当時の日本の魅力を余すところなく伝えているものといえよう。

中でも、彼女は日本の桜に深く心を打たれたようで、前述の『Jinrikisha Days in Japan』の中で、「TOKIO FLOWER FESTIVALS（東京の花祭り）」という章を設け、上野・向島の桜の美しさ、そしてそれを愛でる人々の楽しげな様子を記している。さらに、彼女は一九一〇年三月にアメリカ合衆国で発行された雑誌『The Century illustrated montly magazine v.79』内に掲載された「THE CHERRY-BLOSSOMS OF JAPAN : THEIR SEASON A PERIOD FESTIVITY AND POETRY」という記事の中で、日本の桜について以下のように述べている。

図 6-6　エリザ・シドモア

日本の桜ほど、愛され、高く評価され、信仰されている花は世界のどこにもない。桜の花は日本の国花であるだけでなく、純粋さの象徴であるとともに、騎士道と騎士の名誉の象徴でもある。そして、少なくとも二〇〇〇年に亘り春の祭りがたゆまぬ熱意を持って守られてきたのである。

このように日本における桜に憧れたシドモアは、ワシントンへの桜の植樹を提案し続け、その願いを聞いた東京市長の尾崎行雄が桜の寄贈を決定したのである。とくに二度目の寄贈では、静岡の興津園芸試験場で選りすぐられた桜の苗木三〇〇〇本がワシントンへ贈られ、一九一二年三月に植樹式が盛大に開催された（外崎、二〇〇二）。

シドモアは、桜と同じように富士山にも憧憬の念を抱いていたようで、自らも富士山の登山に挑んでおり、その顛末が『Jinrikisha Days in Japan』に詳細に記されている。それによると、屈強な男性四人と勇気ある女性三人、日本人ボーイ二人で組織された登山隊は、蒸気機関車で国府津まで進み、そこからは遊覧四輪馬車で箱根宮の下、そして箱根からはさらにポーターを雇い、駕籠や人力車で須走まで向かっている。「絵のような典型的日本の村」と記された須走に到着後、一行は東口本宮冨士浅間神社で登山の安全を祈願し、いよいよ山中へと歩みを進めることとなる。

地理学者ならではの視点に基づく道中の状況の記載は具体的であるとともに、綿密な調査に基づいている様子がうかがえる。例えば、当時の富士山には年間三万人の登山者があり、その大部分が相互扶助組織、いわゆる関東を中心に流行した富士講に属する人々であるとし、そのシステムや彼らの登山習俗について詳細に記している。また、富士山の出現や女人禁制の由来など、富士山に関するさまざまな伝説や説話についてもページを割いているが、それは日本人からの聞き取り調査を行わなければ知り得ない情報ともいえよう。

須走を出立した彼女らは、現在の須走口五合目の古御嶽神社にて金剛杖を求めている。そこには、英語を流暢に話す神官がいることが記されているが、このことは明治中期には外国人登山者も一定数存在していたことを示す証左ともいえよう。さらに頂に向けて歩みを進めた一行は八合目まで到達したものの、そこで天候が急変し、三日間の足止めを余儀なくされている。ようやく天候が回復した合間を縫って、山頂へのアタックを開始し、登頂を果たしているが、再び天候が崩れ始めたため、わずかな滞在の後、下山の途に着くこととなる。下山の際に精算のために再訪した八合目の小屋で主人と金銭トラブルがあったものの、下山後の馬返や御殿場の茶屋、箱根での歓待を得て、彼女自身は富士登山の旅に十分に満足していた様子が見てとれる。そして、この旅は以下のような印象的なメッセージで締めくくられている。

我が母国のレーニア山は、昔も今も愛すべき山である。しかし、このような素晴らしい山があっても、アメリカ人は詩歌を好んだり、自然を愛することはない。夢と伝説の輝きに囲まれ、あらゆる人に親しまれ、あらゆる人の心を和ませるという富士山という存在を創造してきた日本人の教養と伝統のようなものを、残念ながらアメリカ人は持ち合わせていなかった。

シドモアが魅了された桜と富士山は、日本そのものを示すものであり、彼女は晩年まで日本を愛し続けた。大正時代から昭和初期にかけてのアメリカ合衆国における日本人の移民差別政策に強く反対して、スイスに亡命して二度と母国に戻らなかったというエピソードは、そのことをよく示すものといえよう。生涯を通じて日本を愛した彼女の姿は、日本人にも大きな影響を与え、没後に彼女を慕う多くの人々が集まり、横浜外国人墓地で盛大な納骨祭が開かれている。

八　ラフカディオ・ハーン

雲ひとつない晴れた日の、わけても春秋の二期、山容のあらましを残雪か、さては初雪に蔽われながら、遠く空のかなたに突兀と浮かび立つ富士の麗容、これこそは日本の国の最もうるわしい絶景、否、まさしく世界の絶景のひとつだ。（平井訳、一九六四）

富士山を讃えたこの一節は、小泉八雲（こいずみやくも）という日本名を持つ作家パトリック・ラフカディオ・ハーン（一八五〇～一九〇四）が、一八九八年に富士山に登山した際の紀行文である「FUJI-NO-YAMA」（『Exotics and Retrospectives』一八九八発行）の冒頭に記したものである。

ハーンは、アイルランド人の父とギリシャ人の母を持ち、生まれはギリシャではあるものの、幼少期から青年期までのほとんどをアイルランドやフランスで過ごしている。一九歳の時にアメリカに渡ってジャーナリストとして活動し、その文才が認められ、一八九〇年に新聞社の通信員として来日を果たすが、来日後すぐにその契約を破棄し、島根や熊本で英語教師として働いた後に東京帝国大学や早稲田大学で教鞭を執っている。その傍ら、日本人の思想や文化に関する多くの著作を残し、明治の転換期でもがく日本を独自の視点で描写し、英語圏の人々が日本の生活様式を知るために大きな貢献を果たしたとされる（Kennedy and Kinsella 2017）。

教師としての生活と作家としての生活の二足の草鞋を履き、多忙な日々を過ごしていたハーンであるが、一四年間にわたる日本での生活の中で、夏の休暇で六回も滞在した静岡県焼津での生活は非常にリラックスしたものだったという。冒頭の一節が記された背景として、富士山を焼津のくつろいだ雰囲気の中で何度も眺めていたということも考えられよう。

ただし、ハーン自ら登った際の富士山の印象は、遠くから眺める美しさとはいささか異なるものであったようで、「FUJI-NO-YAMA」には、以下のような一節が記されている。

> まっ黒な、石炭の黒さで露出した火山灰、鉄滓、溶岩などの、火の消えた、見るからにもの恐ろしい堆積。（中略）まっ黒な裸形の現実の光景はいよいよどぎつく、凄まじく、恐ろしいばかり鮮明に、人を昏迷させる夢魔となって現れてきた。（平井訳、一九六四）

図6-7　ラフカディオ・ハーン（国立国会図書館デジタルコレクション）

富士山に現れた恐怖と死の光景に驚きつつも、ハーンは人間の美に対する理想は、富士山がそうであるように、多くの死滅したものの集まりで、遺伝的記憶という神秘の霧を通して、回顧的に眺めたものではないかと指摘している（平井訳、一九六四）。このように富士山に美と死の二面性を見いだした外国人はハーンのほかにはいなかったのかもしれない。

さらに、「FUJI-NO-YAMA」の冒頭には、「来てみればさほどまでなし富士の山」という日本のことわざを引用し、富士山の持つ多面性を説いている。その姿勢は、富士山を通して自分自身を顧みた太宰治（だざいおさむ）や、「東京の都市に夕日が射そうが射すまいが、富士の山が見えようが見えまいがそんな事に頓着するものは一人もない」と述べ、近代化の中で失われていくものの象徴として富士山を挙げた永井荷風（かふう）と通じるものがあるというのは言い過ぎだろうか。

日本と日本人の内面を鋭く見抜き、英語圏に広く伝えたハーンであるが、若くして父の母国であるアイルランドを離れたためか、アイルランドにおいてはその功績はそれほど認知されてこなかった。しかしながら、近年にはハーンの名前を冠する日本庭園がアイルランドに開設されるなど、彼の功績に対する認識とともに、ハーンを介した日本とアイルランドの友好関係が高まりつつある。

九　フレデリック・スタール

フレデリック・スタール（一八五八～一九三三）は、アメリカの人類学者で、ニューヨーク州オーバーン市に生まれた。日本には、一九〇四年二月にアイヌ研究のため初来日したが、一九三三年にはシカゴ大学で富士山に関する展示会を開催、以後一九三三年まで来日は一六回に及んだといわれており、一九三三年八月に東京で他界している。

親日家であったスタールの日本研究は幅広く、富士講のほか日本に来るきっかけとなったアイヌ、松浦武四郎(たけしろう)、なぞなぞ、絵解き、ひな祭り、祭社の山車、河童信仰、納札、看板、達磨、碁、将棋、寒参りなどへと広がっていった。特に納札に関しては、自分の名をもじった「寿多有」と刷られた千社札(せんしゃふだ)を日本各地に持ち歩いて、神社仏閣に貼ってまわったり、御札交換会を行っていた趣味人の集まりに積極的に関わって参加していた。こうしたことから、スタールは「お札博士(はくし)」を自称し、周囲からもそのように呼ばれることになった。

スタールと富士宮市との関係も大変深いものがあり、何度も東町の大頂寺を訪れていた。スタール博士は一九一五年一〇月から一一月にかけて東海道を旅しているが、その際にも行程に余裕のない中、富士宮まで足を延ばして大頂寺を訪れている。この行程は翌一九一六年三月に『お札博士の観た東海道』として大日本図書から出版され、訪問の様子もうかがうことができる。

この『お札博士の観た東海道』を出版するにあたって、スタールの文章を日本語訳した人物が、当時三二歳で後に大頂寺二三世となる石井真峯(まみね)であった。同書の序文に「年来の知己であり又自分の愛する一青年が道中の日記を翻訳したいと言つた」と記されている。真峯は早稲田大学英文学科を卒業し渡米、ワシントン大学大学院、コロンビア大学大学院を修了し、静岡大学など多くの学校で英語教師として教鞭を執り、仏教関係および法然上人に関する和文、英文の著作を遺す。

スタールと石井家との関係は、真峯の父の石井了覚の頃にさかのぼるようだ。了覚は埼玉県の生まれで、増上寺へ入り、その後富士市の医王寺へ移り、さらに大頂寺を継承した。了覚には長男真峯の他、真峯の姉の馨（かおる）がいたが、馨の嫁いだ市川家では夫の仕事の関係でシアトルに在住しており、その頃からアメリカ在住時のスタールとはつきあいがあったようである。スタールの来日時にも了覚をはじめとした石井家の協力があったようで、大頂寺には馨や真峯のアメリカ在住時の写真や、スタールとのやりとりを示す書簡、大頂寺を訪れた際の写真が数多く遺されている。

スタールは自ら富士山頂へも五回登山しているが、全て静岡県小山町の須走口の大米谷（おおこめや）を定宿とし登山したものであった。スタールと須走地区との関係は深く、須走地区では死後にスタールの慰霊碑が建てられ、遺言により遺骨も埋葬されている。これは、富士山の見える場所で眠りたいとのスタールの遺言によるもので、一九三四年にスタールの功績を称える慰霊碑の下へ葬られた。慰霊碑は当初、須走口登山口を入ってすぐ脇にあったフジヤマホテル（大米谷旅館の後進）の敷地に立てられたのであるが、慰霊碑正面の「壽多有博士之碑」は、徳富蘇峰による書を刻んだものである。

図 6-8　フレデリック・スタール

慰霊碑とスタールの遺骨は、一九八九年日本道路公団の道路工事によって、東富士五湖道路須走ＩＣに近い側道付近に移動させているが、現在もこの場所で富士山を眺め続けている。

一〇 ポール・クローデル

ここで、もう一人、日本に滞在した外交官の中で、富士山のもつ美を最も見事に歌い上げたポール・クローデル（一八六八〜一九五五）を紹介したい。クローデルは、長年日本への憧れをもって赴任してきた駐日フランス大使であり、しかも近代フランスを代表する詩人でもあった。日本に来る前に、姉の彫刻家カミーユの影響も受け、当時のジャポニスムも知ったうえで、もっと深く日本の芸術に対する理解と尊敬の気持ちを持って来日した。クローデルを迎えた頃の日本は、大正期後半に当たり、関東大震災も経験し、内外多事の時代であった。

図6-9　ポール・クローデル（アメリカ合衆国議会図書館）

クローデルは、のちに述べるように日仏の文化・学術交流に力をそそぎ、めざましい活躍をしたが、他方、日本社会や文化の現実をみることも怠らなかった。日本の各地に赴き、その自然の美、歴史的建造物はもとより、能や歌舞伎、文楽など日本の伝統的な舞台芸術にも深く入り込み、絵画などの美術品にも目をとめた。人々の暮らしの中に根付いた文化や四季の美を楽しんだうえ、各地の風光美の箇所や名所旧跡を訪れた。日本の伝統芸術にもふれたうえで、多くの日本の文化人ともつながり、自らの詩作も続けた。その驚異的な才能は、自身の詩に著名な日本人画家の手になる日本画を添えて、「百扇帖」のような日仏合作の美しい短唱集に結晶させた。その中に、富士山を詠んだ詩がある。

富士
神の玉座のごと
はかりしれぬ高さで
雲の海にはこばれて
われらの方へと進みくる
富士　日本の天使
羽毛（うもう）の白衣（びゃくい）を着給えり　（芳賀徹訳）

富士山を讃え、羽毛の白衣を着た日本の天使とまで表現したのは、この人をおいて他にないのではないか。クローデルは、滞在初期の講演でも、日本の複雑な地形のもたらす美しさを描いたうえで、次のように富士山の偉大な存在を述べるのであった。

…そしてこの国土全体の上に、平野や山々、島々や太陽を見下ろして、……

太陽が人住まぬ海をよぎって長い道のりを馳せてきたのちに、いよいよ人間世界の遍歴に入ろうとする、ちょうどその地点を示すにふさわしい里程標とでもいうかのように、富士山の巨大な塊が聳えている。


と朝陽をうけて、日本でまず輝く富士山の姿を詠んでいる。クローデルは、もとより大使として、日仏会館の創設やフランス語の普及など日仏文化交流のための立派な職務を果たしたが、日本文化の深淵にまで入り、理解し、共感し、日本の文化的価値を変わることなく高く評価し続けてくれた外交官である。終戦直前の一九四三年すでにフランスへ帰国していた際に、ある夜会において、日本を敗戦させるべしとの話題になったとき、クローデルは、「日本人は貧しい、しかし高貴だ」といって、日本民族とその文化を守るべきことを主張したとの逸話が残っている。そして、いよいよ日本に原爆が落ち、敗戦が決まったことを知ったとき、遥かフランスの地にて、「さらば、日本!」との表題のもとに、敗戦国日本を思いやって「フィガロ」紙に一文を載せたという。

原爆をうけてあの日本はどうなるのかと縷々思いやったうえ、軍部の残忍さ、背信、野蛮の行為を強く責めたあと、

「あの国は、昔の政治家たちはもっていた智慧を失ってしまって、軍部のせいで今日の破滅を迎えた。だが、だからといって、冬の夕空に浮かび上がる富士のすがたが、この世の人の眼に与えられる

もっとも崇高な光景の一つであることに変わりがない」
と述べ、さらに日本の諸芸術が、そのみやびな美しさや人間の思想のいとなみに貴い寄与をしてきたことに変わりがないという。日本の自然、そして文化の高貴さを守ってきた日本人のいとなみを評価したうえで、論を閉じている。日本について生涯変わることのない称讃と愛惜の気持ちを持ち続けてくれたのが、この人であり、フランスを代表する詩人として、その影響力は広いものであったと考える。

二 ドナルド・キーン

さて、最後に登場してもらうのは、第二次世界大戦直後に日本を訪れ、最終的には日本国籍をとって、生涯を東京の北区西ヶ原で終えたアメリカの偉大な日本文学研究者ドナルド・キーン(一九二二〜二〇一九)である。キーンは、長年日本文学の研究に没頭してきたが、二〇一一年の東日本大震災のあと、日本人への共感を深くし、日本を去る外国人が多い中で、「日本人とともにいたい」としてついに日本人となり活動を続けたことは広く知られている。

英才ドナルド・キーンは、コロンビア大学時代に、アーサー・ウエーリ訳の「源氏物語」に出会い、美しく深い日本文学の魅力に引き寄せられた。ちょうど日米開戦の時期にあたり、海軍日本語学校へ通って日本語に関するあらゆる能力(古文を読みこなせるまで)を短期間で習得したあと、戦地に送られた。太平洋の島々に派遣され、戦場に残された日本の文書を翻訳し、また、捕虜となった日本人兵士を尋問する仕事にも携わり、遺書となった日本兵の日記から若き兵士たちの真情を読んだこともきっかけになって、日本文学者になることを決意した。その後日本を経由してアメリカへ帰国する際、木更津からホノルル行きの帰還船に乗る。

「船は一向に出港する気配を見せなかったが、ついに真っ暗な湾へと動き出した。デッキに立って、湾内を見わたしていた時だった。眼の前に突然、朝日を浴びてピンク色に染まった雪の富士が姿を現した。それは日本と別れを告げるにあたって、あまりに完璧すぎる光景だった。眼を凝らして見ているうちに、富士は徐々に色を変えていった。感動のあまり、私は涙が出そうになった。かつて誰かが、言ったことがあった。日本を去る間際に富士を見た者は、必ずまた戻ってくる、と。それが本当であって欲しいと思った」

図 6-10　ドナルド・キーン

キーンが再び日本の土を踏んだのは、一九五三年の夏であった。京都での二年間の留学生活ですでに日本文学選集の編纂にうちこみ、能を習い自ら演じたのみならず、永井荷風、谷崎潤一郎、志賀直哉、三島由紀夫、川端康成ら、日本文壇の中心人物たちとも出会うなど、豊かな人脈を築いていった。その後、アメリカに戻り大学での教育・研究に当たりながら、毎年来日して滞在しているうちに、畢生の大業『日本文学史』全一〇巻を書き進めた。これは、誰もなしえなかった日本文学についての見事な通史である。大岡信（まこと）も、「豊かな感性の翼をひろげ、学問的誠実と批評的自信の裏づけをもち、格調ある平易な言葉で書かれたもの」として至難の業をなしとげたキーンを絶賛している（『日本文学史』内容見本より）。

キーン自身「私の仕事は、日本文学が世界文学であるということを証明すること」と述べている。これは、日本にとって代えがたい価値をもたらそうと、高い志をもって研究したことを物語る。そのキーンは、

「…ときどき、京都から東京に旅をした。列車が富士山の界隈に近づくたび、首を鶴のように伸ばしたものだ。遠くにそびえるその姿を少しでも見たいと思ってのことだったが、せいぜいちらりとのぞくていどだった。…富士はいつも感動的で、雪をかぶっているときはとくにみごとだった。…」

とまるで現在の私たちと同じような感想を残している。日本人より深く日本文化を理解し、こよなく日本文化を愛したドナルド・キーンも、はや天上に去ってしまった。日本にとって、限りなく惜しまれることである。

【執筆分担】

遠山敦子（ケンペル、オールコック、クローデル、キーン）、松島仁（シーボルト）、大高康正（パークス、スタール）、井上卓哉（クラーク、シドモア、ハーン）

【参考文献（人物順）】

エンゲルベルト・ケンペル 斉藤信訳『江戸参府旅行日記』（ワイド版東洋文庫 平凡社、一九七七年）

富士山世界文化遺産登録推進両県合同会議／富士山を世界遺産にする国民会議編『富士山 信仰と芸術の源』（小学館、二〇〇九年）

富士吉田市歴史民俗博物館編『富嶽人物百景』（富士吉田市教育委員会、二〇一三年）

Engelbert Kaempfer"The history of Japan" (J.Maclehose and sons, 1906)

ラザフォード・オールコック 山口光朔訳『大君の都』（岩波文庫、一九六二年）

佐野真由子『オールコックの江戸』（中公新書・中央公論新社、二〇〇三年）

竹谷靭負『富士山と女人禁制』（岩田書院、二〇一一年）

Edward Warren Clark "Life and adventure in Japan (ULAN press, 1923 のリプリント版)

Ｅ・Ｗ・クラーク 飯田宏訳『日本滞在記』（講談社、一九六七年）

芳賀徹『外交官の文章』（筑摩書房、二〇二〇年）

Eliza Ruhamah Scidmore "Jinrikisha Days in Japan" (Harper & Brothers, 1891)
エリザ・R・シドモア 外崎克久訳『シドモア日本紀行 明治の人力車ツアー』(講談社、二〇〇二年)
Michael Kennedy and Eoin Kinsella "IRELAND AND JAPAN, 1957-2017: diplomatic, economic and cultural connections" (DIFP project,2017)
平井呈一訳『全訳小泉八雲作品』第八巻(恒文社、一九六四年)
山口昌男『内田魯庵山脈』(晶文社、二〇〇一年)
フレデリック・スタール『お札博士の観た東海道』(大日本図書、一九一六年)
フレデリック・スタール『お札行脚』(国書刊行会、二〇〇七年)
静岡県富士山世界遺産センター編『富士山学』第四号(雄山閣、二〇二四年)
ポール・クローデル 内藤高訳『朝日の中の黒い鳥』(講談社学術文庫、一九八八年)
別冊太陽日本のこころ254『ドナルド・キーン 日本の伝統文化を想う』(平凡社、二〇一七年)
ドナルド・キーン『黄犬交遊抄』(岩波書店、二〇二〇年)
一般財団法人ドナルドキーン記念財団編『ひとり灯の下にて』(新潮社、二〇二一年)

コラム
〜私と富士山〜

父の記憶の中の富士山

徳川家広（徳川宗家一九代当主）

父は昭和の大戦の末期、御殿場に疎開をしていた。昭和一五年生まれの父だからまだ幼児だったのだが、叔父にあたる秩父宮様が妃殿下とともに肺の養生のために御殿場にお住まいで、そこに私の祖母が息子二人を連れて身を寄せていたのである。優しい宮様ご夫妻の思い出、そして物資不足から来る慢性的な空腹状態とで、父の御殿場時代の記憶は鮮やかなものとなっている。

この御殿場時代の思い出で、父がよく話してくれるのが、米軍の空襲の話だ。東京を目ざして来る爆撃機B29が、富士山を目印に北上してきて、ちょうど御殿場あたりで東に方向を転換するので、上空をしょっちゅう飛んでいたのだという。それからしばらくすると、ずっと東のほう、つまり東京あたりで、炎と煙が上がるのが見えたのだと。

秩父宮邸の近所には高射砲もあり、砲撃のための兵隊も何人かいた。その兵隊たちに、幼い父は「なんでアメリカをやっつけないの?」と無邪気に問うてみた。もう弾薬がないというのが答えだったそうだが、実は弾薬があったとしても、日本の高射砲では、はるか上空を飛んでいる米軍機は撃ち落とせないというのが真相だったようだ。

この調子で、戦時中のことを（それから、戦後の混乱期のことも）よく記憶している父だが、それに対して私は、自分の来し方ということでは、ごく個人的なことしか覚えていない。祖父世代、父世代の努力のおかげで、平和で豊かな日本の良いところを満喫できた分、強烈に印象に残るできごとというのが、少ないのである。だから、富士山と言われて想起するのも、自分が幾度となく見てきたその勇姿ではなく、むしろ幼い父の目というレンズを通して見たそれである。

夕焼けの中を、富士山の前をゆっくりと横切るＢ29の編隊。

そして遠く東の方角、東京だか横浜だか川崎だかで上がる火の手。すでに夜になっているから、闇の中、火炎の赤々と舞う様だけが、よく見えたであろう。その恐怖、その屈辱も、父は忘れずにいる。

日本人の多くにとって、祖国の国土といわれて真っ先に思い浮かべるのが、富士山であろう。これは生まれ育ったのが、日本のどこであるかということと、あまり関係がない。江戸時代の絵画や銭湯の壁画にはじまり、富士山の図像はいたるところに溢れていた。また、江戸時代になって、東海地方の武士たちは、日本全国に散らばっていった。その前には、鎌倉幕府の御家人たちがやはり全国に散らばっていった。富士山を日常的に目撃していた人たちの子孫が、日本中にいたのだ。

その富士山が、東京空襲の目印になり、そして東京は見事に焼け野原になった。幼い父も、父のまわりにいる大人たちも、それに対してなすすべもなかった。

その事実から生じた情けなさ、悲しさかの幾らかは、私にも流れ込んでいる。

現代の私たちにとって、富士山は日本が世界に誇る絶景、ということになるだろうか。東京でも、場所により、天気により、季節によっては、肉眼で富士山の上部を拝むことができる。東海道新幹線に乗れば、さらに間近に見ることができよう。私たちの平穏な日常のあちこちに顔を出すアクセントとでも言うべき存在なのである。そしてそのことに、私たちのほとんどは、何の違和感も覚えない。

父や祖父母の昔話を耳にする機会が多かったおかげで、私は今の日本の平和の貴重さを、多少は知っているつもりだ。特に、父が繰り返す富士山とB29の物語は、一つの画像となって心に刻まれている。だから新幹線ですぐ近くまで迫っている富士山の前を通過するたびに、この美しい情景を心穏やかに楽しめる日々がこれからも続くことを、そっと祈るのである。

徳川家広／昭和四〇年、東京都生まれ。翻訳家、政治・経済評論家。徳川宗家一九代当主。公益財団法人徳川記念財団理事長。

資料編　世界遺産となった富士山

大石正幸　滝　正晴

1 富士山世界文化遺産登録までのあゆみ

①世界遺産条約の成立

１９７２年11月に開催された第17回国連教育科学文化機関（ユネスコ）総会で、「世界の文化遺産及び自然遺産の保護に関する条約」が採択され、１９７５年に発効した。この条約は、文化遺産及び自然遺産を全人類のための世界の遺産として損傷、破壊等の脅威から保護し、保存するための国際的な協力及び援助の体制を確立することを目的としている。日本は１９９２年にこの条約を締結し、２０２３年10月現在、１９５ヶ国が世界遺産条約の締結国となっている。２０２３年10月現在、世界遺産は文化遺産９３３件、自然遺産２２７件、複合遺産39件を含む１１９９件に上る。

②世界遺産登録に向けた取組

【富士山世界遺産登録運動の始まり】

１９９２年10月、日本最初の暫定一覧表として12件の資産が記載されるが、富士山は選外となった。同年12月、山梨・静岡両県の自然保護団体により「富士山を世界遺産とする連絡協議会」を発足し、１９９４年に２４０万人余りの署名を添えた「富士山の世界遺産リストへの登録に関する請願」を衆参両院議長へ提出した（第１２９回国会環境委員会において、審査未了として保留）。

１９９４年10月に、山梨・静岡両県の文化・自然保護団体、企業などにより「富士山を考える会」が発足し、「富士山の世界遺産リストへの登録に関する請願」の内容を「富士山の世界遺産リストへの登録を目指して、富士山の保全対策を検討するなど積極的な取り組みを行うこと」に修正し、衆参両院議長に提出した。同年12月の第１３１回国会衆参両院において請願が採択され、翌年5月に、「富士山の世界遺産リストへの登録に関する請願」が閣議決定された。

【富士山世界遺産登録運動の再開】

２０００年11月に、文化財保護審議会世界遺産条約特別委員会が、「富士山について早期に世界遺産に推薦できるよう強く希望する」との意見を文化財保護審議会に提出。翌年９月には、ユネスコ世界遺産センターと日本政府の共催で「信仰の山の文化的景観に関する専門家会議」が和歌山県において開催され、富士山の将来的な世界遺産の可能性についても紹介された。翌年（２００２年）11月に世界遺産条約採択30周年記念会議のプレ企画として、イタリアで開催された文化的景観の国際専門家会議では、富士山の神聖性と芸術性の両面からの顕著な普遍的価値の可能性について報告がなされた。

２００３年５月、環境省・林野庁が共催する「世界自然遺産候補地に関する検討会」において、詳細検討対象地域に選定されるも、既に自然遺産に登録されている海外の成層火山等と比較し、その優位性の立証に課題があるとの評価から、世界自然遺産候補地としては選外となった。

③世界文化遺産登録に向けた活動の展開

【会議、組織等の発足】

２００５年４月、故中曽根康弘元総理大臣、故成田豊電通名誉相談役、山梨・静岡両県知事などが発起人となり、ＮＰＯ法人「富士山を世界遺産にする国民会議」が発足。同年７月には、山梨・静岡両県が連名で、「富士山の世界文化遺産登録についての要望書」を文部科学省及び文化庁に提出。同年12月には山梨・静岡両県が「富士山世界文化遺産登録推進両県合同会議」を発足させた。

翌年（２００６年）５月には、山梨県が「「富士山世界文化遺産登録」山梨県学術委員会（委員長・

清雲俊元 山梨郷土研究会理事長)」を、静岡県が「富士山世界文化遺産 静岡県学術委員会(委員長・木村尚三郎 静岡文化芸術大学学長)」を設置し、同年6月に「富士山世界文化遺産二県学術委員会(委員長・遠山敦子 元文部科学大臣〈現 静岡県富士山世界遺産センター館長〉)」が設置された。学術委員会においては、火山学、宗教学、地質学、環境学、世界遺産関係をはじめとした関連諸分野の専門家や学識経験者による熱心な議論が展開された。加えて、文化庁や林野庁、環境省等の関係各省庁、地元の地方公共団体の協力を得て、申請のための理論化や構成資産の選定などが進んだ。また、各地で世界文化遺産登録に関する理解を得るため、シンポジウム等のイベントや会議が開催され、機運が高められた。

【国民運動の展開】

2011年2月23日の「富士山の日」に、認定NPO法人「富士山を世界遺産にする国民会議」、静岡・山梨両県の商工会議所連合会、静岡新聞社・静岡放送、山梨日日新聞社・山梨放送が共同代表となり「美しい富士山を未来へつなぐ会」が結成され、富士山世界文化遺産登録への賛同と富士山を未来へ継承する想いを込めたメッセージの募集活動を開始した。その後、2012年1月のユネスコへの推薦書の提出を機に「つなぐ会」を拡大・改編し、2012年の富士山の日に「富士山世界文化遺産両県県民会議」を立ち上げた。組織体制は静岡・山梨両県の知事、県議会議長、商工会議所連合会会長、静岡新聞社・静岡放送取締役社長、山梨日日新聞社・山梨放送取締役社長が共同代表となり、顧問に両県選出の国会議員、参与に両県県議会議員が就任し、会員数は3671団体に及んだ(静岡県では、金融機関や教育機関、様々な企業・団体など2763団体が参加した)。県民会議では、2013年の登録実現と、将来にわたる富士山の価値の継承を期し、登録及び後世継承に向けた取り組みを広く国民運動として展開した。「つなぐ会」で開始し、県民会議に引き継がれたメッセージ募集は、登録直後の２０１３年７月までに、21万件を超えるメッセージが寄せられた。

また、静岡県議会においては、２００５年12月に、富士山世界文化遺産登録推進に関する政策の展開と活動を通じ、静岡県の発展と富士山の環境保全に資することを目的に、「静岡県議会富士山世界文化遺産登録推進議員連盟」が設立され、全県議会議員が参加した。富士山の世界遺産登録実現後は、「静岡県世界遺産富士山保存管理推進議員連盟」に名称が改正され、世界遺産富士山の保存管理推進に取り組んでいくこととなった。２０１２年２月23日の富士山の日には、富士山の世界文化遺産登録の実現に向けた活動の推進を目的に、超党派の国会議員が参画する「富士山の世界文化遺産登録推進議員連盟」が設立された。

【暫定一覧表への記載】

２００６年９月、文化審議会文化財分科会に設置された世界文化遺産特別委員会により、世界文化遺産暫定一覧表候補の「公募」が行われ、山梨・静岡両県知事が文化庁長官に「暫定リスト提案書」（資産名称・Mount Fuji　構成資産42件）を提出。応募第一号であった。翌年１月に開催された文化審議会文化財分科会世界文化遺産特別委員会において、24件の候補の中から、「富士山」を含む４件が暫定一覧表に記載すべき資産として選定され、第67回文化審議会文化財分科会における了承を経て、世界遺産条約関係省庁連絡会議において、「富士山」を含む４件の暫定一覧表記載が正式に決定された。同年６月に、ニュージーランドで開催された第31回世界遺産委員会において、「富士山」の暫定一覧表記載が報告された。

【国際会議等の開催、推薦書の提出】

海外の専門家に富士山への理解を深めてもらうため、2008年11月に富士山世界遺産国際シンポジウムを開催、翌2009年9月にはイコモス・文化的景観国際学術委員会が日本で開催され、海外専門家との意見交換、国際フォーラムが行われた。

その間、2009年7月に、稲葉信子 筑波大学大学院教授、岡田保良 国士舘大学教授、西村幸夫 東京大学先端科学技術研究センター教授を委員とする第1回推薦書原案検討会議が開催された。会議は2011年2月まで計7回に及んだ。

2011年7月、山梨・静岡両県が、推薦書原案を文化庁へ提出。同年9月に、文化審議会文化財分科会世界文化遺産特別委員会、文化審議会文化財分科会において推薦書案が了承、世界遺産条約関係省庁連絡会議において富士山の推薦が決定され、日本国政府がユネスコ世界遺産センターに推薦書暫定版を提出した。（名称は「富士山」（Fujisan）、構成資産は25件）

同年11月にユネスコ世界遺産センターより推薦書暫定版の形式審査結果通知が届き、翌年1月に、文化審議会文化財分科会世界文化遺産特別委員会、文化審議会文化財分科会において推薦書が了承され、世界遺産条約関係省庁連絡会議において富士山の推薦が正式に決定された。

④世界文化遺産登録の実現

2012年8月から9月に掛け、イコモス調査員による現地調査が行われ、イコモスから追加情報を要請する書簡がユネスコ日本政府代表部宛に発出された。翌年（2013年）2月、イコモスの要請への回答を含む推薦書追加情報をイコモス及びユネスコ世界遺産センターに提出し、2013年4月、三保松原を除いて「富士山」を世界遺産一覧表に記載するイコモス勧告が出された。

同年6月22日、カンボジア国プノンペンで開催された第37回世界遺産委員会において、「富士山」が審査され、三保松原を含めて世界文化遺産として登録することが決定された。6月26日に、同世界遺産委員会の決定が採択され、「富士山－信仰の対象と芸術の源泉」という名称で登録が確定した。

会議を見守る川勝静岡県知事、横内山梨県知事、遠山学術委員会委員長（遺影は前国民会議理事長成田氏）

登録決定の瞬間

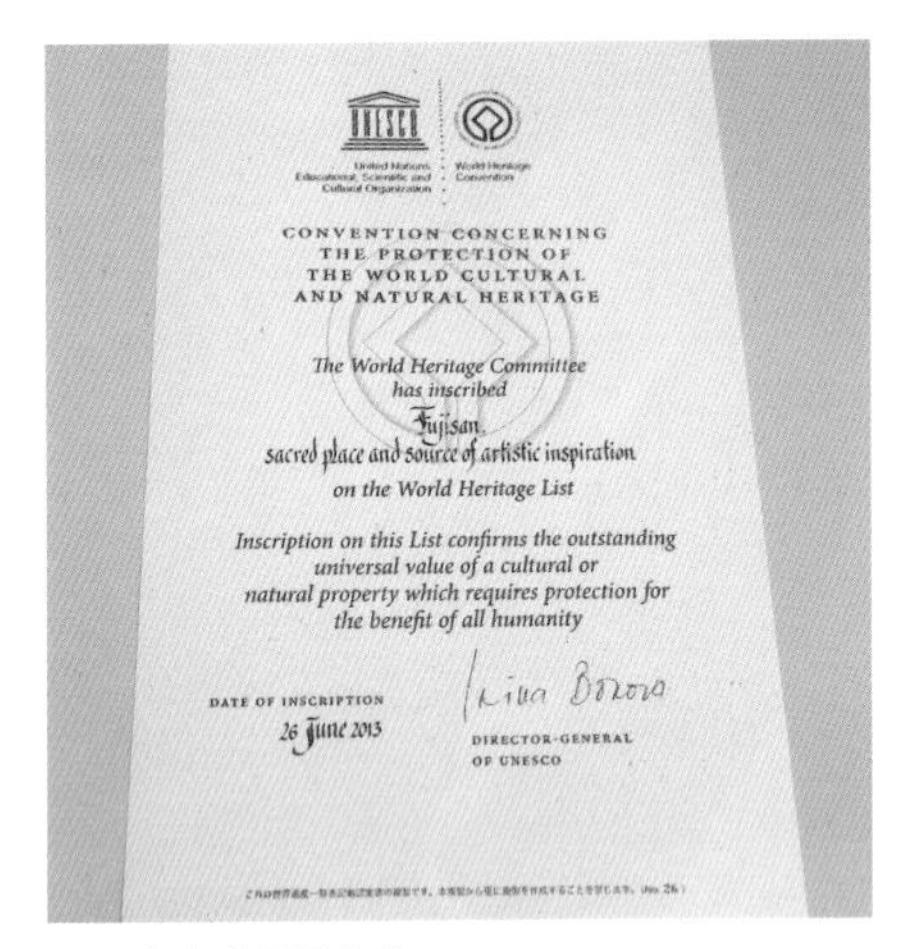

UNESCO
United Nations Educational, Scientific and Cultural Organization
World Heritage Convention

CONVENTION CONCERNING
THE PROTECTION OF
THE WORLD CULTURAL
AND NATURAL HERITAGE

The World Heritage Committee
has inscribed
Fujisan,
sacred place and source of artistic inspiration
on the World Heritage List

Inscription on this List confirms the outstanding universal value of a cultural or natural property which requires protection for the benefit of all humanity

DATE OF INSCRIPTION
26 June 2013

DIRECTOR-GENERAL
OF UNESCO

世界遺産登録認定書

第 37 回世界遺産委員会の様子（カンボジア　プノンペン）
左より、川勝静岡県知事、横内山梨県知事、近藤文化庁長官、木曽ユネスコ日本政府代表部大使（いずれも肩書は当時）

2 世界遺産登録後の動き

①ユネスコ世界遺産委員会の勧告

世界遺産一覧表への記載の決議に当たり、次の6点（a～f）について、資産全体を「ひとつの存在（an entity）」として一体的に管理するとともに、緩衝地帯を含めた「ひとつの文化的景観（a cultural landscape）」として管理するための方法・体系（システム）を運営可能な状態にするよう勧告を行った。

a／アクセス・行楽の提供と神聖さ・美しさという特質の維持という相反する要求に関連して、資産の全体構想（ヴィジョン）を定めること

b／神社・御師住宅及びそれらと上方の登山道との関係に関して、山麓の巡礼路の経路を描き出し（特定し）、（それらの経路が）どのように認識、理解されるかを検討すること

c／上方の登山道の収容力を研究し、その成果に基づき来訪者管理戦略を策定すること

d／上方の登山道及びそれらに関係する山小屋、トラクター道のための総合的な保全手法を定めること

e／来訪者施設（ビジターセンター）の整備及び個々の資産の説明の指針として、情報提供を行うために、構成資産のひとつひとつが資産全体の一部として、山の上方及び下方（山麓）における巡礼路全体の一部として、認識・理解されうるかについて知らせるための情報戦略を策定すること

f／景観の神聖さ及び美しさの各側面を反映するために、経過観察指標を強化すること

世界遺産委員会は、勧告について、２０１６年の第40回会合において審査するため、２０１６年2月1日までに進展状況を示した保全状況報告書を提出するよう日本国政府に要請した。

②世界遺産委員会の勧告への対応

〈ヴィジョン・各種戦略の策定〉

山梨県・静岡県及び関係市町村等を中心とした富士山世界文化遺産協議会は、文化庁・環境省・林野庁との連携のもと、２０１４年12月に「ヴィジョン・各種戦略」を策定した。骨子は次のとおり。

勧告区分	内容
a	・「ひとつの存在（an entity）」及び「ひとつ（一体）の文化的景観（a cultural landscape）」としての管理手法を反映した保存・活用を実施する。 ・地域社会全体が世界遺産の保存・活用に積極的に参画し、管理システムを運営可能な状態とする。
b	今は使われなくなった巡礼路の位置・経路の特定に加え、構成資産相互の歴史的な関係性を示すため、調査・研究体制の確立と充実を図り、これまでの調査・研究成果をとりまとめるとともに、来訪者が構成資産相互のつながりを容易に認知・理解できるよう、その成果を情報提供戦略へ計画的・段階的に反映させる。
c	「望ましい富士登山の在り方」の実現に向け、「上方の登山道の収容力」を中心とした調査研究を実施し、その成果に基づき登山者数を含めた複数の指標及び水準を設定する。登山者数の平準化や安全登山等の普及啓発の推進、山麓地域への誘導及び周遊等の施策を実施するとともに、概ね5年ごとに指標・対策の評価・見直しを行う。
d	上方の登山道、山小屋及びトラクター道の関係性に着目しつつ、来訪者管理戦略で定めた施策を確実に実施し、来訪者による登山道への影響の抑制を図るとともに、保全に当たっては、自然環境や景観等に配慮した材料・工法を選択する。

e	情報発信の拠点として富士山世界遺産センターを整備し、調査・研究成果の蓄積や公開活用を推進するとともに、世界遺産ガイド等の育成や学校教育等と連携した講座等の開催を通じて、顕著な普遍的価値に関する情報提供を行う。また、富士山の保全や安全登山に必要な情報提供も実施する。
f	資産への負の影響を把握するとともに、課題の解決・改善のために実施する各種の戦略の効果を評価・見直しするため、観察指標を拡充・強化する。特に展望景観の定点観測地点については、2つの主要な展望地点（本栖湖北西岸の中ノ倉峠及び三保松原）に加え、34ヶ所を新たな観測地点として追加する。
危機管理戦略の策定	噴火・風水害等の災害から来訪者・住民の生命及び財産を保護するとともに、世界文化遺産の構成資産を保全するため、国又は各自治体で策定された各種防災計画等に基づく対策を推進する。
開発の制御	山麓における建築物等の開発圧力の早期把握、地域住民との合意形成等を含めた行政手続の充実、保全に対する社会全体の機運醸成等を図る。また、個別に改善等が必要な事項は、即効的対策を着実に進めた上で、抜本的対策を計画的に実施する。

【富士山包括的保存管理計画の改定】

多様な構成資産を含めて富士山を一体のものとして適切に保存管理するため、個別構成資産の管理や緩衝地帯の保全方法等を定めた「富士山包括的保存管理計画」を２０１２年1月に策定した。２０１６年1月に、第37回世界遺産委員会決議の内容等を踏まえ、富士山世界文化遺産協議会が採択した「ヴィジョン・各種戦略」の内容に十分留意し、富士山の保存管理の一層の推進を図る観点から、既存の計画を改定した。２０２０年8月には、資産の保存管理等に係る諸事業の進捗状況を反映させる等の改定をした。2022年3月には、前年4月から運用を開始した遺産影響評価マニュアルの実施手法等を追加する改定を実施した。

【保全状況報告書の提出】

2016年1月に、「ヴィジョン・各種戦略」を反映した富士山包括的保存管理計画の改定等、保全状況報告書をユネスコ世界遺産センターに提出。2016年7月の第40回世界遺産委員会における審議では、委員国から高い評価を得られるとともに、富士山での実践を類似の課題に直面している他の文化的景観の事例と共有する機会を設けることを奨励し、2018年12月1日までに、資産の保全状況及び実施状況に関する最新の報告書を提出するよう要請された。

2018年11月に提出した保全状況報告書について、翌年7月にアゼルバイジャン・バクーで開催された第43回世界遺産委員会で審議され、富士山の管理・保全の責務を継続して果たしていることを承認されたほか、取組の順調な進展を歓迎するとされるなど、高い評価を得られた。同世界遺産委員会の会場において、川勝静岡県知事及び遠山静岡県富士山世界遺産センター館長がイコモス会長、ユネスコ世界遺産センター・アジア太平洋課長などの関係者と直接意見交換し、2020年12月1日までに提出を求められている実務的な保全状況報告書をもって最終のものとする趣旨を確認した。

3 世界遺産富士山の後世継承に向けた取り組み

①富士山の日運動等の展開

【富士山憲章の制定】

静岡・山梨両県は、1998年に日本のシンボルである富士山を世界に誇る山として、後世に継承するための全国的運動の原点となる「富士山憲章」を制定した。

〈富士山憲章〉

1　富士山の自然を学び、親しみ、豊かな恵みに感謝しよう。

1　富士山の美しい自然を大切に守り、豊かな文化を育もう。

1　富士山の自然環境への負荷を減らし、人との共生を図ろう。

1　富士山の環境保全のために、一人ひとりが積極的に行動しよう。

1　富士山の自然、景観、歴史・文化を後世に末長く継承しよう。

【静岡県富士山の日運動】

〈富士山の日条例の制定〉

国民の財産であり、日本のシンボルである富士山は、その類いまれなる美しい自然景観により、人の心を打ち、芸術や信仰を生み出してきた。こうした偉大なる富士山を抱く静岡県において、すべての県民が富士山について学び、考え、想いを寄せ、富士山憲章の理念に基づき、後世に引き継ぐことを期する日として、2月23日を「富士山の日」とする条例を2009年12月に公布した。

〈富士山の日運動の推進〉

「富士山の日」の制定を契機に、富士山の環境保全活動や富士山世界文化遺産登録等の取組に対する県民の理解を深めることなどにより、富士山を後世に引き継ぐための県民運動の促進に努めるものとした。

静岡県では、世界遺産登録前から２０１７年度までの間、「富士山の日」に公刊する形で、富士山百人一首、富士山万葉集、富士山百人一句、富士山歳時記、富士山百画、富士山漢詩百選等を編纂した。また、例年「富士山の日」に静岡県・山梨県の共催で「『富士山の日』フェスタ」を開催している。

「富士山の日」フェスタ 2023（プラサヴェルデ）

富士山百人一首 等

【静岡県世界遺産富士山基本条例の制定】

構成資産が点在し、かつ多くの関係者によって管理、利用されている富士山を一体的に保全し、世界遺産としての顕著な普遍的価値を確実に後世に継承するため、富士山の保全に係る基本理念や基本的施策などを定めた「静岡県世界遺産富士山基本条例」を２０１５年２月に制定した。基本理念では、関係者が一丸となって富士山保全に取り組むべきとの考えに立ち、富士山の顕著な普遍的価値である神聖さや美しさの維持向上と持続可能な利用との調和、そして、近世から現代まで続く富士登山を始めとする文化的伝統の継承、さらに、保全に向けた地域社会の連携の必要性などを定めた。基本的施策では、来訪者管理戦略、情報提供戦略等、各種戦略に基づく取組や、富士登山の安全対策などにおいて、県が果たすべき役割などを明確にした。

②富士山保全協力金の実施

２０１３年５月に開催された富士山世界文化遺産協議会作業部会において、富士山における利用者負担に関する検討が行われ、富士山の適切な保存管理に必要な財源とすることで、静岡・山梨両県の自治体や住民代表、観光関係者らの合意がなされた。あわせて、登山者の安全対策と富士山の環境保全に充てるものとし、登山者など関係者の理解が得られやすいものとなるよう、具体的な検討を行うこととされ、環境政策や観光政策などの専門家で構成する「富士山利用者負担専門委員会」において検討が行われた。

専門委員会における検討結果を踏まえ、作業部会において、同年７月25日から10日間、「富士山保全協力金」の名称で、１０００円を基本に任意の協力金（寄附金）とし、併せてアンケート調査を行う社会実験を実施することが決定された。社会実験では、静岡県側３登山口の合計で、約

富士山保全協力金受付の様子（富士宮口五合目登山口）

協力金を呼び掛けるチラシ

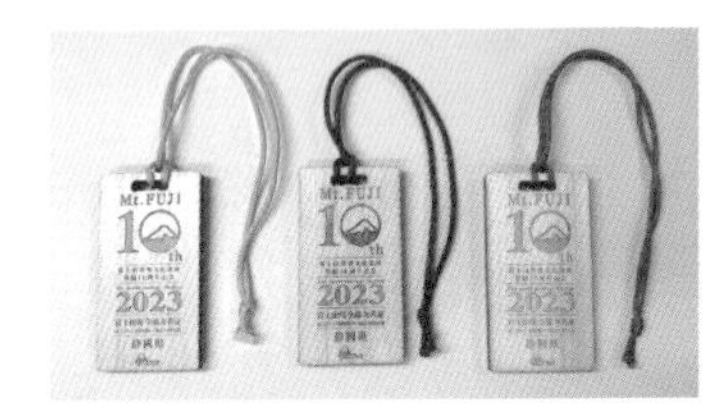

2023年の協力者証
（10周年を記念した木札）

2022年までの協力者証
（缶バッチ）

1万5000人、約1500万円の協力を得た。富士山保全協力金は、翌年（2014年）から、次の概要のとおり導入された。富士山世界文化遺産登録10周年となった2023年は、静岡県側の合計で、約6万1800人、約6130万円となり、過去最高の協力を得た。

（理念）　富士山の顕著な普遍的価値を広く後世へ継承するための意識醸成

（目的）　・富士山の環境保全
　　　　・登山者の安全対策
　　　　・富士山の顕著な普遍的価値の情報提供

（対象者）　対象者は、五合目から山頂を目指す登山者とする。
（2018年度に、「五合目から先に立ち入る来訪者」に変更）

（金額）　基本1000円とする。ただし、それを超える金額も受ける。
子どもや障害者等に配慮する（協力いただける範囲の金額）。

（実施体制）・実施体制は、両県が協議しながら、各県それぞれが実施する。
・各県がそれぞれ基金を設置し、富士山保全協力金を管理する。

③富士登山に関する課題

【コロナ禍での富士登山】

2020年は、新型コロナウイルス感染症拡大に伴い、混雑する登山道や山小屋での感染が懸念されたことから、開山を見送る異例の事態となった。新型コロナウイルス感染症の収束が見えない中、翌年2021年夏の開山を実現するため、地元市町、山小屋組合、交通事業者等で構成する検討会を設置し、医療の専門家の助言も得ながら、2021年3月に「新しい富士登山マナー」及び「山小

登山口における体調チェック等（須走口五合目登山口）

屋コロナ対策ガイドライン」を取りまとめた。

２０２１年、２０２２年の登山シーズンでは、感染症対策として、マイカー規制乗換駐車場や五合目登山口での健康チェック、登山道でのソーシャルディスタンスの確保、保全協力金のキャッシュレス化等を行った。また、静岡県では、山小屋におけるパーテーション設置や換気量増加のための整備など、感染症対策の実施に係る費用を助成した。

【将来に向けた利用者負担制度の検討】

富士山利用者負担専門委員会において「受益者負担」の考え方に基づく「義務的な料金制度」の骨子案を策定し、２０２１年３月に富士山世界文化遺産協議会で承認を得た。

制度骨子は、「五合目から先に立ち入る来訪者」を対象とした「法定外目的税」を候補に検討するものとし、税の徴収には、富士山の環境保全及び登山の質の向上に寄与するために富士山の一定エリアへの入域を管理する「条件付入域制度」を前提とすることが有効であり、導入に関する課題について整理検討を進めることとした。

2023年度の富士山利用者負担専門委員会において、事前予約や講習受講等、入域に必要な条件や、24時間あらゆるルートから入域できる富士山において、コストを抑えながら、いかに対象者を完全に捕捉するか、富士山の保全や活用に係る様々な費用のうち、どの程度の金額を来訪者に負担してもらうべきかなど複数の課題が指摘され、引き続きデジタル技術導入の可能性、コロナ禍など富士登山に関する環境変化、来訪者管理のあり方などの議論を踏まえ、公平で分かりやすい利用者負担制度の構築に向けた検討を進めていくこととした。

静岡県富士山世界遺産センターの紹介

センターの概要

世界文化遺産「富士山」の構成資産の一つであり全国の浅間神社の総本宮である富士山本宮浅間大社に近接して静岡県富士山世界遺産センター（以下「センター」という）は存在する。センターは平成25年（２０１３）６月に「世界の宝」となった富士山を後世に守り伝えるための拠点施設として、平成29年（２０１７）12月23日に開館した。

センターは、富士山に関わる幅広い学術研究を行い、深く究めるとともに、その美と伝統を伝え、広く国の内外に発信し、秀麗な姿と比類のない文化的価値とを永く守り続けることを使命とする。

センターのシンボルマークには、四つの基本コンセプト「永く守る」「楽しく伝える」「広く交わる」「深く究める」に富士山への畏敬、関心といったそれぞれの「個人の思い」を加え、五本の柱で富士山を表している。四角の枠は学問と大地を象徴し、富士山学を通して知識を深め、線が四角を飛び出すことで、大地の下まで広がりゆく富士山とセンターの繁栄を意図する。

センターには開館当初から多くの来館者が訪れ、開館２ヶ月で来館者10万人、１年で50万人を達成した。平成29・30年度合わせて約62万人、令和元年度は約31万人が来館し、その後新型コロナウイルス感染症の影響もあったが、令和３年（２０２１）２月末に来館者１００万人を達成した。

それでは早速その特徴的な外観をお目にかける。

世界的建築家である坂茂（ばんしげる）氏設計による木格子の外壁を持つ「逆さ富士」型の建物が、前面の水盤に映り込むと、「富士山」の姿が現れる。水面に映る「富士山」は、内部に豊富な水をたたえた「水の山」

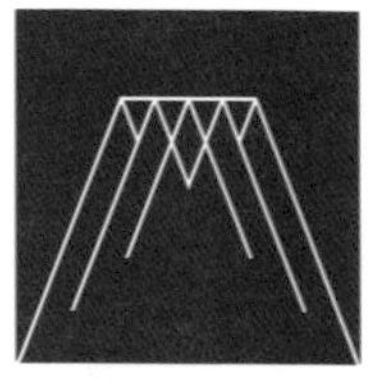

シンボルマーク

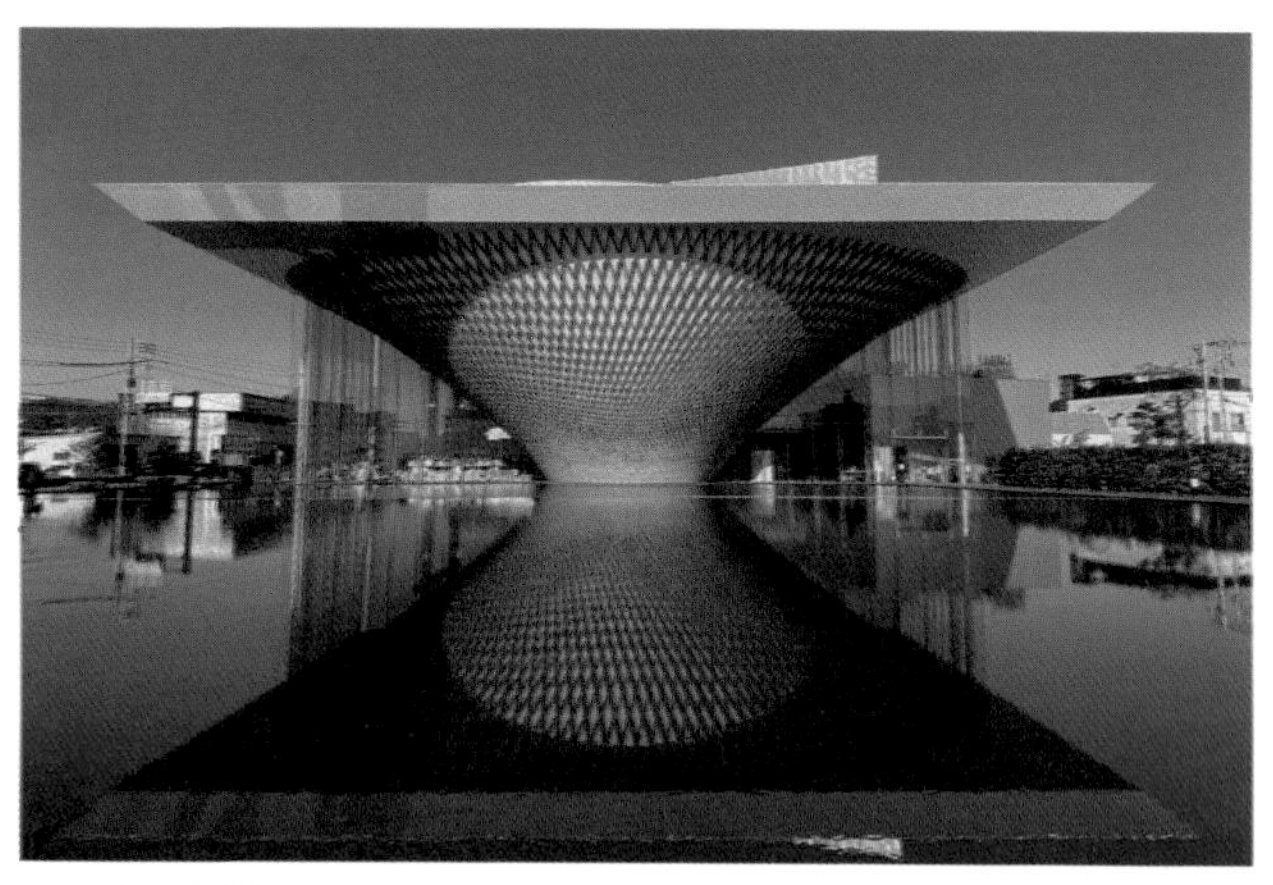

センター全景

としての富士山を象徴的に表している。この水盤の水は富士山の湧水をくみ上げ、センター内の空調の熱源として利用した後に排水しているものであり、富士山の水の循環を建築的にも表している。

展示棟の外壁を形作る木格子は、富士山の麓で切り出された富士ヒノキで組み上げられている。

建築壁面にダイナミックな映像を投影し、これまでにない富士山疑似登山体験を生み出していること、シンボリックな建築の外観と内部の疑似登山体験とに一体感があることが評価され（一社）日本商環境デザイン協会が主催するＪＣＤインターナショナルデザインアワード２０１８において、グランプリを受賞した。

また、建物は日没の30分前から徐々にライトアップが始まる。季節に合わせた色でライトアップされ、四季折々に変化する富士山を表現しており、地元の方々の憩いの場ともなっている。

センターの展示紹介

「逆さ富士」型の建物そのものが展示棟になって

おり、メインエントランスから一階アトリウムに入ると、右側の壁一面にはこの特徴的な建物を攻略するための案内図が描かれている。内部のらせんスロープと各エリアが図示され、各エリアの特徴が五つの言語で記載されている。

センターの常設展示のほとんどはデジタル展示で、歴史、文化、自然など、富士山を多角的に紹介している。それでは常設展示の見どころをエリアごとに紹介したい。

①登拝する山

1階から5階展望ホールまで全長193mのらせんスロープをゆっくり上っていく。壁面には「海からの富士山」「平地～5合目」「5合目～森林限界」「森林限界～山頂」「山頂からの風景」の映像が現れ、場所によっては登山者や小動物の影絵が浮かび上がり、登山中に耳にする音も聞きながら、登山者になった気分で富士登山の道中の風景と雰囲気を楽しみながら登山の臨場感を味わうことができる。

スロープを上り詰めた先には展望ホールがあり、本物の富士山が目の前に広がる。横10m、縦3mのピクチャーウィンドウからは、刻一刻と表情を変える富士山の姿を、まるで一枚の絵のように鑑賞することができる。

このホールの壁面には、富士山を見ることができる場所を可視化した日本地図のパネルを展示している。実際にその場所から富士山を見ることができるか確認に出かける楽しみもある。

②荒ぶる山

富士山は約300年前を最後に噴火していないが、まだ若く活発な火山である。このエリアでは、

登拝する山

5 階展望ホール

荒ぶる山

聖なる山

地球のメカニズムや日本列島の成り立ちを解説しながら、35000年に及ぶ富士山と人類との関わりの歴史を紹介している。かつては小さかった富士山が、度重なる噴火で溶岩の上塗りを重ね、現在の巨大な山体へと成長する様子を楽しいアニメーションで学ぶことができる。

③聖なる山

富士山の美しい景色や豊かな自然の恵みが長い歴史を通して様々な信仰や芸術を生み出し、今もわれわれ日本人の心のよりどころとなっている。このエリアでは、富士山への信仰をキーワードに、富士山の普遍的な価値について紹介している。

入って左側に並ぶ9台のモニターでは、「日本の自然観」「遥拝する富士山」「富士山の神と仏」「富士山と修験道」「登拝する富士山」「八葉九尊」「富士山頂の信仰世界」「巡拝する富士山」「民俗行事の伝承」の九つのテーマをタッチパネルで選択することにより学ぶことができる。

右に目を向けると、そこには原寸大の「絹本著色富士曼荼羅図」のレプリカがある。この曼荼羅図は表口（大宮・村山口登山道）からの景観を描き、富士山への信仰登山の様相を表現した宗教画である。この図には多くの人物が描かれているが、一定の高さから上には女性が描かれておらず、当時の女性の登拝の限界点が示されている。また、男性が松明を掲げて登っている姿も描かれており、夜の登山も行われていたことがわかる。

また、富士山頂の噴火口の周囲約3㎞を時計回りにぐるっと巡ることをお鉢巡りと呼ぶが、エリアの中心の床には富士山頂の地形図が描かれており、お鉢巡りを疑似体験することができる。

美しき山

④美しき山

白雪をまとい、優雅に稜線を垂下させるその麗しい富士山の姿は、古来詩歌に詠われるとともに、数多くの絵画作品のモチーフにも扱われてきた。富士山をテーマとした数多くの日本の文学・絵画・工芸・芸能の影響力は海外にまで及んでいる。このエリアでは「芸術の源泉」としての富士山の魅力を紹介している。

入って左側に並ぶ五台のモニターでは、「美の源としての富士山」「富士山文芸百科」「伝説と富士山」「海の外から見た富士山」「富士山絵画、型の推移と意味」の５つのテーマをタッチパネルで選択することにより学ぶことができる。

正面のタッチモニターでは、富士山絵画がジャンルとして確立され多様な展開をみせた江戸時代の富士山絵画１５０作品以上を画派ごとに見ることができる。

⑤育む山

富士山は駿河湾の海底から測ると６０００ｍを

育む山

超える高山である。海から蒸発した水は、富士山の頂に雪や雨となって降り、山肌にしみこんだ後、長い時間を経て山腹や山麓、海中からも湧き出して、多くの生命を支えている。このエリアでは高山帯から駿河湾までの生態系を紹介している。

壁面には標本やレプリカ・写真により富士山の自然環境、そこに生息する生き物や土台となっている岩石・地層などを紹介している。床面の映像モニターでは、清らかな水が豊富に湧き出る様子と海底に点在する湧水の湧き出し口に棲む魚の姿を紹介している。また、タッチモニターでは、富士山の高低差（駿河湾、富士山の裾野、樹林帯、高山帯）を反映した多様な生き物の特徴を紹介している。

⑥受け継ぐ山

富士山は昔も今も人の心に根付き、親しまれる一方で、活動を続ける恐ろしい火山でもある。このエリアでは「活火山」「人々の心に根付く山」など富士山の様々な顔を見ながら、富士山と私たちの未来についても考えていく。

受け継ぐ山

富士山の最も新しい噴火である宝永噴火を例に、火口から噴き出した噴出物の実物資料を展示し、時間経過とその飛行形態に分類して展示することによって、宝永噴火の特徴とその時間推移を解説している。宝永火口内で採取された長径およそ90㎝（重さおよそ80㎏）の巨大火山弾は圧巻である。麓に暮らす人々の生活の場に大量に堆積した火山礫（軽石やスコリア）・火山灰の降り積もった様子を実感できる地層剥ぎ取り標本を人々の暮らしに与えた影響とともに紹介している。富士山の高精細地形模型に噴火現象ごとのハザードマップ等を投影した展示もある。

一方、我々はくらしの様々な場面で富士山を目にする。そこでは、富士山は様々な形でアイコン化されて登場する。その富士山の姿を、映画等の様々なメディア、紙幣、絵葉書、観光案内等をタッチモニターや実物資料等から紹介している。それはまさに、日本のシンボルとして富士山が用いられているということを示している。アメリカの自由の女神、フランスのエッフェル塔、エジプトのピラミッドのように、人工物がその国をイメージさせる例はあるものの、活発な火山活動により生まれた自然物である富士山が日本という国を象徴するという点において、他に例をみない。その点からも富士山は類い希なる山であるといえる。

⑦映像シアター

シアターでは265インチの大画面に約8分間の4Kの高精細映像を写しだし、5・1CHサラウンドの迫力ある音響とともに、富士山の四季折々の多様な魅力を堪能できる。

映像には、富士山の四季・移りゆく自然の姿や、ドローンによる空撮映像で富士山の表情を描き、富士山の懐に入ったように大自然を体感できる「天の巻」、自然の営み・火山としての富士山が、畏怖の対象から聖なる山・信仰の対象となり、現代にも残る修験者の姿を通して裾野から頂上までの登拝、遥拝する環境を体感できる「地の巻」、自由自在に宙を舞う神獣・龍の視点を獲得すべく、ドローンなどの様々な空撮技術を駆使し、浮遊感のある映像で富士山を俯瞰する「宙の巻」の三種類がある。最初から「何時何分からの○の巻を見たい」と行程の中に入れている来館者の方も多い。

⑧企画展示室

センターでは温度・湿度管理され国宝や重要文化財も展示可能な広さ約140㎡の企画展示室を利用して、年間5~6回企画展又は特別展を行っている。富士山の絵画や歴史・民俗資料の展示、巡礼路調査や噴火史及び噴出物調査など最新の研究成果を公開するほか、新たに収蔵した資料などを公開する収蔵品展、他団体との共催展、コンテストの入賞作品を展示する写真展など、富士山に関連した幅広いジャンルの展示会を開催している。

具体的にはジャンルとしての富士山絵画が確立された江戸時代に着目し、狩野伊川院栄信(ながのぶ)・晴川院養信(おさのぶ)父子や狩野素川彰信(あきのぶ)、谷文晁ほかの作品をクローズアップした「江戸文化のなかの富士山」シリーズ、富士宮市とセンターの初の共催で、国指定重要文化財の「絹本著色富士曼荼羅図」(富士山本宮浅間大社所蔵)を修理後初公開し、富士山表口の歴史や信仰に関わる貴重な文化財を紹介した「富士山表口の歴史と信仰―浅間大社と興法寺―」、富士山噴火が残した特徴のある地層について実物資料を展示しながら、それらの発生・運搬・堆積メカニズムについても解説した「地層剥ぎ取り資料が語る富士山の噴火と崩壊」、明治時代中期から昭和初期にかけて発行された色とりどりの絵葉書から選りすぐりの653点を紹介し、当時の人々が富士山に込めた願いの姿を探った「富士を介して信(よしみ)を通じる　平川義浩絵葉書コレクションにみる富士山の姿」といった特徴ある企画展・特別展を開催してきた。

再び1階まで戻ってくると、アトリウム奥にはカフェ・ショップのエリアがある。ショップにはセンターのオリジナルグッズや富士山関連の書籍やグッズ、地元富士宮や静岡県のお土産品などを取りそろえている。カフェでは木格子や水盤越しの風景を眺められる開放的な空間でゆったり過ごすことができる。

講座などの取り組み

センターでは、公開講座、出前講座、世界遺産セミナー、国際シンポジウム等で、展示の公開だけではなく、直接語りかける形でも富士山の顕著な普遍的価値を伝えている。

公開講座は原則毎月第3日曜日にセンター1階研修室で開催している。その時開催している企画展の見どころや、時宜にかなった富士山に関するテーマを決めて、センターの研究員や外部の専門家を招いて、富士山を題材に「広く交わる」ことができる講座を目指している。

出前講座は世界遺産の基礎知識をわかりやすく説明し、富士山についての理解と関心を高め、世界遺産「富士山」の後世継承への気運を高めることを目的としている。小・中・高校の総合的な学習やセンター来館の事前学習、生涯学習センター等での教養講座等で、富士山入門から芸術・歴史・民俗・火山等の専門分野まで教員・研究員を講師として派遣してわかりやすく解説する。

世界遺産セミナーは、センターの調査研究の成果を広く社会に還元するものである。県内自治体との共催で開催地域に関連する親しみやすいテーマを選定し、センター研究員だけではなく外部講師等も招いて、専門性を保ちつつ充実したセミナーを実施している。

国際シンポジウムは、富士山の自然や歴史、文化に関する基礎的・個別的な調査研究に留まらず、それらを学際的、国際的に展開していく「富士山学」を県民に普及し、改めて世界遺産としての富士山の顕著な普遍的価値についての周知を図ることを目的に、国内外の研究者を招いて講演やディスカッションを行うものである。新型コロナウイルスの蔓延に伴う中止もあったが、平成29年度「富士山学を拓く」及び令和5年度「世界の聖なる山と富士山」の2回開催している。令和5年度は現地会場とオンラインのハイブリッドで開催した。

今後もセンターは、最新の研究成果を展示に反映させ、「楽しく伝え」、「広く交わる」センターを目指していく。

施設写真（P263～267）
Forward Stroke inc.

あとがき

日本人にとって心のふる里であり、心の拠り所である崇高な富士山。世界の「聖なる山」の中でも格別に美しいとされる富士山について、総合的見地から「富士山学」を目指して一冊の本にまとめることとした。今回本書を企画した理由としては、次の二つがあげられる。

一つは、二〇二三年は富士山が世界文化遺産になって一〇周年の記念すべき年であり、同時に富士山が世界遺産になったことを記念して創設された「静岡県富士山世界遺産センター」が五年を経過した年でもあった。その間、センターの役割の一つである「深く究める」という作業が次第に進行していることもあり、その成果をとりまとめて出版することは意義があり、また、責務でもあると考えたからである。

センターには、自然、信仰、日本文学、絵画史、文化人類学の五つの分野の研究者が所属しており、それぞれの分野について研究をすすめている。その研究成果は、随時、館内の展示の更新、展覧会の開催、講座、研修、刊行物の出版などさまざまに発表してきている。ただ、それらは多くの場合、センター内部からの発信であり、広く社会の皆さんに伝える方途としては十分とはいえないため、今回の出版を企画した。

二つには、これまでの成果発信は、主として専門分野ごとの発信であり、総合的な視点での成果発表には、まだ至っていない。センターでも、「富士山学」という雑誌を毎年出版してきたが、どちらかと言えば、分野ごとに特集を組み、外部も含めた専門家たちがその深い識見を発表する場となっている。こうした活動は、富士山学を究める方途として不可欠であるが、一般の読者には必ずしもアクセスしやすくはないし、また、読みこなすのは難しいかもしれない。

本書もまた、各章は専門的な角度での記述が主であるが、できるだけ歴史的な、俯瞰的な記述もなされているのではないか。また、十分ではないが、序章を設け日本人にとって富士山とは何か、について考えてみた。かくて本書のタイトルを「富士山と日本人　豊かな『富士山学』への誘い」とし、富士山学の頂きに向けての一里塚としたいと考えた次第である。もとより、富士山についての学術的な研究は、すでにいくつかなされている。二〇年以上の歴史をもつ「富士学会」の研究をはじめ、先達といえる個別の成果は種々あるが、本書もそれらと並びつつ、センターの研究活動を背景とするという独自性をもつ書籍として、多くの人々の手にとっていただければ幸いである。手元において、いつでも必要な部分を読める本として活用願えれば、幸甚である。

ここで、本書はセンターの研究者による研究成果と述べてきたが、富士山に関する日本文学についての三章は、この分野の碩学である渡部泰明博士にお願いできた。実は、令和四年度まで在籍した文学担当の研究者による執筆の予定が突然の申し出により困難な状況となった。しかし「芸術の源泉」としての富士山に関して日本文学の記述がなければ、富士山学研究の主軸の一つを欠くことになる。そこで、急きょ国立の国文学研究資料館長の渡部博士にお願いした。ご多忙の中で、突然に、しかも締め切り間際の厳しい時間制限もあったが、ご無理を引き受けていただけた。その直後に、先生は二〇二三年秋の紫綬褒章を受章された。この名誉ある受章の後は、通常多用な日々が続くと推測されるが、この本の原稿を優先して下さったことは感謝に耐えない。しかも、深く日本の和歌史を研究しておられる渡部先生ゆえに書く事ができた、第一級の格調ある奥深い論考を三章として仕上げていただくことができた。ここに、深くお礼を申しあげたい。

さまざまな経緯のあった作成作業であったが、センターの研究者をはじめ各章と資料編の執筆者、エッセイ執筆の皆様、そして写真の提供者には、厚くお礼を申しあげる。ことに編集に当たった静岡新聞社の鈴木淳博氏には、何かとご苦労をおかけしたことに対し、深く感謝を申しあげたい。

最後に私的なことを申し上げて誠に恐縮であるが、私自身、第二次世界大戦後いまだ日本の混乱の余波も残っていた昭和二六年（一九五一）の秋、父の仕事の都合で静岡市へ転居し、城内中学校一年生に転校した。そのとき初めて富士山を仰ぎ、その崇高な姿に強く心打たれた。それから早や七〇年余となるが、その間、富士山は常に私の生き方の基軸として心のうちに聳え続けてきた。この長い年月、わが人生を真に支えてくれた富士山へのオマージュとして、本書をここに捧げることを歓びとしたい。

令和六年一月一〇日

静岡県富士山世界遺産センター　館長

遠山　敦子

小林 淳（同学芸課教授）

昭和 47 年、神奈川県生まれ、愛知県で高校卒業まで過ごす。博士（理学）。専門は火山地質学、第四紀地質学。富士山に関する論文に「富士火山東山麓，御殿場・馬伏川岩屑なだれ堆積物の 14C 年代」（共著）（2023 年、地質調査研究報告）、「Eruptive history of Fuji Volcano from AD 700 to AD 1,000 using stratigraphic correlation of the Kozushima-Tenjosan Tephra」(Co-auther, 2007, Bulletin of the Geological Survey of Japan)、著書に『伊豆諸島の自然と災害』（分担執筆）（2023 年、古今書院）など。

大高 康正（同学芸課教授）

昭和 48 年、静岡県生まれ。博士（学術）。専攻は日本中世史、社会史。著書に『参詣曼荼羅の研究』（2012 年、岩田書院）、『富士山信仰と修験道』（2013 年、岩田書院）、共著に『静岡浅間神社の稚児舞と廿日会祭』（静岡新聞社、2017 年）、編著に『古地図で楽しむ富士山』（風媒社、2020 年）など。

井上 卓哉（同学芸課准教授）

昭和 52 年、兵庫県生まれ。富士山かぐや姫ミュージアム（富士市）学芸員、富士市文化振興課を経て、令和 4 年 4 月から現職。専攻は文化人類学・民俗学。著書に『ステレオ写真で眺める明治日本』（2023 年、古今書院）、『富士を介して信（よしみ）を通じる』（2023 年、風媒社）、訳書に『富士山　信仰と表象の文化史』（バイロン・エアハート著 "Mount Fuji:Icon of Japan"、2020 年、慶應義塾大学出版会）など。

大石 正幸（静岡県富士山世界遺産課長）

昭和 46 年、静岡県生まれ。令和 3 年度から静岡県富士山世界遺産課課長代理。令和 5 年 4 月から現職。

執筆者プロフィール

遠山 敦子（静岡県富士山世界遺産センター館長）

昭和13年、三重県生まれ、静岡県育ち。文化庁長官、駐トルコ共和国日本大使、国立西洋美術館長を歴任し、平成13年に初の民間からの文部科学大臣として入閣。平成19年、トヨタ財団理事長（現在は顧問）。著書に『来し方の記　ひとすじの道を歩んで五十年』（かまくら春秋社、2013年）、『トルコ　世紀のはざまで』（日本放送出版協会、2001年）など。平成25年、旭日大綬章受賞。

渡部 泰明（国文学研究資料館館長）

昭和32年、東京都生まれ。博士（文学）。専攻は和歌文学・日本中世文学。フェリス女学院大学助教授、上智大学助教授、東京大学大学院人文社会系研究科教授を経て現職。主な著書に『和歌とは何か』（岩波新書、2009年）、『古典和歌入門』（岩波ジュニア新書、2014年）、『和歌のルール』（編著）（笠間書院、2014年）など。令和5年、紫綬褒章受章。

滝 正晴（静岡県富士山世界遺産センター副館長）

昭和42年、静岡県生まれ。静岡県富士山世界遺産課長等を経て、令和4年4月から現職。

松島 仁（同学芸課教授）

昭和43年、東京都生まれ。博士（哲学）。専攻は美術史、文化史。公益財団法人徳川記念財団特別研究員。主著に『徳川将軍権力と狩野派絵画　徳川王権の樹立と王朝絵画の創生』（ブリュッケ、2011年）、『権力の肖像　狩野派絵画と天下人』（ブリュッケ、2018年）など。

右隻

は、養信のそうした古典学習が反映される。

本作に描かれた名所には、地理的な連続性は認められないが、各名所は海景により接続されている。同様の構成による名所絵は、平安時代の障子和歌にも認めることができ、前述のすやり霞も含め本作のベクトルが復古主義へと向かっていることが想像される。その意味において本作は、復古調のやまと絵様式で描写された「源氏物語子の日図屏風」（遠山記念館蔵）など養信自身の源氏絵とも気脈を通わせる。

なお本作に描写された名所は、いずれも神仏の棲む聖地としての性格をもつ。「法印藤原養信筆」という本姓を含めた款記もかんがみると、特別な制作背景が想定できよう。（松島仁）

左隻

各章の冒頭に使用した絵

狩野晴川院養信筆
大和名所図屛風
六曲一双　絹本金地着色

静岡県富士山世界遺産センター蔵

六曲一双の中屛風に諸国の名所を展開させる。向かって右隻には富士山や住吉、松島などの景が、左隻には厳島や天橋立、近江名所などの景が配される。画中に施された款記から狩野晴川院養信が法印の位に叙された天保五年（一八三四）から逝去する弘化三年（一八四六）の制作になることがわかる。

本作では金や銀の切箔により華やかに加飾されるなか、群青や緑青などの濃彩が駆使されるとともに、各モティーフは細緻に描写される。こうした絵画様式は江戸城本丸御殿休息の間とも軌を一にする。画中には「春日権現験記絵」など中世の古絵巻にみられるようなすやり霞が配され、古様な雰囲気が漂う。養信は和漢古画の大規模な模写事業を展開するなか、とりわけ古絵巻に興味を抱きおびただしい数の模本をのこしている。本作に

富士山と日本人
豊かな「富士山学」への誘い（いざない）

２０２４年２月23日　初版発行

編者　静岡県富士山世界遺産センター
　　　館長　遠山敦子

発行者　大須賀紳晃

発売所　静岡新聞社
〒４２２-８０３３
静岡市駿河区登呂３丁目１番１号
TEL ０５４-２８４-１６６６

装丁・本文デザイン　塚田雄太

印刷・製本　三松堂株式会社

ISBN978-4-7838-0371-3 C0030

＊定価は表紙カバーに表示しています。